Elite
36

關於 史記
的100個故事

100 Stories of
Shiji

Records of the Grand Historian

江輝◎著

## 《史記》——瞭解歷史的一面鏡子

「史家之絕唱」是對《史記》的至高評價。如果我們把《論語》比作東方的「神曲」，那麼，《史記》就是西方世界的《荷馬史詩》。

《史記》是一部偉大的思想史，它記錄著從百家爭鳴到一家之言的博弈；《史記》是一部偉大的戰爭史，它記錄著歲月裡波瀾壯闊的廝殺以及兵略中精妙戰術的蛻變；《史記》還是一部偉大的民族史，在時間的長河中目睹著各民族的遷徙、滅亡和興盛的光影；《史記》更是一部偉大的人物傳記，英勇、狡猾、正義、惡毒、善變等等人性的片段都成為了改變歷史進程的重要轉折。

《史記》記錄著從五帝傳說到西漢中葉三千多年的歷史，有系統的記載了這一時期的生產力發展狀況，文化發展歷程和政治文明推移，它是一部偉大的史學名著，是中華民族知識文庫中的瑰寶，是整個文學史上最光輝燦爛中的一筆。

《史記》開創了紀傳體通史的體例。做為通史，它不僅記錄了三千多年的文明發展，還創造了新的記史方式，成為後世修史的範本。南宋鄭樵就在《通志·序》中記錄「使百代而下，史官不能易其法，學著不能舍其書」，可見這種體例之盛。

若說《史記》是中華民族歷史的「百科全書」，那麼本書就是在這部作品中的精妙點綴。本書不在於從《史記》自身的「本紀、世家和列傳」入手，而是將其中有典型性的一百個故事抽離出來，讓讀者能夠從多個側面認識歷史，客觀的看待歷史，正確的認識歷史中的人物。比如本書剖析了真正的褒姒，還原了很多異士英勇就義時的場景等等。本書的另一個特色還在於並不

用晦澀的語言和嚴肅的語法講述歷史的沉重，而是直接明白的為讀者說史，並且在每篇文末還附有小知識，能在瞭解歷史之餘，瞭解歷史中更多的「八卦」。可見，本書的最大特色就是故事性十足，有了故事的充盈，歷史就生動了起來。而你以前知道的歷史，也被賦予了不一樣的解讀方式。

當然，本書的價值不僅僅在於這些形式上的變更，更重要的是自身賦予的教化之重任。

以銅為鏡，可以正衣冠；以史為鏡，可以知興替；以人為鏡，可以明得失。歷史的真正價值也就在於後人能夠以史為鑑。歷史的發展是人類文明在曲折中不斷進步的軌跡，歷史中總有悲觀主義者的存在，也必然有歷史倒退者的棲息之所，更有聽不進忠言逆耳，不知良藥苦口的混沌主子，可是包容讓歷史豐富起來，讓後人能夠在這些錯誤的事件中汲取教訓的良藥，能擁有讓歷史倒退者成為歷史推動者的進步力量，還可以幫助後人將藏污納垢的壞人聚集地一網打盡。歷史的價值還在於能夠讓你讀懂人性，社會是個小世界，歷史就是個大觀園，時間裡形形色色的人構成了歷史的真相，正所謂看得見的表象，看不見的人性。本書就是將有代表性的人物形象進行了深刻的剖析，它能夠幫你在現實社會中提高「識人」的本事。這些價值的存在也就促成了本書的出版。

《史記》是歷史的絕唱，編者也希望這本書成為「絕唱」的追隨者，更希望更多的書籍加入到「絕唱」的光輝之列。

自序

## 在歷史面前，得失寸心知

初讀歷史，是畫在連環畫上的岳飛，他誓死殺敵的形象至今在我的腦海中揮之不去。在那時，歷史之於我不過是比我活得更早之前的一些人各為其主的打打殺殺。後來，我的案上有了大長篇的歷史書，《史記》、《漢書》、《資治通鑑》不一而足。在我埋頭研讀的時刻，歷史之於我的便是一個黑白的多彩世界。

在大家看來歷史是枯燥的，記錄的語言更是晦澀難懂，很多人一聽到我常常研讀歷史，不是敬而遠之，就是側目相待。好似我也是沾了歷史的印記，倒成了碰不得的古董。可是，事實上歷史並不是只為埋首故紙堆，也並不是躲在結了蜘蛛網的家中把自己搞到崩潰。研究歷史的人也不一定要做為古董而被後人研究。其實，我只是想傳達一個觀念：歷史其實很好玩。

有人會說，你說歷史很好玩，是不是看歷史看到瘋了。其實不然，我喜歡研讀歷史，是因為歷史中有很多時間隧道的事實真相。尤其是《史記》，它的紀傳體形式讓三千多年的歷史濃縮到一部書中，它為我們鋪陳的不僅僅是時間長河中誰做了什麼的簡單論斷，還為我們展開了整個中華文明的大發展畫卷。在這之中不再只是狹隘的各為其主，還豐盈了整個時代的政治、文化和經濟文明的線條。它記錄了中華各民族的融合，記錄了社會政體的更迭，更記載了王朝的中興與衰落。

這幅畫卷中充滿了殺戮、陰謀、善惡還有感傷與悲喜，對於我來說，他

已經不是一本晦澀難讀的書卷，而成為了一個被上天賦予七情六慾、人性情感的良師益友。其實，他唯一與我的不同只是穿著老舊的衣衫，講著不同的語言而已。

本書便由此而發。生活有故事才精彩，歷史有故事才生動。想到讓大眾能夠瞭解到真實的《史記》，我便立刻想到了講故事的方式。事實上，歷史就是由眾多故事構成的，大禹治水三過家門而不入的堅持、荊軻刺秦王英勇就義的悲壯還有霸王別姬、烏江自刎的恢弘，都一起將歷史豐滿。這不僅豐富了人性，同時還讓後人能夠在當今社會汲取教訓，不論是政場還是職場，學習還是經商，本書都將是一個良師益友。

一直以來，我都很希望讓更多的人能走進歷史，瞭解真實的歷史，本書給了我一個很好的機會，它給了我一個講故事的環境。我十分欣喜，在這之餘，我又深感責任之艱辛，任務之沉重。所以成書過程中極盡小心，生怕因為自己的一時大意而毀了這樣一部完美的史書巨作。在寫作過程中，我也盡量用最簡潔的語言和對話的方式講述人物之間的故事，讓這些故事更生動，更有可讀性和「悅」讀性。

如今，書稿已成，也將付梓出版，希望本書能給讀者一個不一樣的讀史方式，讓更多的人能以史為鏡，以人為鏡。

# 目錄 / Contents

## 第三篇　這就是戰國

## 第四篇　大秦帝國的興亡

背關懷楚，放逐義帝而
自立，怨王侯叛己，難矣。自矜功伐，奮其私智而不
霸王之業，欲以力征經營天下，五年卒亡其國，身
死東城，尚不覺寤而不
引「天亡我，非用兵之罪也」，豈不謬哉！

# 第一篇
# 人文初始和夏商西周的王朝更替

# 人文初祖
## ——軒轅黃帝平天下

軒轅黃帝是中華民族的始祖,被尊稱為「人文初祖」。

在中國新石器時代的中晚期,有熊氏部落曾在河南新鄭一帶定居。當時的部落首領名為少典,相傳他娶了一位蟜氏女,之後生下黃帝。黃帝是少典的次子,姓公孫,名軒轅,號有熊,後改姓姬。黃帝自小非常聰明,長大後勤勞誠實,明辨是非,深受族人們的愛戴,被擁立為有熊部落的首領。

早在五千多年前,以黃河中下游為中心的中國中原地區氏族林立,部落成千上萬。而以神農氏炎帝部落的勢力最為強大,其他各部族都聽從其號令,一直以來相安無事。

到了黃帝生活的年代,神農氏開始走向衰落,各部落之間陸續發生磨擦,甚至互相侵伐掠奪,侵佔土地,搶劫財貨,虜殺人口,百姓深受其苦,民不聊生。看到神農氏對周邊部落的掌控力下降,黃帝開始修德整兵,慣用干戈,以道義促使部落之間相安友好,以武力來征伐強暴,制止侵略。許多部落慕其威望,紛紛前來歸順。當時炎帝率兵侵凌其屬下部落,黃帝與炎帝在阪泉之野開戰,大戰三次後,黃帝打敗炎帝,炎帝歸順於黃帝,自此結為聯盟。

【黃帝】

這時東方九黎部族興起,這個部族不僅強悍兇橫,更有煉銅製作的兵仗,經常侵凌其他部落,其部落首領蚩尤更是生得兇神惡煞。相傳蚩尤有八十一個兄弟,他們全是猛獸的身體,吃的是沙

石，銅頭鐵額，兇猛無比。蚩尤每次出征作戰時都要身披斑斕虎皮，頭帶雙角銅盔，其他的部落一旦聞聽蚩尤到來後，無不驚魂，潰散四逃。蚩尤一路所向披靡，不僅掃平東方諸部落，還一路西上，開始侵佔炎帝部族。

炎帝大敗，不得不丟棄境域，率領部族奔往涿鹿向黃帝求救。黃帝得知後，親自率領部族前去與蚩尤交戰，此時，黃帝部落用的兵器盡是木棒、石斧、骨簇，而蚩尤部落卻已用到銅製兵器，因此，黃帝九次與蚩尤交戰都慘敗而歸。之後，黃帝將平時馴養的「熊」、「羆」、「貔」、「貅」、「貙」、「虎」六種野獸放出來助戰，蚩尤部落抵擋不住，蚩尤用妖術製造了一場大霧，企圖迷惑黃帝的軍隊，而黃帝卻命令大臣在風後製造出了指南車來追擊蚩尤，蚩尤最終被黃帝手下大將應龍擒殺。黃帝平定蚩尤後，一時間威名大振，各部族對他都十分欽佩，一致擁戴黃帝為尊，推崇他為部落聯盟首領，稱為「黃帝」。

後來，黃帝為了氏族的安全，率領部族復歸故里，定都「有熊」，並利用各部族的圖騰特徵繪製了新的圖騰——「龍」。

黃帝當政期間，為了安撫百姓，他曾巡行四方，東致於海，南抵長江，西及崆峒，北至河北燕山，初步奠定了中國的規模。同時，黃帝總結了神農氏炎帝時代的農業生產經驗，祭祀天地百神，劃野分州，計田設井，教化百姓因時播種五穀蔬菜，馴養畜禽。

並命手下大臣大撓制訂天干地支，用來計算年月日，好讓百姓們按季收種，從此中國有了年月日的計算，後人稱之為「黃帝曆」。

黃帝還對樂器的製造做出了貢獻，他命伶倫制訂律呂，將竹管截成十二根長短不同的竹

【龍】

段，按照聲音的高下清濁分為十二個音階，從而製成各種樂器。黃帝的妻子嫘祖也教化人們養蠶繅絲，讓人們穿著衣裳，後世尊稱她為「先蠶娘娘」。大臣倉頡發明文字，留下了很多文明瑰寶。黃帝時代，發明創造繁多，成就輝煌宏大，遂使中國躋身於「世界四大文明古國」之列。

黃帝一生在位執政百餘年，最終死於荊山，埋葬於上郡橋山上。黃帝一生得子二十五人，其中得姓者十四人，分為後世各國，不斷繁衍，逐漸形成以華夏族為主體，由眾多民族相結合的中華民族。因此，後人共尊黃帝、炎帝為祖先，稱自己為「炎黃子孫」。

**小知識：**

中國龍圖騰的來歷傳說，黃帝所在的有熊氏部落的圖騰是蛇，後在其四處征戰中，每勝一個部落，就會採用其部落圖騰的一部分。久而久之，龍的圖騰就形成了。龍圖騰的組成分別是鹿的角、駱駝的頭、蝦的眼、蛇的身體、青蛙（蜃）的肚皮、鯉魚的鱗、鷹的爪子、老虎的手掌、牛的耳朵。

# 堯舜二帝
## ——禪讓制下的公天下

　　帝堯是黃帝的玄孫，帝嚳的兒子。帝堯並非長子，帝嚳死後，長子摯繼承帝位。堯好學能幹，十三歲時就開始受命輔佐帝摯。可惜帝摯才幹平庸，不能勝任。堯卻不同，他愛民如子，慧眼識英才，艱苦樸素，將國家治理得井井有條，一時間聞名天下。不久，各部族的首領也改變了自己的立場，全部歸附於堯。帝摯自覺比不上堯的聖明，在繼位九年之後，退位讓賢，禪讓王位於堯。

　　堯登上帝位之後，日理萬機，每天為政事操勞，生活上異常樸素，從不浪費百姓的一分一毫。到堯年老之後，他便著手尋找繼承帝位之人。

　　有一次，他召集了四方部落的首領們前來商議。待堯說出他的打算後，有位名叫放齊的人說：「您的兒子丹朱通情達理，繼承您的位子再合適不過。」

　　堯聽了後義正辭嚴地道：「丹朱的為人不行，絕對不能用他。」

　　之後，另一位叫驩兜的人又說：「掌管水利的共工，廣泛地聚集民眾，做出了政績，不如就他吧。」

　　堯搖搖頭道：「共工能說會道是不錯，可惜他表裡不一，用心不正，這樣的人，我也不放心。」於是這次商議並沒有商討出結果，堯也繼續物色著他的繼承人。

　　後來有一次，他又把四方部落的首領們找來商討。然而這次大家卻是一致推薦了舜。堯點頭肯定道：「我對這個人也略有耳聞，你們現在就

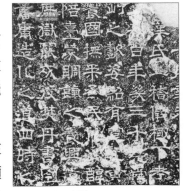

【受禪碑局部】

把自己知道的，關於他的事情與我道來。」

大家回答說：「舜的父親是個盲人，不明是非，人們都叫他瞽叟，而舜的生母死得早，後母很頑固，待他很壞。還有一個叫象的弟弟，是後母所生的，極其傲慢。雖然，舜生活在這樣的一個家庭裡，卻能與他們相處地非常融洽，並且盡到子女的孝道，把家管教得很好。」

堯聽了後很高興，決定自己先去試探試探舜。於是便把自己的兩個女兒娥皇、女英嫁給舜，另外，還派人為舜蓋了庫房，並分給了他很多牛羊。這事被舜的後母和弟弟看在眼裡，恨在心裡，於是他們便和瞽叟一起合計，打算趁機暗害舜。

有一天，瞽叟假意讓舜去屋頂上修補糧倉頂。當舜剛剛爬上倉頂的時候，瞽叟竟然在下面放起火來，企圖將舜燒死。而舜發現起火後，就趕忙去找梯子，結果卻發現梯子已經不知去向。幸好舜上來的時候身上帶著兩頂遮太陽的笠帽。於是他當下伸直雙臂，雙手拿著笠帽，像展翅翱翔的雄鷹一樣跳了下去。只見那笠帽隨風飄盪，竟真像是舜的兩隻翅膀一樣，使舜緩緩地著地，毫髮無傷。

瞽叟和象見此並不甘心，於是他們又假意叫舜去挖井，舜早已料到其中有詐，於是在挖井的時候，在側壁上偷偷鑿出了一條暗道通向外邊。待舜快要挖完的時候，瞽叟和象就在地面上把一塊塊土石丟下去，把井填埋，想把舜活活埋在裡面，而舜卻從旁邊的暗道逃出去了。瞽叟和象當然不知道舜早已偷偷逃生，象小人得志地說：「這一回哥哥是神仙難救了，一切都是我的功勞。所以我就先選了，堯帝許配給哥哥的兩個女兒以及賜給他的琴都歸我。牛羊和糧倉的話就送您老二位了。」

剛剛分配完這些，象就迫不及待地朝著舜的屋子走去，結果他剛踏進屋子半步，竟看見舜此刻正活生生地坐在床邊撫著琴。象見此情景心裡既吃驚又害怕，只好硬著頭皮對舜說道：「大哥，我想死你了！」舜見狀也不點破，而是裝作若無其事道：「嗯，好兄弟，你來得正好，哥哥我正需要你來幫我

處理一些事呢。」自此以後，舜並沒有記仇，而是像過去一樣和和氣氣地對待他的父母和弟弟，而瞽叟和象也不敢再暗害舜了。

　　堯聽了以前那些舜的事蹟，又經過自己對他的多重考核，最終認為舜是繼承帝位的不二人選，於是就讓舜接替了自己的首領位置。而這種讓位，在歷史上被稱做為「禪讓」。

## 小知識：

| 中國歷代禪讓制度大事年表 | | |
|---|---|---|
| 時間 | 朝代 | 禪讓情況 |
| 西元八年 | 西漢－新朝 | 西漢孺子嬰禪讓王位於新朝王莽。 |
| 西元二二〇年；西元二六五年 | 東漢－曹魏－西晉 | 東漢獻帝劉協禪讓王位於曹魏文帝曹丕；曹魏元帝曹奐禪讓王位於西晉武帝司馬炎。 |
| 西元四二〇年；西元四七九年；西元五〇二年；西元五五七年 | 東晉－宋－齊－梁－陳 | 東晉恭帝司馬德文禪讓王位於南朝宋武帝劉裕；南朝宋順帝劉淮禪讓王位於南朝齊高帝蕭道成；南朝齊和帝蕭寶融禪讓王位於南朝梁武帝蕭衍；東魏孝靜帝元善見禪讓王位於南朝陳武帝陳霸先。 |
| 西元五五七年；西元五八一年；西元六一八年 | 西魏－北周－隋朝－唐朝－後梁 | 西魏恭帝元廓禪讓王位於北周孝閔帝宇文覺；北周靜帝宇文衍禪讓王位於隋文帝楊堅；隋恭帝楊侑禪讓王位於唐高祖李淵；唐哀帝李柷禪讓王位於後梁太祖朱溫。 |
| 西元九三七年 | 南吳－南唐 | 南吳睿帝楊浦禪讓王位於南唐烈祖李昇。 |
| 西元九五一年 | 後漢－後周 | 後漢李太后下詔將後漢皇位禪讓於後周太祖郭威。 |
| 西元九六〇年 | 後周－宋 | 後周恭帝柴宗訓禪讓王位於宋太祖趙匡胤。 |

# 農師後稷
## ——周族的始祖

後稷，周族的始祖，名棄，曾經被堯帝舉為「農師」，被舜帝命為「後稷」。相傳後稷的母親是有邰氏部族首領的女兒，名叫姜嫄。姜嫄嫁給帝嚳做了正妃，深得帝嚳的寵愛。但是卻一直未能生育。

直到有一次，姜嫄獨自跑出宮外郊遊，被美麗的景色所迷住，一直到累了才停下來休息。然而正當她休息的時候，卻發現一個巨人的腳印，那腳印足足比正常人的大上好幾倍，出於好奇她便將自己的腳放入了那腳印裡，哪知她剛把腳放進去後，就忽然感覺到有一股熱浪自那腳印處傳入了她的腳心裡，隨之馬上傳遍了全身。緊接著她的小腹內也有了踢打的動靜，整個身子開始振動了起來。姜嫄很害怕，便馬上逃離了那裡。

待姜嫄回到宮中後，她便有了身孕，想起自己之前在郊外的遭遇，姜嫄十分擔心自己是被妖魔附體了。十個月後，姜嫄生下了一個男孩。姜嫄生怕

不祥，就起了將孩子遺棄的念頭。她帶著男孩偷偷地溜了出來，將他扔到了一個狹窄的小巷裡，然後自己躲在一個角落裡偷偷觀看。結果凡是牛、馬等生物在經過小巷時，都是遠遠地躲開了孩子，沒有一個從他身上踩踏過去的。

姜嫄看到這情景後，心裡有了點恐懼，卻更加相信這個孩子有問題，於是又抱起男孩跑到了郊外野獸常常出沒的樹林裡，到第二天，姜嫄來到了森林，發現小男孩依舊毫髮無損地躺在地上睡著，而他的周邊守護著狼和老虎，見到姜嫄後，它們就默默離開了。

【後稷】

姜嫄見此並不甘心，當時正值寒月隆冬，便把孩子扔在渠溝的冰上，打算將他凍死。然而第二天她卻驚奇地發現有成群的飛鳥落在小男孩的身上，用羽毛給孩子蓋上了一層被子。

這個男孩就是棄。

棄很小的時候，就已經很出眾了，他有著偉人般的遠大志向。就連遊戲的時候都和別人很不一樣，他喜歡學著種植麻、豆之類的莊稼，結果他種出來的麻、豆都長得非常茂盛，最後都結出了豐碩的果實。

到成人之後，他更加喜歡耕田種稻，單是他自己就親手培育出了很多新品種的農作物，同時他仔細觀察土地的特徵，瞭解什麼樣的土地適宜種什麼的莊稼，結果凡是他耕種的田地，全都是大豐收，十里八鄉的民眾們聽說後，都來向他學習。堯帝聽說了他的事蹟後，就舉任他擔任農師的官，讓他教給民眾種植莊稼，管理天下的農業生產。

而他當了農官後，更是為天下做出了巨大的貢獻，人們自此豐衣足食，農業生產也得到很大的進步。後來舜帝也表彰他說：「棄，黎民百姓開始挨餓時，你擔任了農師，播種了各種穀物，從此百姓們再也不用挨餓，你真是立了大功！」之後便把邰地封給了棄，並且以他的官名為號，稱後稷，另外以姬為姓。因此，後稷也就是古代周族的始祖了。

**小知識：**

**棄之名的由來**

　　姜嫄生下後稷之後，認為是不祥之物，曾三次拋棄嬰兒。分別是小巷、樹林還有寒冰之上，但是，因為上天的眷顧，三次都安然無事。《詩經》與《史記》生動的描寫了後稷這段神奇經歷，大自然和人們對他的庇護，使得姜嫄以為他是神，便帶回宮中撫養，因此，命名為「棄」。

# 大禹治水
## ——三過家門而不入

夏禹，名叫文命，號禹。禹是顓頊帝之孫，黃帝之玄孫。

當堯帝在位的時候，黃河便已進入汛期，經常氾濫成災。每次黃河氾濫時，洪水浩浩湯湯滔天卷來，迅速包圍了高山，淹沒了丘陵，摧毀了莊稼，衝垮了房屋，致使百姓們流離失所。堯多次召開會議，徵求四方部落首領關於派誰去治理洪水問題的意見。首領們都推薦鯀，雖然當時堯對鯀的能力不大信任。但又沒有合適人選，所以，堯才勉強同意，任用鯀治理洪水。然而九年過去了，洪水卻仍然氾濫不息，鯀治水終究沒能取得成效。於是，當時正被舉用的舜看鯀治水不力，就把他流放到了羽山上，最後鯀死於那裡。

在鯀治水的九年中，他的兒子大禹展現出了治水的才華。舜就舉用他繼續完成其父未竟的事業。大禹受命治水的任務時，恰是新婚不久，可是為了天下蒼生，他在新婚後的第四天便果斷地離開了妻子塗山氏，毅然決然地赴任。

【大禹治水】

大禹治水並不是貿然行事，而是客觀的分析了其父治水失敗的原因。原來當時鯀治水的時候，他信奉「水來土掩」的原則，於是便率眾修提築壩，可惜九年下來，雖然建了不少的堤壩，可是洪水之危卻難以平息。

瞭解原因之後，大禹決定

改堵為疏，開山鑿渠，以達到把洪水都引到大海裡的目的。於是大禹便命令諸侯百官們發動那些受到刑罰正在服勞役的罪人們來分治九州島土地。他一路上翻過了不知道多少的山頭，每次翻過山頭的時候，大禹都會樹立一根木樁做為標誌，以此來測定山川的狀貌，判斷哪裡需要開山，哪裡需要挖管道，以及諸侯朝貢時交通是否方便。

因為，大禹為自己父親鯀治水無功受罰感到難過，所以他不顧勞累，無論嚴寒還是酷暑，他都沒日沒夜、殫精竭慮地工作。他節衣縮食，盡力去孝敬鬼神。居室簡陋，把資財全部用於治理河川之上。

為了治水，大禹曾三過家門而不入。第一次大禹經過家門的時候，他聽到了妻子因為分娩而在痛苦地呻吟和嬰兒的哇哇哭聲。原來是自己的兒子出生了，這時助手勸他進去看看，可是大禹怕耽誤治水，於是便沒有進去。

大禹第二次經過家門的時候，他遠遠地看到了自己的兒子正在妻子的懷中向他招著小手，這時恰逢工程緊張的時候，所以他也只是揮了揮手算作招呼，就又走過去了。

到他第三次經過家門的時候，他的兒子已經十多歲了，兒子跑到他身邊不由分說地就使勁把他往家裡拉。大禹見狀深情地撫摸著兒子的頭，告訴他：「兒子，現在洪水還沒治理好，還不到回家的時候，等我完全治好這洪水後就回家團聚。」說完之後便又轉身匆忙地離開了，依舊沒有進去自己的家門。

大禹就這樣一直孜孜不倦地工作著，終於在十三年後，洪水不再氾濫，治水終於獲得效果。九條山脈開闢出了道路，九條大河也被疏通了水

【大禹畫像】

源，九個大湖全都築起了堤防，從此四海之內的諸侯都可以前來京城會盟朝覲了。

舜帝對大禹的治水功績給予了高度的評價，曾問大禹：「你是如何治好這洪水的？」

大禹回答道：「我與大家一起劈山開河，與洪水爭鬥，一直到我手上的指甲磨光到再也長不出來新指甲，我腿上的汗毛磨掉再也長不出汗毛，手上腳底長滿老繭，就連走路也快走不動的時候，我還是繼續工作，直到治好這洪水為止。」

舜帝聽了大禹的話後，被他的精神所感動，並令手下大臣皋陶頒佈政令，號召天下人都向大禹學習。

## 小知識：

### 大禹其人

禹，姒夏后氏。名文命，號禹，後世尊稱大禹，夏后氏首領，傳為顓頊帝之孫，軒轅黃帝之第六代玄孫。其父鯀，其母有莘氏之女修己。相傳因治理黃河洪水有功，並把中國國土劃為九州島，受舜禪讓帝位，建立夏朝，因此後世亦稱之為夏禹。他死後安葬在浙江紹興市南的會稽山上，現存有，禹廟、禹陵、禹祠。他被後世稱為和堯、舜兩帝齊名的賢聖君王。

# 商湯滅夏
## ──改朝換代開始了

帝嚳的兒子契由於幫助大禹治水有功，所以舜帝封他為司徒，並又把商地分封給他，從此，商部族開始形成和發展。

到西元前十六世紀，夏王朝已經國勢日衰，統治地位開始動搖。夏桀即位後，夏朝的統治變得更加殘暴，他荒淫無道，施行暴政，百姓們深受其苦，無不怨聲載道、對他恨之入骨。

當時，夏桀寵愛有施氏之女妹喜，並為她建造了很多宮殿。而這個妹喜有一個癖好，就是喜歡聽裂帛之聲，於是夏桀就命人找來許多的絲布，讓妹喜撕裂以滿足自己內心的暢快。此時夏桀手下有一個叫關龍逄的臣子，他聽到了民間百姓們的憤怒後，自覺大事不妙，便進言對桀進行了勸告，要他節省開支，否則將面臨亡國的危險。可是夏桀不但不聽關龍逄的勸告，反而把他給抓起來殘忍的殺害了。

此時，和夏朝頻頻可危的統治秩序相反，其附屬國商在其首領成湯的帶領下漸漸強盛起來。成湯是一個極其仁德的人，相傳有一天他外出遊獵，看到郊野四面張著羅網，聽到那張網的人祈禱說：「願從天上來的，從地下來的，從四方來的，都統統進入我的羅網吧！」

成湯聽了忍不住說道：「哎，這樣就把禽獸全部打光了！」於是他把羅網撤去了三面，讓張網的人祈禱說：「想往左邊走的就往左邊走吧，想向右邊逃的就向右邊逃吧。不聽從命

【夏桀】

【夏桀】

令的，就進我的羅網吧。」諸侯們聽到這件事後都讚道：「湯可真是仁德到極點了，就連禽獸都受到了他的恩惠。」

而夏桀自以為他的統治就像天上的太陽一樣永遠不會滅亡。自稱：「太陽滅亡了，我才會滅亡。」因為夏桀的暴政不斷升級，荒淫無道，各地諸侯十分不滿紛紛起來反對夏桀的統治。

當時的諸侯昆吾氏起來作亂，商湯親自握著大斧上陣指揮，打算先去討伐昆吾，轉而再去討伐夏桀。商湯說：「來，大家都到這兒來，都仔細聽我說。今天不是我個人敢於興兵作亂，而是因為夏桀犯下了太多的罪狀。雖然我也聽到你們說一些抱怨的話，可是畢竟夏桀罪惡滔天啊，上天命令我去懲罰他，我畏懼上天，所以不敢不去啊。你們抱怨說：『我們的國君不體恤我們，拋開我們的農事不管，現在卻要去征伐打仗。』或許你們還會問：『夏桀有罪，他的罪行究竟怎麼樣？』我現在告訴你們，夏桀讓百姓們背負沉重的徭役，耗盡了夏國的民力；還重加盤剝，掠光了夏國的資財。夏國的民眾都在怠工，不與他合作。他們說『這個太陽什麼時候消滅，我寧願和你一起滅亡！』夏王的德行已經到這般地步，所以現在我一定要去討伐他！同時我希望你們和我一起來奉行上天降下的懲罰，事成之後我定會重重地獎賞你們。你們不要懷疑，我絕不會說話不算數。但是如果你們違抗我的誓言，我就要懲罰你們，

絕不寬赦！」商湯把這些話告訴傳令長官，寫下了《湯誓》。當時商湯曾說「我很勇武」，由此便號稱武王。

之後商湯便聯合諸侯們進軍夏都，討伐夏桀。夏桀聽聞後便也率軍在有娀氏舊地與之交戰。交戰沒多久，夏軍便被商軍打敗，夏軍全軍崩潰，敗逃到了鳴條。商湯乘勝追擊，緊接著進攻忠於夏桀的屬國三朡，繳獲了他們的寶器珠玉，並令義伯、仲伯二臣寫下了《典寶》，因為這些屬於國家的固定財寶。

商湯滅掉夏之後，曾想換掉夏的社神，可是那社神是遠古共工氏之子句龍，能平水土，還沒有誰能比得上他，所以便沒有換成，於是寫下了《夏社》，說明夏社不可更換的道理。同時令伊尹向諸侯們公佈了這次大戰的戰績，自此，諸侯們全都歸服了商湯，商湯也登上天子之位，平定了天下，取代了統治了四百多年的夏王朝。

**小知識：**

鄭玄注古文尚書五十八篇之一。《書序》曰：「夏師敗績，湯遂從之，遂伐三朡，俘獲寶玉。誼伯、仲伯作《典寶》。」

偽《孔傳古文尚書》中僅存四十篇篇目之一。《書序》云：「湯既勝夏，欲遷其社，不可。作《夏社》、《疑至》、《臣扈》。」

# 名相伊尹
## ——一個敢於流放帝王的人

　　相傳伊尹是出生在伊水邊上，長大後又流落到夏禹的後裔所建立的諸侯國有莘氏。到了有莘氏以後，伊尹便在郊外耕種田地來養活自己。但是他雖然身處田畝之中，卻是滿懷抱負，時時關心政事的變化。

　　夏桀在位的時候荒淫無道，施行暴政，於是他便想找一個有所做為的諸侯去消滅夏桀。當時他聽說有莘國君是一個不錯的諸侯，對平民和奴隸不像夏桀那樣暴虐，便想去勸說。他想到一個計策去接近有莘國君，按照當時的奴隸社會制度，只有做了有莘氏的奴隸，才能為有莘國君所用。

　　於是他說自己會烹飪，願為有莘國君效力。伊尹便自願淪為奴隸，來到了有莘國君身邊當了一名廚子。

　　不久之後，有莘國君就發現他很有才幹，便升他為管理膳食的小頭目。可是在有莘國君身邊他發現有莘不可能完成滅夏的大業。首先是因為有莘是個小國，國力還不足以和夏桀對抗，其次，有莘氏是和夏桀又是同姓，都是夏禹之後，勸說其滅夏的可能性不大。

　　在伊尹當管理膳食的頭目時，商與有莘氏經常來往。伊尹見湯是一個有德行、有做為的人，便想去投奔商。

　　可是做了奴隸以後，自己就失去了行動的自由，即使是偷跑出去也會被抓回來，輕則處罰，重則處死。恰巧這時，商湯要娶有莘氏的始娘為妻。伊尹見機會來了，就向有莘國君請求，願作陪嫁跟隨至商。有莘國君就派伊尹為「媵臣」，跟隨有莘女嫁到商。

　　伊尹來到商湯身邊後，雖然仍然為湯當廚子，但是他利用每天侍奉湯進

【伊尹】

食的時候，藉機分析天下之勢，數說夏桀的暴政，勸湯去滅夏桀。湯也發現伊尹的想法正合自己的主張，又是一個有才幹的人，就破格免去伊尹的奴隸身分，並任命他為右相。

商湯逝世之後，伊尹又先後輔佐了外丙、仲壬，最後還當了湯王長孫太甲的師保。

太甲繼位後，伊尹更是盡忠職守，不斷教誨太甲要做個一賢德的君王，並且給他講遇湯時的法律制度，教育太甲要按祖宗的規矩辦事。起初太甲還能聽從，但久而久之，就有些忘乎所以了。他開始無視法規制度，敗壞德業，一意孤行，伊尹又曾多次規勸，但太甲根本聽不進去。

伊尹出於國家利益的考慮，便決定把太甲送到湯墓附近的桐宮桑林去住，讓他反省一下自己的行為，此時的政務由伊尹全權辦理。

太甲住到桐宮後，很快反省了自己的不足，決心要改過自新。就這樣太甲在湯王墓地住了三年後，伊尹見太甲確實變好了，便親自攜帶商王的冠冕衣物，到桐宮迎接太甲復返商都，重登王位。

太甲經過了上次的教訓後，現在變得勤政愛民，按章辦事，把商朝治理

得繁榮昌盛，各諸侯國紛紛前來來朝拜，不敢作亂；老百姓們的生活也安定了起來。後來伊尹見太甲治國有道，就又寫了《太尹訓》三篇，大力讚揚太甲施行的德政，並尊稱他為太宗。

伊尹當了二十年的商朝相國，為商王朝延續六百多年的統治奠定了堅實的基礎。而且，伊尹活了一百多歲，成為了中國歷史上的第一個賢能相國聖人，他所處的年代也要比孔聖人早出一千三百六十多年，史稱元聖人。

## 小知識：

### 伊尹身世之謎

　　伊尹，在商朝的甲骨文中又稱伊，在金文中稱為「伊小臣」，小臣是指伊尹的身分和地位，並不是名字。伊尹原名伊摯，尹是官名。傳說，伊摯的父親是個家用奴隸廚師，他的母親是伊水之上採桑養蠶的奴隸。他母親懷孕時做夢夢到仙人對她說：「臼出水而東走，毋顧」。第二天，臼內果然是水如泉湧。她便馬上通知四鄰向東奔逃二十里。回頭看時，發現村落已經成為一片汪洋大海。因為她違背了神人的告誡，所以將她化為空桑。有莘氏採桑女在巧合下發現了空桑中的嬰兒，便帶回獻給有莘王，有莘王便命家用奴隸廚師撫養他長大。

# 盤庚遷殷
## ——為轉國運而遷都

　　商朝剛剛建立的時候，商湯就把商朝的國都定在了亳，從此掀開了華夏歷史文明的新篇章。自中丁帝繼位後，傳襲了多年的嫡長子繼位制事實上已經被廢除，而是改立諸弟兄及諸弟兄的兒子，因此王位之爭變得更加激烈。

　　當時的商朝的內政自然變得混亂，再加上黃河下游進入汛期經常會發生水災，不僅統治者們的皇宮處在岌岌可危的環境中，百姓們更是流離失所，苦不堪言。歷代在位的帝王們見到這種情形十分頭痛，迫不得已只好都採取了遷都的措施來化解這種危急的局面。於是，商朝前前後後共搬遷了五次都城。

　　到盤庚登上帝位時，當時的都城是在黃河以北的奄地，當時國力正處在漸漸衰弱階段，若繼續在此處定都的話，恐怕國家勢必會走向滅亡。

　　當時，人十分相信神和風水，因此，盤庚希望透過再一次遷都改變國家困頓的境地。他聽說安陽一帶的環境不錯，水土肥沃，適合於農牧的發展，而且盤踞天下之中，既方便攻打西北高原的遊牧民族，又利於控制東部平原的諸侯各國，因此就決定遷都到此處發展，於是群臣百姓隨他一起橫跨長江，前往殷地。

　　盤庚遷都，有人歡喜有人憂，那些飽受苦難的平民百姓自然是求之不得了。而對於那些整天貪圖享樂、安於現狀的王公貴族們來說自然是不願答應了。他們害怕自己的利益受到損害，便私底裡偷偷地煽動起百姓來，一時間關於遷都的事情鬧得不可開交。

　　面對著這強大的反對勢力，盤庚不但沒有妥協，反而更加堅定了他遷都的決心。於是他對症下藥，把那些反對遷都的王公大臣們找來，告誡他們說：

【殷墟出土的文物】

「先王在位的時候，但凡向群臣吏民發佈政令的話，他們都是不敢肆意篡改的。現在你們心中如果有什麼不同的看法的，何不直接上書告知於我，而不是非要去用一些花言巧語來蠱惑人心。你們有想過這後果嗎？百姓們受到蠱惑後，便會去目無王法，肆意行事，到時候就像在原野上燃燒的大火一樣，不要說撲滅了，就是接近都是一件難事。所以你們都給我記住了，凡是我告誡百姓們的政令，你們都給我馬上開誠佈公，不得有絲毫的隱瞞，更不准造謠生事，拿一些歪曲的話語去蠱惑人心。否則，我一定會嚴懲不怠！」

盤庚動員外群臣後，也開始著手遷都的具體事宜，待造好了渡黃河用的船隻，一切準備就緒後，盤庚便準備讓臣民們渡河遷都。然而到最後臨行的時候，面對一些不願遷移的民眾，盤庚便把他們叫來，苦口婆心地勸道：「大家都還記得我們的先王陳湯吧，當時先王帶領大家遷到亳，是因為那裡是一個可以躲避洪災的山地，結果湯王的愛民舉措也感動了上天，於是在上天的保佑下，國家也變得繁榮昌盛起來了。

而今天我們所居住的這裡，地勢低窪，非常不適合我們生存居住，所以老天爺也來降禍責罰我們，三番五次地發大水把我們的家園都沖壞，把我們的親人沖跑。現在你們如果還要繼續問我為什麼要勞師動眾地往別處遷移的話，我會告訴你們，這是因為上天要我去光復高祖成湯所創下的基業，要我帶領大家一起遷移到我們的新邑殷都去，從而帶領大家一起過著安定的生活。

如果隨我一起遷渡過去的話，等待你們的將是那幸福的生活。」

最終盤庚還是徹底消除了反對勢力，帶著王公大臣和平民奴隸們，遠渡黃河，搬遷至殷。然後開始在那裡重新整治國務，安定百姓，使即將要衰落的商王朝又漸漸走向了復興的道路，不久之後整個商朝就呈現出了「百姓安寧，殷道復興」的政治局面。

而商朝也在此後二百多年，一直未再遷都。至此，商朝被稱作殷商，或者殷朝。

**小知識：**

**《盤庚》三篇**

這三部作品是《商書》中史料價值較高的文章。他們都是有關盤庚遷都的記載，講述了盤庚對貴戚近臣、庶民百姓所進行的談話還有發佈的命令，事實上，他們都是盤庚為勸說貴族和百姓遷都的演講詞。

# 武丁施德政
## ——怪不得能「中興」

盤庚帝逝世後，繼承王位的是他的弟弟小辛，小辛帝在位時，殷商再次走向衰落。百姓們為紀念盤庚時代的興盛，於是寫下了《盤庚》三篇。之後小辛帝的弟弟小乙帝繼承了王位，但是依舊沒有改變國力衰退的局面，直到武丁繼位之後才有所改善。

武丁很小的時候，父親小乙帝就讓他外出與平民百姓一起勞作。長年的艱苦勞作，不僅讓武丁的肌膚變得黝黑粗糙，身體變得強壯，更是讓他擁有了堅強的意志和堅韌的性格，同時也讓他深刻地感受到了民間百姓的疾苦。

所以武丁帝即位後，復興殷朝便成為當務之急，可惜他的身邊卻一直沒有一個稱職的輔佐大臣。於是武丁想出一計，藉故為父親守孝三年而不談國事，不表政見，一切全由塚宰斷決，自己則是暗地裡審慎地觀察著社會的風氣，冷靜地分析著治國的良策。

相傳，武丁有一天晚上在夢中遇得一位名叫傅說的聖人。第二天他就馬上比著自己夢到的聖人形象去觀察群臣百官們，結果卻是一無所獲。武丁認識到在朝中無法覓得自己心中的聖人，於是，他便把目光轉向了民間，開始派人到民間四處搜尋，百官們幾乎要把所有的村莊和井巷給找遍，還是沒有見到那聖人的身影。直到尋找了好久才終於在一個叫傅險的偏僻之地找到了傅說。而此時，傅說竟然正服刑役修路

【婦好墓出土玉鳳】

築牆。

於是百官最後把傅說帶了回來交給了武丁，武丁見到後，發現眼前之人雖然經歷了苦難卻並未表現出任何的頹廢之情，心中大喜，認定了他正是自己要尋的人，當下武丁便拉著傅說促膝長談，一番談過之後發現說果然如自己夢中夢見的一樣，是一位難得的聖賢之人。武丁便任命傅說為殷國的國相，而武丁自從有了傅說的輔佐之後，殷商果然得到了很好的治理。

除了傅說這名賢臣的輔佐之外，武丁得到了很多賢士的指引，比如祖己。有一次，武丁在祭祀宗祖成湯的時候，突然飛過來了一隻野雞，只見那野雞落在了鼎耳上，不停地鳴叫。武丁見狀，心裡驚恐不安，問道：「這，這是怎麼回事啊？難道是上天要降下什麼災禍於我的凶兆嗎？」

大臣祖己見狀連忙安撫說：「大王不必理會這些，還是先辦好眼下的事宜為妙，只要百姓們都安居樂業，哪會有什麼凶兆可言的。」

之後祖己進一步地開導武丁說：「蒼天有眼，是說蒼天著眼於觀察我們的道義。上天賜給我們每個人的壽命都是有長有短的，但這並不是說上天故意要來減短我們的壽命，讓我們中途斷送性命的，實際上是有些人違背道義，而且還死不承認自己的罪惡，待上天終於降下命令來糾正他的罪行時，這才嚇得驚慌失措。可是大王您繼承王位，勵精圖治，認真地對待民眾的事，這根本不存在不符合天意之說，不過您還應該繼續按常規祭祀，而不要去根據那些邪乎之道來舉行不正規的儀式！」

武丁聽了祖己的勸諫後，更是修行德政，專心治理國家，殷朝的國勢也因此而又興盛了起來。

【武丁】

在武丁開疆闢土、四處征伐的路上，他的妻子婦好也做出了極大貢獻。武丁的妻子婦好是歷史上有據可考的第一位女將軍，她不僅為武丁開闢了疆土，還主持著朝廷的各種祭祀活動，婦好攻打羌方的時候曾經統率了一萬三千多名士兵，這個數字相當於當時都城的十分之一的軍隊。在強大的軍力之下，當時的殷商打敗了土方、鬼方、羌方、虎方、荊方等敵對諸侯國。

武丁時期的冶煉技術也已走向爐火純青，當時已經掌握了銅、鉛、錫三元合金的冶煉技術，分鑄技術更是早已被廣泛應用，青銅器的產量大增，青銅時代進入了鼎盛時期。

武丁在位執政時間長達五十九年，被人尊稱為高宗，逝世後，他的兒子祖庚繼位。

**小知識：**

### 武丁中興的施政綱領

1、封官加爵

在武丁時期，新征戰到的領土，一方面可以直接封給征伐的大將為侯，比如像雀就被分為「雀侯」。一方面還能封當地臣服的氏族亡國的首領為侯伯，像犬候、祝伯等。商征服氏族的方式很多，在甲骨文中被冊封的侯就有五十多個，伯有將近四十個。

2、諸侯聯姻，加強統一

商朝加強國家統一的方式，還有聯姻。在甲骨文中，商王族和氏族、方國聯姻記載比比皆是。商朝用武力征服氏族後，然後透過聯姻發揮出加強國家統一的力度。

3、修建建築，殖民統治

甲骨文中常有「在麓北東作邑與之」這類的記載，這就是在商朝征服的領地上建造城邑，然後透過殖民的方式進行統治。這種做法也向這些地區傳進了先進的文明。

# 酒池肉林
## ——紂王荒淫無度的生活

商紂王，又叫帝辛，是殷商時期的最後一個皇帝，是歷史上有名的暴君。

不過紂王並不是一生下來就非常昏庸。相反，他天資穎慧，行動敏捷，勇猛過人，相傳他曾徒手與猛虎格鬥，將猛虎制服自己卻毫髮無損。紂王雖然才智超群，但是心思卻全不在政事上，而是放在逸豫享樂之上。紂王非常有口才，只要每次有大臣想要進諫勸說他的話，都會被他巧舌如簧地拒絕掉，而且紂王也經常靠耍嘴皮子來掩飾自己的過錯。而且他十分自大，憑藉著自己的才能在大臣面前誇耀吹噓自己，憑著自己的聲威到處來抬高自己，他認為天底下所有的人都比不上自己。

紂王非常好色又好酒，經常和妲己等眾美女酗酒作樂。妲己是生得國色天香，而且能歌善舞，非常受紂王的寵愛，紂王對她言聽計從。紂王甚至讓樂師涓為他創作低俗的北里舞曲。他為了享樂，不斷加重人民的賦稅，大肆搜刮民脂民膏，直到把自己的鹿台錢庫的錢堆得滿滿的，把巨橋糧倉裡的糧食也囤積得滿滿的。他還大肆擴建園林樓臺，豪華宮殿，收羅天下奇珍玩物，林苑裡全是他收羅過來的奇珍異寶，飛禽走獸。

可是紂王一直不滿足，甚至有點厭倦了平日裡的消遣玩樂。於是後來他想到了一個好法子，他令手下把宮中的水池當作酒池，在裡面裝滿了酒，命人在樹林裡的樹枝上掛滿了熟肉，之後又召集了大批的歌舞藝人前來助興，於是成群的男男女女們赤裸著身體，在這裡互

【文財神比干】

相通宵達旦地追逐嬉鬧，他們餓了就去吃那掛在樹上的肉，渴了就去喝那酒池裡的酒。紂王也整天沒日沒夜地沉浸於此中，絲毫沒有再過問朝廷政事。

紂王荒淫無度至此地步也堪稱是一絕，他設置了一種叫「炮烙」的酷刑，讓人在塗滿潤滑油的燒紅的銅柱子上來回爬行，一滑倒就掉在了那銅柱子下面的炭火裡被活活燒死。當時的大將比干是忠心愛國，頗受敬仰。他曾多次向紂王進諫，指責紂王的亡國行為。紂王聽了自然大怒，然後指著他大聲罵道：「都說聖人的心七竅玲瓏，所以有七個孔，我現在就要看看你的心上夠不夠七個孔！」說罷他便當場命人將比干的胸膛剖開，挖出血淋淋的心臟來觀看。

【紂王之墓】

商紂王的暴行是數不勝數，百姓們忍受不了紛紛逃亡到別國他鄉，而大臣們包括太師和少師也全都逃離了紂王。

紂王荒淫驕奢的生活和那慘無人道的暴行引得眾叛親離，不斷推使自己步入亡國之路。

## 小知識：

### 紂王的另一面

帝辛，就是商紂王，也是中國商朝的末代君主，共在位三十餘年。

帝辛在繼承王位之後，對國力的增強做出了一定的貢獻。首先在生產力上，他重視農桑，關注農業生產。在開疆闢土上，帝紂王打退了東夷，並將勢力擴展到了江淮一帶。在討伐徐夷勝利之後，商朝的國土到達了西安、安徽、江蘇、浙江、福建等沿海。統一了東南地區，維持了商朝的安定。郭沫若在一首詩裡說：「但緣東夷已克服，殷人南下集江湖，南方因之慚開化，國焉有宋荊與舒」。可見，紂王還將中原先進的生產技術和文化向東南傳播，推動了社會進步和經濟發展，促進了民族的大融合。

# 西伯侯變周文王
## ——新一代聖主的誕生

西伯侯姬昌是紂王在位時期，西部諸侯們的首領，亦稱為「西伯昌」。他與九侯、鄂侯在當時被合稱為「三公」，負責共同輔助天子治理天下。

後來九侯被紂王施以了醢刑，剁成了肉醬，而鄂侯也被紂王處以了脯刑，製成了肉乾。西伯侯當時聽了自己的兩位老友的悲慘下場後，忍不住暗暗嘆息，誰知這事卻遭到崇侯虎向紂王告發，於是紂王聽說後，當即就將西伯昌給囚禁在了羑里。

西伯侯被紂王給囚禁在羑里的消息傳開後，很快他的臣民們便得知了。他手下的僚臣閎夭等人便開始想盡千方百計前去營救他。

紂王喜愛美色，貪圖享樂早已是臭名遠昭，眾所周知的事情。於是他們便投其所好，先是去搜尋美女，最後找到了一位有莘氏的美女，然後又去搜尋寶馬名駿，最後找到了出產於驪戎地區的一種紅鬃白身、目如黃金般頗具靈性的駿馬。他們還找來了三十六匹有熊國出產的寶馬，以及一些奇珍異寶，最後透過紂王身邊的寵臣費仲進獻給紂王。

紂王見到這些非常高興地說：「這麼多的好東西，只要有了其中任何一件就足以釋放那西伯侯，更何況現在還這麼多呢！」於是當即下令赦免了西伯侯，並且還將弓箭斧鉞賞賜給他，准許

【周文王姬昌】

【吐兒塚】

他去征伐鄰近的其他諸侯。

　　而西伯侯從牢獄裡被放出來歸國後，他便當即將自己洛水以西的一片土地獻給了紂王，並以此藉機向紂王請求廢除酷刑「炮烙」。紂王之前就曾聽說這種酷刑在民眾中有許多不滿的意見，於是便應允了他。

　　西伯侯割地讓紂王廢除炮烙的舉措，卻是受到了諸侯百姓們的一致敬仰。同時他也認清了紂王的真面目，並知道要想天下黎民能過好日子，就只能去推翻商紂的殘暴統治。

　　於是西伯侯回國後，便開始暗地裡修養德行，施行仁政，制訂許多惠民措施，遠近的諸侯們聽說了後都十分敬重西伯侯，並前來歸服於他。由此西伯侯的勢力也變得越來越強大。

　　有一次，虞國和芮國兩國人因為爭田的問題而產生了糾紛，互不相讓，幾番爭執後雙方便僵持不下了，後來聽說西伯侯是有德之人，於是便一致決定前去會見西伯侯，想請西伯候幫忙裁定。

　　待虞國和芮國兩國人來到周國之後，發現周國的民眾都是十分謙和溫順，彬彬有禮，互相謙讓，整個國家十分和樂。因此兩國人還未到都城見到

西伯侯，就自覺自己的不足，於是兩國人便放下原本的爭執，並開始學習周國人的優點。而西伯侯姬昌也被人們尊稱為「周文王」。

## 小知識：

### 《周易》與「吐兒塚」

　　《史記‧殷本紀》中記載：「（紂）以西伯昌、九侯、鄂侯為三公。九侯有好女，入之紂。九侯女不喜淫，紂怒，殺之，而醢九侯。鄂侯爭之強，辨之疾，並脯鄂侯。西伯昌聞之，竊嘆。崇侯虎知之，以告紂，紂囚西伯羑里。」這明確的記載了西伯侯被抓之始末，而在被紂王關押期間，這位八十二歲老人在七年的歲月中潛行研究，發奮治學，將伏羲八卦推演成六十四卦三百八十四爻的《周易》。

　　相傳羑里城附近的老百姓中流傳著：羑里城的兔子，打不得。這是因為他們認為這些兔子是西伯侯之子伯邑考的化身。在西伯侯被關押期間，紂王聽信讒言對西伯侯不斷進行折磨，甚至將其兒子的肉做成湯送給他吃，西伯侯在隱痛吃下後，終於讓紂王放鬆了警惕，將他釋放回西岐。而西伯侯當時並沒有消化自己兒子的肉，而是將其吐出，久而久之就形成了一個大土堆，後人稱為「吐兒塚」。

# 太公渭水垂釣
## ——既釣得功名又釣到霸業

太公姜尚，字子牙，以其封地之名作姓，所以又被稱為呂尚。呂尚的先祖曾輔佐夏禹治水而立下了大功。後被舜、禹二帝封在呂，有的被封在申，姓姜。到了夏、商的時候，申、呂有的封給了旁系子孫，也有的後代淪為了平民，而呂尚就是其遠代後裔。

相傳姜尚曾隱居於東海之濱，他博學多知，精通兵法，深諳韜略。當時的殷商王朝已經經濟衰退，民不聊生，四處怨聲載道，而西部的周國卻相反，在西伯姬昌的帶領下，社會清明，人心安定，國勢日益強盛，諸侯們全都聞風歸服於他。

於是壯心不老的姜尚在得知姬昌正在廣納天下賢士來治國安邦後，便毅然決然地離開了商朝。獨自一人來到了渭水之濱的西周領土上，住進了岐山深處的一間茅屋裡。他雖然是整天拿著魚竿外出前去垂釣，實則卻是在靜觀世態的趨勢，伺機出山。此時的姜尚已經年過七旬。

姜太公釣魚和別人截然不同，他每天去釣魚的時候拿的釣鉤都是直直的，並且從不在上面掛魚餌，釣鉤也沒有沉到水裡，而是放在離水面大約三尺高的半空中。他一邊那手高高持著這釣竿，一邊自言自語地說道：「魚兒啊魚兒，你們有誰要是不想活願意上鉤的話，就自己上鉤吧！」

一天有一個打柴的人來到了溪邊，他看到太公用那沒有放魚餌的直鉤放在水面上空垂釣著，就忍不住說道：「我說老先生啊，像你這般釣魚的話，恐怕就是再釣個一百年也未必能釣到一條魚吧？」太公聽了後，舉了舉魚竿說道：「跟你說實話吧，我在這裡釣的不是魚，而是王與侯！」

後來，周文王姬昌帶著他的兒子和士兵來到渭水北岸打獵。在外出打獵

之前，文王曾占卦說此次外出遇到的不是龍，不是螭，不是老虎也不是熊，而是一個可以輔佐他成就千秋霸業的賢臣。待文王來到渭水北岸的時候，卻只發現一個頭髮蒼白的老頭坐在河岸上垂釣。文王帶領的大隊人馬過去後，那老頭依然在那兒正襟危坐，屏息凝神地垂釣著，文王見狀也不禁黯然起敬，準備上前同他攀談。

文王走到跟前時，卻發現這位白髮老翁釣魚的魚鉤竟然是直的，於是便也忍不住好奇地問道：「老先生，為什麼您釣魚用的魚鉤是直的，這樣能釣到魚嗎？」那白髮老翁笑著答道：「因為我要釣的不是魚，而是天下的明主君王！」姬昌忽然想到自己外出之前所卜的那一卦，於是便問：「敢問老先生尊姓大名？」

「姓呂，單名一個尚字！」

「聽老先生的口音不像是本地人，不知老先生仙鄉何處？」

「我本住於東海之濱，後聽說西伯君仁德愛民的聲名後，便千里迢迢地趕到了這裡。」白髮老翁答道。

文王聽後心裡已經斷定了眼前這位老人便是自己所要尋找的人了。當下非常高興，於是便席地而坐，與太公談論起了天下大勢，一番談論後，文王越來越覺得呂尚卓識超群，便請呂尚返回都城。

在西周，文王先是立呂尚為國師，也就是當時最大的武官，後來又升他為國相，因為他是自己祖父所期盼的人，所以便尊稱他為「太公望」。

【姜子牙釣魚】

從此，太公望開始竭盡全力地輔佐文王治理周國，一直到最後他輔助周文王和周武王平天下，推翻商朝的殘暴統治，並建立了周朝。後來，他還被周武王封為了齊君，從此，他便成為了齊國的第一代君主，定都營丘。

## 小知識：

### 姜子牙的老婆「窮神」

相傳，姜太公封神之後，各神歸位，但是姜太公的老婆卻因為自己沒有得到神位而整日囉嗦。

有一天，姜太公的老婆馬氏又開始和姜太公吵著封神，姜子牙無奈的說：「自從妳嫁到我家，我就受窮，整整一輩子都沒有富裕起來，而妳卻整日追名逐利，嘴裡一點也不閒著，活像一個窮神。」誰知馬氏以為老公終於封神給自己了，當即四下亂跑，得意的宣傳。

可是，她所到之處，就算本來富裕的地方也會變窮，姜太公聽說後，把她拉了回來，不讓她四處亂跑，免得帶給人們窮困。還規定只要是有福的地方都不能去。這件事傳到百姓耳中後，開始在大門上貼上「福」字，以免受到馬氏的壞運氣牽累。

# 紂王自焚
## ——欠債總是要還的

　　文王起兵打崇國，滅了崇國後，建立了都城——豐邑。隨後的幾年內，周族逐漸佔領了大部分的商朝統治的地區，而歸服於文王的部落也越來越多了。但是，周文王到底還是沒能完成滅商的大業，就在他正準備征伐商紂王的時候，卻染上了重病而不幸逝世了。他的兒子姬發繼承了王位，也就是周武王，繼續著推翻紂王的殘暴統治的大業。

　　周武王繼任的第九年的時候，武王便親自率軍東征，武王到達盟津後，一時間竟然有八百多個諸侯國背叛了商紂王前來與武王會師，加入武王伐紂的隊伍。諸侯們都迫不及待地說：「終於到了討伐紂王的時候了！」

　　而周武王卻說：「你們不瞭解天意，伐紂的時機還沒有到呢。」隨即班師回朝了。

　　又過了兩年，武王聽說紂王變得更加昏庸暴虐，王子比干被他活活剖心，箕子也被他囚禁。太師疵和少師強也都逃奔到周國來。於是武王下達通告說：「紂王他罪惡深重，現在已經到了不得不去討伐他的時候了！」武王遵循文王的遺旨，一共出動三百輛多輛戰車，三千餘名勇士，披甲戰士四萬五千餘人，揮師東上前去伐紂。到第十一年十二月的戊午日，軍隊已經全部渡過了盟津，此時各地諸侯們也都趕來與武王會合。

　　武王為了激勵官兵，做下了《太誓》，向全體官兵們宣告：「如今紂王被妲己所迷惑了心思，竟完全聽信她的讒言，以致毀壞了天、地、人的正道，疏遠了自己的親族弟兄，拋棄了祖先傳下來的樂曲，擅自去譜製出那淫靡之聲，為討女人歡心不惜一切代價。現在我姬發要恭敬地執行上天的懲罰。各位一起努力吧，絕對不能有第二次和第三次！」

【牧野之戰出土文物武王征商簋】

　　二月份甲子日黎明，武王來到了商都郊外的牧野，舉行全軍誓師的儀式。他左手持著一把黃色大斧，右手揮動著旄牛尾裝飾的白色旗幟，大聲地喊道：「現在請你們舉起自己手中的戈，提起你們手中的盾，豎起你們的矛，讓我們一起來對著蒼天盟誓！」

　　「如今紂王耳朵裡只能聽進去那婦人之言，荒廢了祭祀祖先的大事，荒廢了朝廷政事，糾合了一幫罪惡多端的奸佞之徒，讓他們整天肆意欺壓百姓，為非作歹。現在我姬發恭敬地來按照上天的指令討伐紂王。」誓師結束後，各地前來會合的諸侯軍隊共累計有戰車四千輛，全在牧野擺開了陣勢。紂王聽說武王攻打過來後，也馬上發兵七十萬前來阻擊武王。

　　紂王的大軍雖然人數上佔有優勢，但是他們平日也都痛恨紂王，現在一個個都沒有打仗的心思，心裡反而盼著武王能盡快攻進來。因此反而還掉轉兵器反手一擊，給武王當先導。紂王的士兵全盤崩潰，紛紛叛離了殷紂，歸服武王。

　　紂王眼見大勢已去，倉皇敗逃宮中，他返回城中登上鹿台，穿上寶玉衣，然後投火自焚而死。

　　武王來到城中，找到紂王自焚的地方，發箭射向了紂王的屍體，連射了三箭後走下戰車，又換了輕呂寶劍刺向紂王的屍體，最後拿黃色大斧斬下了紂王的頭顱，懸掛在大白旗上以便示眾。而後武王走到兩個上吊自殺的紂王的寵妃的屍體前，用同樣方式懲罰了她們。最後武王還處死了那淫亂朝政，敗壞國事，萬惡不赦的妲己。

　　從此，商朝也隨著紂王的自焚而滅亡了，之後，武王當了天子，建立了周朝。

**小知識：**

　　《太誓》又做《泰誓》，《史記》做太。太是極大的意思。武王伐紂時大會諸侯。武王向廣大諸侯誓師所做。

# 伯夷與叔齊
## ——名聲比命還重要

商朝末年的時候，有一個諸侯國叫孤竹國，這個孤竹國的國君生有三個兒子。大兒子名為伯夷，小兒子名為叔齊。

孤竹國君在世的時候，便想將叔齊立為繼承他王位的人。而按照當時的傳統，國君之位一般是傳給長子來繼承的。孤竹國君死後，叔齊應按遺詔繼承王位，誰知他認為自己的長兄伯夷比自己更有治國之才，而且排輩分又是長子，所以他便要把王位讓給伯夷。

而伯夷聽了叔齊的意見後，卻是連連搖頭，二人讓來讓去，終究沒能讓出一個結果來。國不可一日無君，伯夷見狀，便馬上收拾了自己的行李，連夜趁黑出城了。而他出城之前，留了一封書信說當今的商王紂荒淫無度，暴虐無道，而西南的諸侯國周國卻是在施行仁政裕民之策，因此，自己打算前去周國考察一番。讓叔齊安心在孤竹國做他的國君。

到第二天，叔齊看了伯夷留下的書信後，他心裡非常不安。他知道大哥是為了讓自己安心當上國君才離開家鄉的。可是他自覺並不能做這一國之君，且紂王昏庸殘暴，更不願與之合作，也無能為力去救處在水深火熱之中的百姓。於是叔齊也學著伯夷的做法，給孤竹國的大臣們留下了一封書信，然後自己也跑去西周尋訪哥哥。他信中交待讓大臣們去另選一個德才兼備的賢能之士來繼承這國君之位。

叔齊尋找到伯夷後，二人一起朝西周前去。一路上他們見到了不少的諸侯國也正要前去歸順西伯，同時也聽到了很多讚揚西伯的話語。經過一番長途跋涉後，二人來到周國的都邑岐山。此時，西伯已經逝世了，姬發繼承了王位。武王聽說兩位賢人遠道而來，便馬上派出自己的弟弟周公姬旦前去迎

【伯夷與叔齊聆聽文王仁義之道】

接。周公見了他們二人後，當下許諾給他們高官俸祿。兄弟二人聽了之後相視而笑說：「這可不是我們所要來追求的那種仁道呀。」

　　他們二人還認為周趁火打劫，憑著陰謀和行賄來保全自己，用屠殺祭祀、血塗盟書以示忠信，靠四處宣揚自己的德政來拉攏民眾，用征伐殺戮來獲取利益，所以兄弟二人對西周大感失望。而周武王帶著父親文王的靈牌，揮軍伐紂時，伯夷、叔齊攔住武王的馬頭進諫：「父親死了卻不給好好安葬，而是來發動戰爭，這叫做孝嗎？身為商的臣子現在卻要弒殺君主，這能說仁嗎？」

　　武王聽了二人的話後，不禁變了臉色，周圍的人便立即拔刀要殺他們，卻被姜尚制止了。姜尚對武王說：「大王，這兩個人是難得的有情有義啊，殺了恐怕不妥，還是放他們走吧！」於是姜尚便馬上護送二人逃離了城外。

　　周武王伐紂滅商後，正式建立了周朝，成為了天下的宗主。而伯夷、叔齊卻因為自己歸順西周而感到恥辱。於是他們堅決不再吃西周的糧食，而是隱居到了首陽山上，每天靠吃山上的野菜為食。後來武王聽說後曾派人請他們下山，並承諾將以天下相讓，但他們兄弟二人還是拒絕了武王的好意，天

【采薇圖】

天吃著野菜，最後他們餓死在首陽山腳下。在臨終前，兄弟二人還用唱歌譴責著西周的殘暴。

# 周公吐哺
## ——領導者的楷模

周公姬旦是周武王的弟弟，父親周文王在世時，周公旦就非常孝順，他的仁愛之心遠遠勝過了其他兄弟。待文王逝世，武王即位後，周公旦便開始輔佐武王。武王伐紂後，建立了周朝，之後武王將曲阜封給了周公旦，並封他為「魯公」，可是受封後周公並沒有去自己的封地，而是留在朝廷裡專心輔佐武王。

武王伐紂之後，不幸地染上了重病，病情非常危急，不久就去世了，當時，年幼的成王還在襁褓當中，周公擔心有人會趁機背叛朝廷，起兵作亂，就登位暫時代替成王處理政務，掌管國家大權。管叔和他的幾個兄弟見狀便在滿朝文武中散佈流言說：「周公要對成王不利，企圖篡權奪位。」

周公便告訴太公和召公說：「我之所以頂著罵名來代理國政，是因為擔心天下人趁此作亂，背叛周室，以致於我愧對我們的先王。現在武王已逝，成王尚且年幼，要不是為了完成穩定我周室的大業，我是斷然不會這樣做的。」

而後周公留在了成王身邊輔佐著，派了自己的兒子伯禽代替自己前去魯地受封。臨行前，周公語重心長地告誡伯禽道：「我是文王的兒子，武王的弟弟，成王的叔父，想必在全天下人的心目中，我的地位應該不算低的了。但是我洗一次頭髮卻要三次提起來，吃一頓飯也不得不三次吐出正在嚼著的食物，馬上起來前去接待賢士，就這樣還一直擔心會錯失掉天下的賢人。你到了魯國之後，也千萬不要感覺自己有了國土就變得傲慢起來。」

不久之後，管叔、蔡叔、武庚等人起兵造反。周公便奉成王的命令，率軍東征。後來他平定了叛亂，殺了管叔和武庚，流放了蔡叔。並在兩年之內

【周公】

平定了淮夷及東部其他地區，諸侯們都歸順了周王朝。等到成王長大能夠處理國事後，周公便把政權交還給了成王，自己則做為一個臣子小心翼翼地輔佐著成王。

直到後來有人造謠說他要篡權，周公一時無法辯解，只好逃到了楚國。後來成王發現周公在自己小的時候曾剪下自己的指甲沉入黃河，以自己來代替成王死去。成王當即感動地淚流滿面，派人去楚國迎回了周公。

周公歸國後，怕成王年輕，為政荒淫放蕩，便寫下了《多士》、《毋逸》。周公見周朝的官職制度尚未安排妥當，於是又寫下了《周官》，劃定了百官的職責。然後又寫下了《立政》，規定要為百姓謀利。

周公因操勞過度而積勞成疾，相傳周公去世的那年秋後，莊稼還未來得及收割，一場暴風便侵襲而來，於是莊稼全部倒伏了，大樹也都連根拔起。京城的人們見了這樣場面都很害怕。

成王和眾臣子們穿好朝服打開金縢書，看到了周公當年願以己身代武王去死的冊文。於是太公、召公和成王便責問史官等相關人員。得知確有此事

後，成王手執冊文痛聲哭道：「周公為王室而操勞，而我年幼不理解，現在上天終於發威來表彰周公的功德了，我要設壇迎接神靈。」一番拜祭之後，只見風向反轉，倒伏的莊稼又全部立起來了。

太公和召公也下令讓國人把倒下的大樹都扶起重新培實了土基。

結果最終當年天下大豐收。於是成王下令特准魯國可以舉行祭天和祭祖的大禮。而魯國之所以享有和周天子一樣的禮樂，完全是因為在褒獎周公的德行。

## 小知識：

### 周公之禮的由來

　　古人所講周公之禮是行房事的意思。相傳西周初年，男女濫情嚴重，十分影響社會的分化，周公認為不能繼續下去了，所以規定：男女在結婚之前不能隨便發生性關係，除非到達結婚當天。後人便稱此為周公之禮。

# 周厲王毀國
## ——防民之口甚於防川

夷王逝世後，他的兒子厲王胡登上了王位。厲王在位期間，貪財好利。

當時有個奸佞之臣叫做榮夷公，他為了對厲王投其所好，想盡了一切的鬼點子去幫厲王剝削人民，聚斂財物。厲王見他對自己忠心耿耿，便打算重用他。大夫芮良夫聽說了這事後，前去規諫厲王說：「您千萬不能任用那個榮公，他是一個目光短淺，只喜歡獨佔財利，卻不懂得大禍難的泛泛之輩。他慫恿您將天下財寶據為己有，而做為帝王，最正確的應該開發各種財物來分發給群臣百姓們的。可是現在君王您卻要去學獨佔財利，這是萬萬使不得的呀！您如果也去這樣做的話，那歸服您的人就會變少。所以榮公如果被重用的話，那周朝肯定要走向敗亡的呀。」然而，芮良夫的一番苦口婆心勸諫並沒有奏效，最終厲王還是任用榮公當了國卿，來掌管國家大事。

厲王越來越暴虐無道，放縱驕奢，國人都開始公開議論起他的過失。於是召公勸諫說：「人民已經忍受不了您的命令，開始在大街小巷上批評起您了！」厲王得知後為之大怒，隨後找來了一個衛國的巫師，讓他去監視那些議論的人，一旦發現目標後就馬上回來報告，然後厲王便馬上派人前去殺掉。如此一來，議論的人的確是變少了，國人們甚至都沒有誰再敢開口說話，即使在路上相遇了也只能透過遞眼色來互相示意。

【周厲王時期銅簋銘文局部】

厲王見事情達到了自己的效果後，頗為高興，然後對召公炫耀道：「你看吧，

我已經消除人們對我的議論了，他們現在都不敢說話了。」

召公聽了無奈地說道：「您這只是把他們想說的話給堵回去而已。不瞞您說，這堵住民眾的嘴巴，要比堵住川流更厲害多了。川流蓄積多了，一旦決口的話，是對民眾造成空前絕後的傷害的；堵住民眾的嘴，不讓民眾說話，和這也是一樣的道理。所以，治水的人都是疏通河道，讓水流變得通暢，這樣就不會發生水災，同樣，治理民眾的人，也應該放由他們，鼓勵他們說出自己心裡的言論，並且採納大家的意見。您現在這樣壓制大家，恐怕不是長久之計！」而厲王卻依舊不聽勸阻。

從此，國人們都不敢再說話了，然而過了三年之後，群臣吏民們終究忍受不了厲王的殘酷統治，於是便一起造反，襲擊厲王，攻打王宮。厲王見眾叛親離，也只好獨自一人逃到了彘。這段期間，國中無主，社會一片動盪混亂，民眾們都感到不安，於是，民眾推選召公、周公二位輔相共同掌管朝政，後來在歷史上被稱為「共和」。共和十四年，厲王死在了彘地，而躲在召公家中的太子靜已長大成人，召公將真相公佈於世後，大家便擁立太子靜登上王位，也就是後來的周宣王。

**小知識：**

### 歷史上最早的改革家——周厲王

在政治上，周厲王改變了周、召二公「世為卿士」之慣例，啟用了榮夷公還有虢公長父，他們對經濟和軍事都十分擅長。

在經濟上，周厲王在振興王室經濟時抓住了「專利」和「農業」兩個環節，打擊貴族經濟，加強王室經濟。「爵以賄成」的風氣很強，功利主義在一定程度上解決了王室的困難。

在《詩・大雅・桑柔》：「好是稼穡，力民代食，稼穡惟寶，代食維好」。大意是：你厲王只知道以「稼穡」為國寶。這證明了周厲王對農業的重視。

軍事上，周厲王為了改變國家積弱的狀態，在一定程度上阻止了周邊少數民族的屢次入侵。在法律上，周厲王宗法觀念極強。

# 烽火戲諸侯
## ——周幽王為博美人一笑的亡國舉動

相傳從前在夏后氏衰落的時候，有一天，有兩條神龍從天而降，棲落在了夏帝的宮廷上，夏帝見了後感到非常驚奇，那兩條神龍卻對夏帝說：「我們兩個就是褒國的先君。」

夏帝聽了他們的話後不知道是該殺掉它們，還是趕跑它們，或者說留住他們，於是就進行了占卜，結果顯示不吉利。夏帝便再次占卜要它們的唾液藏起來，結果這次卻是顯示吉利。於是夏帝便命人擺設出幣帛祭物，一邊寫下簡策一邊向二龍禱告，之後那兩條龍就消失了，唯獨留下了唾液。於是夏王便讓人拿來木匣子把那龍的唾液給收藏起來。

這個匣子一直傳到了周朝。不過自始至終卻從來沒有人打開過。一直到周厲王末年的時候，這個匣子才被打開了。匣子打開後，盒子裡面的龍的唾液便留在了殿堂之上，結果無論怎麼清掃也清掃不掉。於是周厲王命令一群赤裸著身體的女人對著那唾液大聲呼叫。

【烽火臺遺址】

結果竟見那唾液慢慢地變成了一隻黑色的大蜥蜴，那蜥蜴直奔著厲王的後宮爬了過去。當時後宮有一個剛剛換牙的小宮女，她還不懂事，見了那隻大蜥蜴後感覺好玩就上前摸了摸它。結果誰想到她成年時竟然意外懷孕了，連丈夫都沒有便生下孩子了，她心裡非常驚駭，於是就把那孩子給丟棄了。

周宣王在位的時候，民間流傳著這樣的童謠：「山桑弓，箕木袋，滅亡周國的

禍害。」宣王聽聞這童謠後，恰好偶然得知有一對夫婦在賣山桑弓和箕木製的箭袋，於是宣王當即便命人前去抓捕他們，打算殺他們滅口。夫婦二人連夜出逃，結果就在逃命的路上發現了被小宮女遺棄的嬰兒，於是便收留了她。

【褒姒像】

夫婦二人最終也是逃到了褒國。之後褒國人得罪了周朝，為了賠罪，便將女孩獻給周國，取名褒姒。到周幽王三年的時候，一天幽王在後宮見到了褒姒，結果他在看到褒姒第一眼的時候就已經喜歡上了她，之後二人還生下了兒子伯服。幽王為了討得美人的歡心，竟還把申后和太子都廢掉了，而改立褒姒為王后，伯服為太子。

然而褒姒因為離鄉背井，心情不好，所以她平日總是皺著眉頭。幽王見狀，也甚為煩惱，於是為了讓褒姒笑，幽王想盡了千方百計，嘗試了各種辦法，可是終究還是難求褒姒一笑。最後沒辦法，幽王只好下令，如果有誰能使得褒姒一笑的話，便賞他千金。

幽王在政期間，曾有一位名叫虢石父的人受到幽王的重用。於是這位虢石父聽聞後便向幽王獻計說：「大王不是在驪山一帶設置了十幾座烽火臺和大鼓嗎，一旦有敵兵前來侵犯的時候就會在烽火臺上點起狼煙，擂起大鼓的。而諸侯們看到狼煙後就會全部趕來的。現在天下太平，如果大王點起狼煙，而諸侯們在趕到之後卻不見有敵寇的話，我想那場面王后見到後一定會發笑的。」

幽王聽了之後也認為這不失為一個好辦法，於是當下便和褒姒前去驪山遊玩，當天晚上，幽王和褒姒住在了驪山的行宮中。幽王暗地下令讓烽火臺點起狼煙。

先是有第一座烽火臺上的狼煙升了起來，之後所有的烽火臺陸續都點起了狼煙。一時間火光連綿不斷，鼓聲響徹天空。周邊的諸侯們見到此情景後也不由得大驚失色，於是連忙召集了人馬，火速地趕來了驪山。諸侯們慌忙之中趕到驪山後，卻並沒有見到敵寇的身影，於是禁不住地暗生惱火，最後也只好都垂頭喪氣地回去了。

褒姒在行宮之上看到下面的這一副滑稽的場景後，果然忍不住笑了出來。幽王見自己的心愛的美人終於笑了，心裡異常地高興。於是之後為了博得褒姒的一笑，幽王又多次點燃了烽火臺。漸漸地，諸侯們變得不再相信幽王了，即使再看到那烽火狼煙，也不再發兵前來援救了。

幽王擅自廢掉的申后和太子宜臼，他們得知了此事之後，見時機已然成熟，便聯合繒國、犬戎一起前去攻打幽王。幽王見狀立即前去點燃烽火向諸侯們求援。而諸侯們卻早已不再相信幽王，於是到最後都沒有人再派救兵過來。

結果申侯便殺掉了幽王和伯服，俘虜了褒姒，把周王室的財寶洗劫一空。後來諸侯們也紛紛都靠近於申侯了，並且共同擁立幽王以前的太子宜臼為王，也就是後來的平王。

## 小知識：

### 歷史中真實的「褒姒」

在《東周列國志》中有這樣一段形容褒似的話：「目秀眉清，唇紅齒白，髮挽烏雲，指排削玉，有如花如月之容，傾國傾城之貌。」可見她容貌出眾，傾國傾城。而在《史記》中，褒姒的身世又被冠上了神乎其神的韻味，又被妖魔化。其實，歷史中真實的褒姒也是出身窮苦，她長在窮人家，後來被人買去獻給周幽王。獻出褒姒的人是大臣褒坰之子，因為其父在一次進言中得罪了幽王，被打入大獄，他深知幽王的好色，因此在偏遠的鄉村中覓得褒姒，用美人計換取其父。

# 第二篇
## 春秋之爭

# 從東遷洛邑到河陽巡視
## ——群雄爭霸年代的到來

平王登上皇位之後，國都鎬京已經被戰火破壞，非常殘敗。為了躲避犬戎的侵襲，平王決定將國都從鎬京東遷至洛邑。由於之前幽王在位時實行暴政，多次戲弄諸侯，所以到了平王即位的時候，周王室已經完全衰退了下來。周天子早已失去了天下共主的地位，只是依仗著晉、鄭、虢等諸侯國的力量，勉強支持著周王朝的殘局。此時的諸侯們也紛紛恃強凌弱，齊國、楚國、秦國、晉國等諸侯的勢力逐漸強大起來，國家一切的政事也都要經由各方諸侯的左右。

後來周平王去世，其孫周桓王繼承大統。

周桓王三年時，鄭莊公前來朝見桓王，因為桓王沒有按照接待諸侯的禮節來接待他，鄭莊公就此對周恒王產生了怨恨。於是在周桓王五年的時候，鄭國和魯國擅自調換了許地的田地。而這許地的田地，正是周王室的天子們用來祭祀泰山專用的田地。十三年，周桓王發兵征討鄭國，結果桓王在戰鬥中被鄭國人祝聃射傷了肩膀，無奈只好負傷撤退。

二十三年，桓王去世，桓王的兒子莊王佗即位。莊王四年，周公黑肩企圖殺掉莊王，擁立王子克登上皇位。辛伯得知後，將這個消息奏明了莊王。莊王大怒之下便下令殺掉了周公，王子克見勢不妙便逃去了燕國。莊王去世後，其子厘王胡齊即位。

厘王三年的時候，齊國齊桓公開始稱霸諸侯。這時周王室早已名存實亡，厘王登上位後過了兩年便去世了，兒子惠王閬又登上了皇位。惠王即位後，為了滿足自己的目的，他奪取了大臣們的園林來豢養牲畜。結果，惠王的這一舉動導致了大夫邊伯等五人趁機作亂，聯合了燕、衛兩國的軍隊，打算攻

打惠王。惠王得知後，倉皇出逃至溫邑，後來又轉到了鄭國的櫟邑居住。邊伯等人便又趁機擁立了厘王的弟弟頹登上皇位。他們還在宮中盡情地奏樂歌舞來慶賀，鄭國、虢國兩國的國君得知後非常地惱火。於是到了惠王四年的時候，鄭國和虢國聯合發兵攻打周王頹，並且殺掉了頹，將惠王護送回朝廷。

惠王十年，惠王賜封齊桓公為諸侯首領。惠王之後即位的是襄王鄭。襄王繼母惠后所生的叔帶先前非常受得惠王的寵愛，所以襄王對他非常不放心。襄王三年，叔帶夥同戎國和翟國商討攻打襄王的計畫。襄王得知後便想要殺掉叔帶，叔帶只好逃到齊國。齊桓公就派了管仲前去勸說戎國和周國議和，又派了隰朋去勸說戎國與晉國講和。到後來齊桓公去世後，叔帶又返回了周朝。

十三年，鄭國出兵攻打滑國。周襄王派了游孫、伯服前去鄭國為滑國說情，結果鄭國拘禁了二人。襄王不禁為之惱火，就下令派給翟國軍隊前去討伐鄭國。大臣富辰就勸諫襄王說：「平王東遷靠的是晉國和鄭國共同的力量。平定子頹叛亂又是依靠鄭國的力量。如今若只是因為一點小怨恨就拋棄它的話，這樣做值得嗎？」

襄王卻不聽從勸阻，到了十五年，派了翟國的軍隊攻打鄭國。襄王心中感激翟人，就打算立翟王的女兒為王后。富辰又勸諫說：「平王、桓王、莊王、惠王都是受到過鄭國的好處，現在君王您怎能放棄同姓之親的鄭國，親近翟國呢？」

襄王仍舊是不聽，到十六年，襄王又廢黜了翟后，翟人得知便發兵前來誅討，殺死了周大夫譚伯。富辰無奈地嘆道：「我先前屢次勸諫君王，君王都不以採納，到現在如果我再不出去迎戰的話，君王肯定還會認為我是在怨恨他吧！」於是富辰就率領了他的屬眾前去迎戰狄子，最後戰死。

最初惠后想要立自己的兒子叔帶為太子時，派了自己的親信前去為翟人做先導，引領翟人攻進了周都。襄王敗逃到了鄭國，鄭國安置襄王在氾邑。叔帶登上王位後，當即就迎娶了襄王廢黜的翟后，與她一起居住在溫邑。

十七年，襄王又向晉國求救，晉文公就護送襄王返回了周朝，並且還幫助襄王殺掉了叔帶。襄王為表感謝，就賜給了晉文公玉珪、美酒、弓箭等，並且命他擔當諸侯中的首領，還把河內的土地賜予了他。到二十年，竟然出現了臣子召見君上的事情，襄王去了河陽、踐土接受了晉文公的召見。當初為了避諱此事，就被稱之為「天王到河陽巡視」。而這時的襄王也早已失去了實權，成為諸侯們任意擺佈的一個傀儡而已。

**小知識：**

　　關於春秋五霸的另一種說法是齊桓公、晉文公、楚莊王、吳王闔閭（ㄏㄜˊ ㄌㄩˊ），越王勾踐。此說見於王褒的《四子講德文》。

# 被戲弄的由余
## ——從使秦到歸秦

由余，祖籍晉國，因避亂逃亡到了戎地。

當時的西戎國國君聽說秦穆公非常賢明，就派由余前去秦國考察。抵達秦國後，秦穆公帶著他參觀自己華美的宮殿和積蓄的財寶。由余委婉地告誡穆公，宮室豐富的積蓄是最大的勞民傷財換來的，希望大王能夠體恤百姓。

秦穆公聽到他的勸誡，不由得感到驚訝，於是接著問道：「中原各國一向是來藉助詩書禮樂和法律規章處理政務的，依然不時地發生禍亂。而你們西戎族還沒有這些綱領，如何治理國家，豈不是很困難？」

由余笑著答道：「這些正是那中原各國發生禍亂的根源所在。自從上古聖人黃帝創造出了禮樂法度，並以此來要求自己，這只能實現短暫的太平。到了後代，君主們過得一天比一天驕奢淫逸。卻仍然依著法律制度的威嚴來要求和監督民眾，導致民眾怨恨君上，要求君上實行仁治。上下開始互相怨恨，以致最後的篡奪屠殺，甚至誅滅家族，這不都是由於這些所謂的禮樂法度的東西引起的嗎？我們西戎族卻不是這樣的，君主以仁德對待下面的臣民，臣民也用忠信來侍奉君上，君主處理國家政事就好像對待自己，根本不用瞭解什麼治理方法，這才真的是聖人的整治啊。」

穆公聽了由余的這一番話後，心裡十

【吹簫引鳳圖】描繪秦穆公之女弄玉在鳳樓上吹簫引來鳳凰的故事。

【孔子】

分震驚，退朝之後，穆公便私下向內史王廖說：「假若鄰國存在聖人，再加上西戎有由余這樣的賢才之士，無疑是我國的禍害，我們現在應該怎麼辦才好呢？」

內史王廖說：「那西戎王地處荒僻之地，自然是不曾聽過中原地區的樂曲。您不妨試試送他一批歌舞伎女，藉此來讓他每天沉迷於歌舞美色中，漸漸地來改變他的心志。另外也為由余向戎王請求延緩返期，藉此來疏遠他們君臣；到時候戎王也一定會心裡起疑。一旦他們君臣之間有了隔閡，我們就可以俘獲他了。再說了戎王喜歡上音樂後，就會荒於政事，變得昏庸起來的。」

穆公聽了之後，不由大喜。於是穆公便按照這些逐一實行了。在此期間，秦穆公不僅加強了和由余的關係，還瞭解了戎地的地勢以及兵力部署情況。再說戎王收到了歌伎舞女後，非常地迷戀，整天沉溺於酒色中，整整一年的時間都不曾遷徙過，不曾更換草地，牛馬也因此死了一半。得知這些後，秦穆公知道是由余返回西戎的時候了。

由余回國之後見此情形曾多次向戎王進諫，可是戎王卻都聽不進去，另

一邊穆公又屢次派人前來秘密邀請由余，由余眼見戎王變得昏庸糊塗，秦國卻一天一天強大起來，於是由余最終離開了戎國，歸降了秦國。穆公也以賓客之禮相待，對由余非常敬重，向他詢問何時為攻打西戎的最佳時機。

三十七年，秦國在由余的計謀幫助下終於發兵攻打戎王，吞併了十二個國家，開闢了千里疆土，稱霸西戎地區。

**小知識：**

　　根據史料記載，春秋時期由余（即余氏和由氏始祖）提出了仁義治國論說，他提倡君主要把上古帝王黃帝做為治國榜樣。提倡「聖人」之治，要以仁義禮樂治天下。他的仁義觀點早於孔子、孟子。

# 所謂的「秦晉之好」
## ——都是糧食惹的禍

春秋時期，秦國和晉國是相鄰的兩個強國。兩國之間經常勾心鬥角，爭奪霸權，甚至出兵對陣。但是另一方面，兩國為了自身利益的需要，有時卻又得互相聯合，互相利用，甚至彼此通婚，建立密切的關係。

晉惠公在位時期，曾連年歉收，有一年，更是出現了罕見的大旱災，結果糧倉虧空，晉國便派人前去秦國，希望得到糧食援助。

秦穆公當時聽了後並沒有馬上答應借糧給晉國，因為之前晉惠公曾答應將黃河以外的五座城池送給秦國，做為對秦穆公派兵護送他返回晉國的報答，可是事後晉惠公卻反悔了。因此秦穆公一時拿不定主意，於是便召集了臣子們徵詢大家的意見。

一位從晉國降秦的叫丕豹的大臣勸說穆公不要借糧給晉國，應當趁機發兵攻打晉國。另一位大臣公孫支希望大王借糧食給晉國。之後秦穆公又問百里奚，百里奚說：「雖然晉惠公曾得罪了大王您，但是那晉國的百姓卻沒有得罪過大王的，所以臣以為大王還是借糧給晉國，這樣讓晉國的百姓們對大王心懷感激之情，無異於讓大王獲得了晉國百姓們的民心。」

【秦穆公墓】

秦穆公想來想去最終還是採納了公孫支和百里奚的意見，當下派人從水路運送粟糧至晉都絳城（今山西翼城），救濟晉國人民，史稱「泛舟之役」。而晉人看到秦國送糧後，也無不感激秦國。

　　第二年的冬天，秦國也發生饑荒了，晉國卻是大豐收。這次換成了秦國向晉國借糧了。晉惠公聞言後沒有馬上答應借糧，卻也是召集群臣們來徵求意見。晉國國舅虢射提議趁著秦國現在鬧饑荒去發兵攻打它，這樣容易大獲全勝。晉惠公最後聽取了虢射的意見，於西元前 645 年發兵去攻打秦國了。

　　得之消息後的秦穆公大怒，發兵攻打他們晉國。於是秦穆公便命坏豹率領秦國大軍，親自前往迎擊晉國。秦國先是三戰高捷，擊敗了戍邊的晉軍，並東渡黃河進入了晉地縱深，晉惠公見狀也親自領兵迎戰，雙方在韓原（今山西河津與萬榮之間的黃河西岸）展開了激戰。最後晉國的大夫梁由靡在混亂中率領部下軍兵去截擊秦穆公，並將其擊傷。

　　受了傷的穆公身陷重重包圍之中，形勢危急萬分，穆公忍不住嘆道：「我今日竟反被晉軍俘虜，天理何在啊？」然而就在此時，突然殺出一路勇士，約莫三百人，個個蓬頭垢面，腳著草履，手持戈矛，腰掛弓箭，口中大喊著：「莫要傷害我們的恩公！」他們的出現倒真將晉兵殺得措手不及，防不勝防。

　　之後秦穆公脫險後，得知原來救他的那三百多名壯士便是自己當年曾施恩過的岐山山民，不禁感嘆道：「山民尚且懂得報恩，可是那晉惠公卻不懂，真不知道他是一個什麼樣的人啊？」隨後秦穆公對救他的山民們封賞，山民們也一一推辭了。

　　而最終晉惠公被秦軍給俘獲，晉國見狀，迫於無奈，只好與秦國講和，並且答應秦國割讓河西之地給秦國，於是秦國最後便也釋放晉惠公歸國。

**小知識：**

　　秦晉之好意思是：秦、晉兩國世代互相婚嫁，亦作「秦晉之匹」、「秦晉之偶」、「秦晉之盟」、「秦晉之約」。現泛指兩家聯姻。

# 管仲與鮑叔牙
## ——偉大的友誼

管仲，名夷吾，是春秋時期齊國穎上人。二十多歲的時候就認識了鮑叔牙。一開始二人曾合夥做買賣，管仲因為家境貧寒出資較少，生意做得還不錯，可是有人發現管仲每次都是賺錢了自己多拿一點，於是向鮑叔牙告狀，而鮑叔牙卻很理解管仲，他知道管仲其實是因為家貧，又有老母親需要孝敬，所以才會這樣做。

後來二人又一起充軍，二人情同手足。有一次齊國攻打鄰國，雙方展開了激烈的戰鬥，每逢衝鋒上陣的時候管仲總是遠遠地躲在最後，並且跑得很慢，每到退兵的時候，管仲卻又跟飛的一樣地狂奔著。士兵們都開始恥笑他，笑他貪生怕死，而領兵的也想殺一儆百來拿管仲的頭去警告那些貪生怕死的士兵們。這時鮑叔牙卻替管仲辯護道：「管仲的為人我是最清楚的，他之所以會這樣，是因為他在家中還有一個八十多歲的老母親需要他去贍養，因此他只能忍辱負重地活下來以盡孝道了。」而管仲聽了鮑叔牙的這番話後更是

【管仲】

感動地流淚。兩年後，管仲的老母親病逝，此時管仲心裡再沒牽掛，於是死心塌地地為齊國效命，結果每次作戰時，管仲都非常勇猛，很快他也就得到了提拔重用。

後來鮑叔牙到齊國去侍奉了公子小白，而管仲也侍奉了公子糾。此時的齊國國君齊襄公，他喜好美色，昏庸無道，他疑心自己的兩個弟弟小白和糾要篡奪自己的王位，於是便命手下人找機會將他們幹掉。兩位公子聞風後便逃離，管仲隨公子糾跑回了姥姥家魯國，而公子小白也帶著鮑叔牙逃到了姥

姥家莒國。之後齊襄公被自己的侄子公孫無知用陰謀殺死，公孫無知在位沒多久後，也在一次狩獵中被仇人殺害。國不可一日無君，大臣們議定：小白和公子糾哪位公子率先返回國都，誰便做這齊國國君。

管仲見此便向公子糾建議要先帶一隊人馬前去攔截住公子小白，然後讓魯國派大將曹沫帶另一隊人馬護送公子糾回國。而在管仲趕到了齊莒兩國交境處的時候，碰上了鮑叔牙也帶領著一隊人馬護送著公子小白匆忙趕路。鮑叔牙和管仲雖然平日裡情同手足，但是眼下二人各為其主，鮑叔牙不相信管仲關於公子糾已經回國的話，便命令部隊繼續前進。

管仲見攔不住公子小白，只好搭出弓箭，朝著公子小白射去。小白大叫一聲，栽倒在車上。管仲以為成功，便帶著人馬飛奔而去。而管仲的這一箭卻是射在他的帶鉤上，待管仲跑遠後，鮑叔牙見狀便下令抄小路全力進軍齊都。

之後公子小白順利即位，並立自己為齊桓公。然後他趁著公子糾還沒有趕到，便下令讓魯國殺了公子糾，活捉管仲拿來治罪，魯國國君得知後非常害怕，於是也不顧公子糾是自己的外甥，直接殺掉了公子糾，管仲也被齊桓公囚禁起來。隨後齊桓公卻並沒有治管仲的罪，反而是客客氣氣地接待了他，並封他做了大夫。齊桓公之所以要活捉管仲，是因為其實他想重用管仲，這一切也全是鮑叔牙舉薦管仲的功勞。

## 小知識：

### 管鮑之交

　　是指春秋時齊人管仲和鮑叔牙的相知最深。之後常以此比喻交情深厚的朋友。出處：西漢‧司馬遷《史記‧管仲傳》：「生我者父母，知我者鮑子也。」在管仲被俘之後，得到鮑叔牙的推薦，拜為相國，而鮑叔牙自己甘願做他的下屬。故而後人常盛讚管仲的才華，敬佩鮑叔牙的為人。他們的一段友誼也成為佳話。

# 齊桓公稱霸
## ——仁者無敵

當初，齊桓公在外逃亡時，曾經路過諸多國家，有的國家對他以禮相待，但也有國家不買他的帳。郯國就是對他很無禮的代表。所以在桓公登上王位後，便開始誅伐郯國，郯國國君見勢不妙就出逃至了莒國。

齊桓公剛剛即位的時候，就曾一直下令攻伐魯國，兩國交戰數次，結果全是齊國戰勝。

到了齊桓公五年，桓公又下令發兵征伐魯國。這次魯國君見齊國再次討伐自己，知道魯國已經不能與齊國僵持下去，就派使者去齊國與齊桓公求和，並獻出遂邑給齊國，好與齊國停戰講和。齊桓公最後與魯國約定到時候在柯地舉行兩國盟會。

盟會的時間到了，魯莊公召集了群臣，問道：「寡人要前去柯地與齊國盟約，眾位誰願隨與寡人一起前往？」這時，群臣中一位名叫曹沫的將軍站了出來。莊公對他不以為然，以為他曾三次統帥軍隊作戰都被齊國打敗。曹沫面色堅定地說：「正是三次都吃了敗仗，所以才請求隨大王前去一雪前恥。」

莊公見曹沫面色堅定，就說道：「寡人此次前去與齊國結盟，已經等同於再次吃了敗仗，如若將軍能為魯國雪恥，那寡人便聽由將軍安排。」

【齊桓公】

【管仲紀念館】

於是曹沫就隨同莊公一起到了柯地，結盟儀式開始後，兩國國君在祭壇上舉行結盟禮事。就在齊桓公準備與魯莊公盟誓的時候，一旁在莊公身邊隨從的曹沫突然地衝上來，一把抓住了齊桓公的衣袖，另一隻手拿出了一把匕首放到桓公脖子處。祭壇下面的齊軍見上面突遭此變，都騷動起來，但是卻難以登上祭壇營救桓公。

齊國國相管仲就穩住曹沫說道：「大夫莫要衝動，有什麼請講！」

曹沫說：「齊國數次攻打魯國，魯國滅亡也是眨眼的事。可是齊國國君不是一向以幫助弱國著稱的嗎？為什麼還要來侵犯我們魯國？齊國倚強凌弱，靠武力搶佔了我們魯國的土地，所以請齊國今日歸還我們魯國的土地！齊國若是不答應的話，今日就別再妄想結盟一事。」

管仲聽了忙對桓公說：「大王，答應他吧！」齊桓公也只得答應。接下來兩國便按照儀式規則辦完了結盟一事。

結盟一事結束後，齊桓公就後悔了，今天遭此突變，他心裡早已恨透了那曹沫，於是便打算將曹沫殺掉，更不打算歸還魯國的土地了。管仲勸諫要維持大王在諸侯之中信義，才能得到天下民眾的支持，如若反悔，後患無窮。

桓公聽了之後感覺管仲說的有道理，於是就下令將曹沫三次戰敗所丟失

的領土全部歸還了魯國。諸侯們聽說了這件事後，都對齊桓公讚不絕口，齊國也因為守信而得到了諸侯們的歸附。

齊桓公七年的時候，諸侯對桓公在甄地盟會，齊桓公從此便成為諸侯中的霸主。

## 小知識：

### 桓公背後的支持者

相傳，齊桓公能夠稱霸主要得益於三個人的幫助，管仲當然是一馬當先，做為相國，他對於桓公成就霸業做出了巨大的貢獻。再者，就是閭丘，這位隱士給了齊桓公「富國強兵」的建議，最後，就是其妻子衛姬。據說她曾經用智慧阻擋了齊衛之間的一場大戰，而且十分明理。被桓公宣為：富人治內，管仲治外。

# 屈完出使齊營成功的秘訣
## ——威武不能屈

　　齊桓公在位時期，齊國漸漸強盛起來，桓公成為霸主。但同時，南方的楚國也一直在強盛，經常欺凌周邊的小國。小國們遭受楚國的侵犯後，紛紛前來請求齊國出面幫他們向楚國討回公道。

　　其實齊桓公做為霸主，早已有心想要挫挫楚國的銳氣。於是齊桓公就率領了中原各諸侯國的軍隊前去攻打楚國，直逼楚國國境。楚成王見桓公率領的聯軍規模龐大，不敢貿然出兵。於是便派使節出使齊營。使者來到齊營，對齊桓公說道：「齊國和楚國向來並無恩怨，在地理上也是相差甚遠。大王您現在進入了我們楚國的國土，不知是出於何種緣故呢？」齊桓公當下被問得啞口無言。

　　管仲見此，上前回答說：「之前召康公曾命令我們先君姜太公說：『你有權去征討五等諸侯和九州島長官，共同來輔佐周王室。征討的範圍是：東到海邊，西到黃河，南至穆陵，北達無棣。』你們楚國每年也應當按規定的日期向天子進貢包茅，可是你們卻一直遲遲沒能交納，以致於周王室的祭祀經常供應不上。你們楚國這般公然藐視天子，所以我們齊國特來就此討伐；周昭王曾在南巡時死在了這裡，你們也脫不了關係，所以我們前來查明此事。」

　　其實當時周昭王南巡時，是在漢水中溺亡的，而當時的楚國不過才方圓幾十里，離那漢水還相隔甚遠。致於那包茅，也是一種可有可無的貢品，完全跟周王室的祭祀大禮扯不上關係，使者知道管仲故意這樣歪曲事實，牽強附會。但他也不揭破管仲

【齊國的先君姜子牙】

的把戲，一本正經地答道：「貢品沒能即時交上去，是我們的過失，今後一定會按時進貢的。致於周昭王南巡是沒有順利返回，還是請先生親自前去漢水一趟問一問吧！」之後便揚長而去。

齊桓公眼下竟被楚國的一個小使臣羞怒了一番。於是大怒之下，桓公下令軍隊繼續挺進，一直到了陘地才停軍駐紮了下來。楚成王見齊國欺負自己都欺負到了家門口，於是便派了使臣屈完前去齊軍中進行談判。

齊桓公下令諸侯的軍隊擺好陣勢，齊桓公一邊炫耀著軍力一邊對屈完說：「諸侯們只不過是為了繼承先君所主張的友好關係而已才來的。你們楚國是否也打算與我們建立起友好關係呢？」

屈完當然感到了齊桓公的威脅之意。回答說：「承蒙大王您能光顧我們楚國，忍辱接納楚君，還為我們楚國謀求福祉。」

齊桓公繼續炫耀說：「單憑著寡人率領的這些諸侯軍隊，天下又有誰能夠抵擋得住呢？寡人下令讓他們攻打城池，天下又有那座城邑攻不下來呢？」

屈完聽了說道：「大王您若是拿仁德來順服天下，自然沒有哪個諸侯不敢順服的？可是大王您如果憑藉武力前去征伐的話，楚國雖然不強大，但是依舊會奮力抵抗的；方城山將是護城牆，漢水將是護城河，即使大王您的兵馬眾多，恐怕若真是與楚國周旋起來的話，也得不到什麼好處的。」屈完也是表面上對齊桓公說得客客氣氣的，但是語氣已經表現得非常堅強。

齊桓公見楚國的每個人都如此強悍，便得知屈完說的此言非虛，也只好與楚國訂立了盟約，就此議和。

### 小知識：

楚國令尹屈完，羋姓，屈氏，名完，中國春秋時期楚國大夫。在魯僖公四年代表楚國與諸侯國訂立了盟約。

# 一代霸主卻沒得好死
## ——封建帝王之家的殘酷

齊桓公四十一年，管仲、隰朋都相繼去世。

在管仲患上重病後，有一次齊桓公去看望他，問他道：「先生如今患病不起，國不可一日無相。這群臣中誰可以擔當相國？」

管仲答道：「知臣莫如君，我想您心裡應該清楚誰更適合吧。」

桓公說：「易牙這個人怎麼樣？」

管仲說：「易牙為了迎合君王，竟然親手殺死了自己的兒子，蒸熟了獻給君王吃，這太殘忍了。他對待親生兒子尚且如此，怎能保證他能對君王一心一意。易牙絕對不能任用。」

桓公又問道：「那開方這個人又怎麼樣呢？」

管仲說：「開方原本是那衛國的太子，可是卻拋棄雙親來迎合國君，就連父母去世了也不曾去奔喪，這也過於不合乎人情，不可與他過多接近。」

桓公又接著問道：「那豎刀呢？」管仲回答說：「人最應該愛惜的便是自己的身體，可是豎刀卻閹割了自己來討好君王，這也不合情理，也不能任用他。」

但是管仲去世後，齊桓公卻是早已將管仲的忠告置之腦後，還是親近任用易牙、開方、豎刀這三個人，從此三人開始了專權。

齊桓公和管仲曾把孝公昭託付給宋襄公，打算立為太子。而後易牙受到了桓公長衛姬的寵幸，於是便透過了豎刀送了一份厚禮給桓公，也因此受到了桓公寵幸，之後桓公便答應易牙改立無詭為太子。而到管仲死後，其餘的

五位公子也都紛紛要求桓公立自己為太子。

冬十月乙亥日，齊桓公去世。公子無詭和易牙、橫刀暗中勾結為私黨，這時易牙率領手下的士兵侵佔了王宮，搜捕太子昭。太子昭倉皇逃亡到了宋國。之後易牙和豎刀便召集朝中大臣，向他們公佈了桓公的死訊，並且宣稱公子無詭即位。大臣們發現太子昭不見了，知道是易牙和豎刀的陰謀，於是紛紛指責起來。易牙和豎刀對那些有異言的大臣們砍殺。大臣迫於二人淫威，便無人再敢出面反對。

無詭即位沒多久，宋襄公便率領諸侯軍隊送齊太子昭歸國並同時罰伐齊國，齊國早已有人不滿無詭的行為，於是齊人內部也一齊起兵，殺掉了無詭、易牙和豎刀等人。齊國正打算要將太子昭立為國君的時候，其餘的四位公子又不滿而起兵攻打太子昭。於是太子昭再次逃回了宋國。之後宋國再一次舉兵齊國，與齊國四公子的軍隊開戰。五月，宋軍打敗了四位公子，最後立太子昭為君，也就是齊孝公。

桓公重病時，六位公子各自結黨營私，爭奪王位。而到桓公死後，六位公子就互相殘殺，致使宮中無人去把桓公的屍體裝入棺中。因此桓公的屍體足足在床上被丟棄了六十七天，最後，屍體變得腐爛不堪。到十二月乙亥日，無詭即位的時候，才裝棺向各國報喪。辛巳日夜，才穿衣入斂，停柩於堂。到第二年的八月才入土安葬。

就這樣，一代霸主齊桓公最終卻落得了如此下場，不得不讓人感嘆封建帝王之家的殘酷。

**小知識：**

齊桓公原有三位夫人：分別是王姬、徐姬和蔡姬，但是三位夫人都不曾生下兒子。桓公為人好色，身邊寵幸的小妾卻有很多，其中有六個深受寵愛：長衛姬，無詭之母；少衛姬，為桓公生下了惠西元；鄭姬，孝公昭之母；葛嬴，生下了孝公潘；密姬，懿公商人之母；宋華子，為桓公生下了公子雍。

# 一個亂臣，一個賊子
## ——賊船就是這樣的

衛莊公曾娶陳國國君的兩個女兒為夫人，次女戴媯為莊公生下一個兒子取名叫完。莊公還有一個寵妾，這個寵妾也為莊公生下了一個兒子取名州籲。莊公十八年，州籲長大成人，他身材魁梧，生性好鬥，喜好軍事，莊公派他做了軍隊的將領。衛國的上卿石碏的兒子石厚卻也和州籲臭味相投，兩人經常在一起狼狽為奸，胡做為非，禍害百姓。

二十三年，衛莊公逝世，太子完登上王位被立為國君，就是衛桓公。桓公二年，桓公見弟州籲驕奢淫逸，便下令革除了他的將領職務，罷黜了他，州籲便懷恨在心，於是開始和石厚密謀起篡奪桓公的王位的事宜。

一次衛桓公要前去參加周平王的喪事，州籲和石厚便利用這次機會提前安排了埋伏的兵士，州籲上前假意向桓公敬酒，趁其不備，他抽出懷中的短劍，一把將桓公給刺死。而石厚也領著事先埋伏好的士兵衝了出來，控制現場的局面。大臣們見狀也只好紛紛投降。之後石厚載著桓公的屍體回城，並謊稱桓公突然發病暴斃，然後就擁立州籲登上王位。於是州籲便順理成章地登上了帝位，他當即便封石厚為自己的上大夫。

州籲剛剛即位後，由於他殺害了桓公，所以到處都流傳著他加害桓公的一些惡劣事蹟，州籲和石厚為了制服百姓，並在諸侯中立威，於是就去賄賂魯、陳、蔡、宋等國家，大肆徵集青壯前去攻打自己的鄰國鄭國，不僅弄得自己國家勞民傷財，更是搞得鄰國人民深受其害。

州籲見自己即位後大臣們都拒不上朝，百姓們也不擁戴自己，於是感到憂愁，他便和石厚商量對策。石厚說：「我的父親是朝中重臣，也一向受國民的敬仰，所以現在只要能召他入宮，共同執掌朝政的話，這些事情就能解

【石氏宗祠】

決了。」但是石碏推辭稱身患重病回絕了。

　　州籲和石厚見狀，於是便決定由石厚親自回家去請他的父親石碏回朝。石碏早想為國為民除掉禍根了，於是假意獻計說：「新主即位的話，只要能見到周王並得到周王的賜封，那國人定會順服的。你們去拜見那陳桓公，相信周王定會召見你們的。」石厚聽了十分高興，於是便和州籲開始籌備厚禮赴陳，打算請求陳桓公向周王通融。而另一方面石碏連夜派人送到陳國一封密信。希望陳國助力剷除二子。州籲和石厚二人不知情，剛一進城門，就被周圍埋伏的士兵活捉了。

　　活捉二人後，陳桓公又派人送信詢問石碏二人當如何處置，石碏在朝堂上宣佈此事，徵詢眾臣的意見。眾臣認為州籲為罪魁禍首，理當處死，而石厚只是幫兇，罪不至死。可是石碏聽了大怒，義正嚴辭的要親手斬殺了逆子！最後一位家臣代替石碏處決了石厚。

## 小知識：

　　《春秋》曰：「石碏，純臣也，惡州籲而厚與焉。『大義滅親』，其是之謂乎！」左丘明《左傳·隱公四年》：子從弒君之賊，國之大逆，不可不除。故曰大義滅親。現在多指為維護正義，對犯罪親屬不徇私情，使受到應有懲罰。

# 泓水之戰
## ——宋襄公不自量力的結果

　　齊桓公去世後，各國諸侯們便成為了一片散沙。此時以「仁義」標榜的宋襄公想透過與諸侯們結盟相會，企圖繼承齊桓公的霸主地位，進而恢復殷商王朝的舊業。

　　於是宋襄公在鹿上結盟，並向楚國提出請求，楚人答應了他。公子目夷向宋襄公進諫說：「身為小國，卻來爭當盟首，這無疑是為自己埋下了禍根啊。」可是宋襄公根本聽不進去勸告。

　　後來到了秋天，各諸侯在盂地與宋襄公會盟。目夷見此嘆道：「國君的一己私慾恐怕要害了自己啊！」果然，由於宋襄公沒有聽取目夷的諫言，輕車簡從地前往，沒有多帶點兵車以防不測，結果最後真的被楚成王手下的軍隊給拘捕了起來。楚軍趁此良機直接發兵攻打宋都商丘，但卻遇到了宋國軍民的頑強抵抗，未得逞。之後，諸侯們再次在亳相會，楚成王才釋放了宋襄公。

　　宋襄公受此屈辱後，一直耿耿於懷。他一邊對那「不守信義」並且拿去他盟主之位的楚成王恨得牙癢癢，另一邊又對諸侯列國們見風使舵、背信棄義的做法很憤慨。於是他便先從臣服於楚國的鄭國開始下手，決定發兵討伐鄭國，也以此來重新豎立起自己的威風，挽回自己的顏面。在大司馬公孫固和公子目夷的勸說下，宋襄公還是執意伐鄭。鄭文公聞訊宋師來伐後，便立即向楚國求援。於是楚成王便藉機迅速出兵前去伐宋而救鄭。宋襄公得知消息後，便不得已被迫從鄭國撤

【宋襄公陵】

軍了。

宋軍已經全部返回了宋國，而楚軍這時卻還在陳國境內繼續朝著宋國進軍中。宋襄公為了阻擊楚軍，便在泓水以北出駐紮軍隊。十一月初，楚國軍隊行軍到了泓水南岸，開始渡河，而這時的宋軍卻是早已排好了陣勢，目夷眼見楚宋兩軍軍力懸殊，而現在宋軍已經佔有先機，就建議宋襄公說：「眼下敵眾我寡，何不趁著他們渡河的時候把握好戰機，拿我們所有的兵力前去攻打他們的一半兵力，如此一來勢必獲勝。」但是宋襄公聽了之後卻斷然拒絕了，說道：「我們宋軍乃是仁義之師，怎麼能夠做出趁著對方渡河只渡了一半，做出這樣偷襲的事情呢？」於是楚軍便在宋襄公的說明下全部順利地渡過了泓水。

渡河之後楚軍便開始在岸邊排列陣勢，這時目夷見狀又奉勸宋襄公說：「現在楚軍還在佈陣，軍隊比較混亂，趁著他們行列未定之際我們發動緊急攻擊，相信也一定會贏的。」而宋襄公卻仍然不予接受，說：「我們宋軍乃是堂堂正正的軍隊，又怎能趁別人尚未佈好陣而去偷襲呢？」於是就這樣，宋襄公一直等到楚軍佈好陣勢後，才開始向楚軍發動攻擊。

可是，這時候宋軍攻打楚軍卻真的是以卵擊石，兩軍畢竟在兵力上有著絕大的懸殊，於是一番廝殺後，楚軍大敗宋軍。而宋襄公本人的大腿也遭受了重傷，在大司馬公孫固等人的拼死掩護下，宋襄公才得以保命逃了出來。

宋襄公仁義得有些執迷不悟，滿腦子裡全是「仁義禮信」的用兵教條，所以最終吃了敗仗。泓水之戰也使得宋國從此一蹶不振，楚國勢力進一步向中原擴展，春秋爭霸進入了一個新的階段。

**小知識：**

泓水之戰象徵著自商、周以來以「成列而鼓」為主的「禮義之兵」退出歷史舞臺，新型的以「詭詐奇謀」為主導的作戰方式的掘起。

# 楚莊王伐宋的原因
## ——申無畏蒙混過關未遂

　　楚莊王在位時，有一次他命大臣申無畏前去出使齊國。而當時從楚國前去齊國得途經宋國的，而楚國大臣要經過宋國的話是必須要有楚莊王頒發的文書，否則將會被認為非法過境，曾經有人因為沒有文書被殺。所以當時大臣申無畏就請求楚莊王頒發給他借道的文書。楚莊王聽了不以為然，告訴申無畏說：「你且去吧，他們要是真敢殺了你的話，我便發兵親自征討宋國，為你報仇。」楚莊王話都說到這個份上了，申無畏便也沒有辦法，只好硬著頭皮奉命使齊了。

　　在申無畏來到宋國國境的時候，還是被把關的官吏們扣了下來。並且把這事上報給了宋文公，大臣華元說：「這楚臣也太囂張了，沒有文書就想明目張膽地通過我們宋國，這分明是無視我們宋國的存在，所以還請殺之以正法。」

　　宋文公猶豫道：「一旦我們殺了楚臣的話，恐怕那楚國將會興師討伐我們的，那可如何是好？」

　　華元說：「楚臣無視我宋國，這就等同於要亡我們宋國；現在殺了他，楚國再來討伐我們，最多也就是亡國。反正結果都一樣，倒不如現在將他給殺了，就算是亡國我們也要亡得有骨氣。」

　　申無畏被殺的消息傳到楚莊王的耳朵裡後，莊王頓時火冒三丈，他奔出城外後，立即召集了兵將，揮師直

【楚莊王】

指宋國國都。宋國都城被楚軍四面包圍後，宋都形勢異常危急。文公眼見形勢不妙，便派了大臣去向晉國請求援助。晉景公得知後便準備馬上發兵援助宋國，可是卻遭到了大臣伯宗的反對。

伯宗給大王出計道：「大王可以派一位能言善辯的使臣過去告知宋國，晉國已派大軍前來相救，齊軍聽到這消息後，一定會激勵起自身的鬥志去和楚軍抗衡的。相信過不了幾個月，楚軍堅持不下就自己撤走了。這樣一來，我們也算是無形之中救了宋國。」景公聽了伯宗的想法後，感覺不失為良策，就派大將解揚出使宋國。

誰知解揚在中途就被楚軍捉獲，並且被莊王得知了他此行的目的。莊王帶著解揚一起來到了宋都城下，解揚見機便大聲喊道：「宋國的都聽好了，我是晉國派來的使臣，楚軍俘獲了我想讓我騙你們放棄。你們可千萬不要投降，我們晉國的國君已經親率大軍前來救援你們了，用不了多久就到達了，你們可千萬要先堅持住啊！」解揚大義凜然地說道：「我解揚奉自己國君的命令出使宋國，現在被你們楚國俘獲，若是真的應了你們楚國的要求，那我才算是真的失信於晉國了。現在我完成了國君的使命，就算是死，我也不會後悔的！」

莊王聽了說道：「像先生這樣漠視生死的忠臣真是難得啊！」於是莊王便下令放走了解揚。

宋軍聽了解揚的喊話後，也變得底氣十足起來，一直與楚軍僵持了九個月。但最終兩國還是迫於楚國的壓力，對楚國歃血為盟，商定了停戰事宜。

## 小知識：

### 解姓的來歷

唐叔虞的兒子姬良被封在解這個地方，現今的山西解良就是源於他的名字，他的後代就姓解。

# 宋國的滅亡
## ——失民心者失天下

　　宋辟公去世後，長子剔成登上了王位，他的弟弟偃對此心有不甘，到了剔成四十一年時，偃起兵攻打剔成。剔成倉皇出逃到了齊國，於是偃登上王位，自立為宋國國君。

　　偃登上王位之後，在軍事上十分殘暴，荒淫無道。相傳君偃十一年的時候，宋國有一個人曾在麻雀巢裡發現了一隻剛出生的鸛鳥。於是將鸛鳥獻給了君偃，君偃見了之後感覺此事非比尋常，就令卜官進行占卜。卜官占卜完後報告說：「此乃吉兆，小麻雀卻生下了大鸛鳥，這正是在說大王日後會反弱為強，獨霸天下。」君偃聽了很高興，自傲地說道：「沒錯，眼下我宋國日益衰退，而如今寡人正是前來重振宋國國威的不二人選。」

　　於是君偃就自己封號稱王，並且不斷地招兵買馬，壯大自己的勢力，沒多久就開始發兵攻打鄰國。他向東征伐，打敗了齊國，奪下了齊國的五座城池；接著他又向南開疆擴土攻打楚國，侵佔了楚國三百里的國土；最後又向西進軍魏國，搶佔了魏國兩座城池，從此，和齊魏兩國結成了仇家。

　　自此君偃自認天下無敵，只有自己才能稱霸天下。君偃越來越高傲起來，認為自己天不怕，地不怕。君偃曾命令手下將一個盛滿鮮血的牛皮袋懸掛起來，然後他提起弓箭射牛皮袋。箭頭穿透牛皮袋後，裡面的鮮血就像粉末般地從高空中灑下，他便稱作自己是在「射天」。同時，他還手持一根粗鞭，對著大地抽

【莊周夢蝶圖】

打，他稱作這是在「撲地」。

　　為了儘早地實現自己稱霸天下的理想，君偃除了用弓箭「射天」，拿長鞭「撲地」外，還做出了很多人神共憤的事情，有一次，他下令將宋國神廟中一直被民眾們供奉著的神樹給砍掉，以此來表示自己敢於向神靈挑戰。

　　宋國的元老大臣們見君偃越來越胡作非為，便出言規勸。誰知君偃不但不聽從大臣們的意見，反而還拿弓箭將那些勸諫的大臣們全給射死了。君偃繼續過著每天沉緬酒色，醉生夢死的生活。大臣們也早已放棄規勸他了，百姓們紛紛痛恨起他來。之後，他的劣跡又被諸侯們所得知，諸侯們見他如此殘暴，都可以與夏桀相提並論了，於是諸侯們就稱他為「桀宋」。

　　齊國的齊閔王見君偃越來越失去了民心，便打算聯合諸侯們前去討伐宋國。王偃即位四十七年，齊閔王聯合了魏、楚兩國共同前去討伐宋國，宋國戰敗，王偃被殺，宋國就此滅亡，土地也被諸侯們給瓜分了。

**小知識：**

### 莊子與宋君偃

　　元前 369 年（下略「西元」二字），宋辟公（前 380 ～前 340 年在位）十二年，莊周生於宋國蒙城，今安徽蒙城。

　　前 340 年，莊子三十歲，宋辟公卒，益桓侯。其子剔成（前 340 ～前 338 年在位）繼位。

　　前 338 年，莊子三十二歲，宋君剔成之弟逐兄篡位，剔成奔齊，無益。剔成之弟名偃。錢穆先生業已考定無誤，宋君偃在位長達五十二年（前 337 ～前 286 年），《史記‧宋世家》誤為四十七年（前 332 ～前 286）年，《史記‧六國年表》誤為四十三年（前 328 ～前 286 年）。

　　前 328 年，莊子四十二歲，宋君偃繼齊、魏之後，成為第三個稱王的戰國諸侯。稱王前在位十年，稱王後在位四十二年，死後益康王。

# 晉國太子申生之死
## ——王權鬥爭的犧牲品

　　晉獻公五年，晉獻公大敗驪戎，得到驪姬和少姬一對姐妹。後來，驪姬生下了奚齊。獻公打算廢掉太子申生，所以就假借保護宗廟的名義派太子申生前去曲沃駐守，公子重耳駐守蒲城，公子夷吾駐守屈城。而留在都城絳的便是驪姬剩下的兒子奚齊。

　　十六年，晉獻公建立了二軍。上軍由獻公統令，下軍則交給太子申生，趙夙駕領戰車，畢萬出任護衛，他們相繼討伐了霍、魏、耿三個國家。班師凱旋後，獻公便在曲沃為太子築了城，把耿國賜給了趙夙，把魏國封給了畢萬。此時士蔿規勸申生說：「太子您現在被君主分封了都城和爵位，君主已經預先把您的祿位提拔到最高的位置了，又怎麼還會讓您繼承帝位呢？您現在倒不如一走了之，免得到時候大禍臨頭。」但是太子沒有聽從他的建議。

　　十七年，晉獻公授令太子申生討伐東山。里克進諫說：「按照祖先的規定，繼位嫡子不可以統帥軍隊。」獻公說：「那你說說我的幾個兒子裡，我應該立誰為太子啊？」里克聽了沒有回答就告辭了獻公，連忙前去拜見太子。

　　太子問道：「是不是我這個太子即將要被廢掉了？」

　　里克說：「您應該自己多加修身養性，別去責難別人，自然可以消除災禍的。」此後，太子統率軍隊前去討伐東山。而里克卻推辭自己患病，沒有跟太子同去。

　　獻公為了討好驪姬，曾私下對她說想廢掉現在的太子，改立奚齊。驪姬聽後表面上極力為申生說好話，如果廢除太子還以死相逼。事實上，她早就暗中派人去中傷太子了。

晉獻公二十一年，驪姬對太子說：「君王近幾日夢見齊姜了，太子你應當前去曲沃一趟，祭祀母親之後把胙肉帶回來獻給君王。」於是太子便趕去曲沃祭祀，然後帶了胙肉回國奉給獻公。獻公當時外出打獵，太子便把胙肉放在了宮中。驪姬就趁此派人在胙肉上下了毒。

之後獻公回宮後正打算享用胙肉，驪姬就阻止道：「這胙肉自宮外遠處送來，還是先檢驗一番吧。」於是獻公命人把胙肉扔給狗，狗吃後當場死亡；再拿給宦臣吃，宦臣也立即死了。驪姬就哭道：「太子竟如此殘忍！連自己的父親都不放過嗎？太子這般做法，無非是因為我和奚齊的緣故。那我們母子寧願躲去他國或早早自殺，也不能白白地讓太子殘害我們。早知道這樣的話，當初您要廢掉他的時候，我就不去反對您了。」

驪姬的計謀成功矇騙了晉獻公。當時獻公異常憤怒，下令抓捕太子，可是太子此時已經逃往新城，晉獻公知情後十分生氣，立即處死了太子的老師杜原款。

十二月戊申日，太子申生在新城自殺身亡，不明不白下成了權力鬥爭的犧牲品。

## 小知識：

相傳在太子逃往新城時，有人問太子：「往胙肉裡下毒的明明就是驪姬，太子為何不親自去說清此事呢？」太子說：「父親現在已經年邁了，沒有驪姬的話他睡覺都睡不穩、吃什麼都沒味。如果我說明白的話，那父親就會對驪姬很生氣的。這樣不好。」又有人對太子說：「那您趕快逃去別的國家躲躲吧。」太子嘆道：「身負如此罪名而逃亡，又有誰敢於接納我呢？我還是自殺算了。」

# 退避三舍
## ——戰爭裡的「正義」

　　晉獻公二十一年，太子申生自殺，驪姬又進讒言，重耳擔心株連自己，先是逃到了自己母親的國家狄國。這時重耳已經四十三歲，跟隨在他身旁的除了五位朋友外，還有其他幾十人，全是賢能之輩。

　　重耳在狄第五年，晉獻公逝世，里克等人殺掉奚齊、悼子，之後便派人迎接重耳，請重耳即位。重耳擔心被殺，不敢回晉。後來，其弟夷吾即位，也就是晉惠公。惠公七年，惠公派人前去謀殺重耳。重耳得知，又重踏上前去齊國的路途。

　　重耳路經衛國的時候，衛文公對他很不禮貌，他便馬上告辭。又經過五鹿的時候，餓得前去向村民們討飯，村民們卻放了一把土給他。重耳到了齊國後，齊桓公重厚待他，把家族中的女人許配給重耳，連同陪送二十輛駟馬車。重耳在齊總共住了五年。到最後重耳竟戀上了齊國的妻子，捨不得離開了。無奈之下，趙衰等人只好用計灌醉了重耳，然後駕車載著他離開了齊國。

　　重耳又路過曹國，曹共公對他無禮，想偷看他的駢脅。大夫厘負羈勸共工應以禮待之，可是他並不聽勸告。負羈私下拿給重耳食物，將一塊玉璧偷偷放在了食物下面。重耳只是接受了食物。

【重耳避難】

【晉文公復國圖局部】

　　重耳離開曹國，來到宋國，這時宋襄公剛剛被楚軍打敗，但是卻以國禮接待了重耳。宋國司馬公孫固與咎犯關係要好，說：「宋國國力弱小，現在又吃了敗仗，根本沒實力幫助你們回國，你們還是到大國去吧。」

　　重耳一行人於是辭別了宋國。路過鄭國的時候受到了鄭文公的無禮接待。只得離開鄭國後來到了楚國，成王設宴款待了重耳，重耳也表現地十分謙恭。席間成王說道：「有朝一日您回歸晉國之後，打算拿什麼前來報答我啊？」

　　重耳說：「奇珍異獸、金銀珠寶和美女佳麗這些都是大王您玩剩下的，不知道用什麼禮物報答君王才好。」

　　成王說：「即便是如此，那你也總得拿些什麼來表示表示吧？」

　　重耳說：「如果托您的福，這次我能返回晉國的話，我向您保證，他日一旦晉國和楚國戰場上相見的話，我會命令晉軍先行退避九十里地的。如果這還得不到您退兵的命令的話，那我也只好奉陪與您較量一番。」

　　楚國大將子玉聽完怒道：「君王你待這晉公子那般友好，如今他卻出言不遜，請您下令殺了他。」

　　成王說：「晉公子品行高尚，雖然在外遇難很久了，但隨從他的都是治

國的賢才,連上天都要讓他興盛,誰又能去廢除他呢?擅自違背天意的話必定會遭天禍的。」

四年之後,重耳真的回到晉國當上了國君,他正是歷史上赫赫有名的晉文公。而晉國在他的治理下也逐漸強大起來。西元前 633 年,楚國和晉國的軍隊在作戰時相遇,晉文公為了實現他曾經許下的諾言,就下令軍隊後撤了九十里,駐紮在了城濮。

## 小知識:

### 晉國六卿

晉國時任六卿的有:中將軍郤縠,中軍佐郤溱,上將軍狐毛,上軍佐狐偃,下將軍欒枝,下軍佐原軫。當時軍政是分離的,卿未必將佐軍隊。當時最權威的是中軍,上軍為外戚領導,下軍由公族遠親帶領。晉文公時期,統治秩序為:公族為主,外戚第二,遠親為輔。

# 城濮之戰
## ——躲在戰爭背後的陰謀

周襄王十八年，宋成公背離了楚國，歸順於晉國。楚成王得知後便聯合陳、蔡、鄭、許等諸侯國家討伐宋國。宋國便馬上向晉國請求援助。

晉文公十分重視這次的軍事救援行動，他決定不直接去救援宋國，而是發兵前去討伐楚國的兩國屬國，曹國和衛國。並且最終俘獲了晉君和衛君。

楚國聞言馬上派出大將成得臣率兵前去救援曹衛兩國。成得臣先是派出了宛春出使晉營談判，可是談判告吹，宛春也被晉文公扣留了下來。迫不得已，兩國奏響了戰歌。

當初，晉文公還是以公子身分在外顛沛流離時，路過楚國曾受到了楚成王的款待，並答應了如果兩國戰場上相見的話，會下令晉軍先行撤退九十里的。所以這次晉文公兌現了當初自己的諾言，一直撤退了九十里的路程，最後在城濮駐紮了下來。

楚軍的將士們看到晉軍撤退得如此果斷，也無不為之感到高興。大將鬥勃說道：「晉文公身為一國之君，卻當眾迴避我們這些楚國臣子的。這下我們楚國的面子也算是掙夠了，不如直接班師回朝吧。」

成得臣說：「君王好不容易才答應了我向晉國出兵的請求，如果現在我不能打敗晉軍，你怎麼回去和君王交差。更何況現在晉軍後撤，他們的士氣已經受到了影響，我們更應該趁此奮勇直追。」於是成得臣便率軍趕到城濮的開闊的原野上，排好了軍隊的陣勢，戰事一觸即發。

晉文公見楚軍背靠著險要的丘陵紮營，不免憂心忡忡。狐偃勸說：「君王不必擔心，如果我們這次打了勝仗，一定會得到諸侯們的擁戴。如果戰敗

【城濮之戰出土文物子范鬲】

的話，我們也不必擔心，畢竟我們晉國外有黃河，內有太行，想必也不會受什麼損害的。」文公聽了狐偃的話後，便放下心來準備迎戰。

晉軍打算從楚國的右路軍下手。陳、蔡聯軍自然是不堪一擊的，不久軍隊便潰敗了。晉軍打敗楚軍的右路軍後，主將欒枝讓戰車拖著樹枝假裝逃跑，並派士兵假扮陳、蔡兩國士兵，向楚軍謊報軍情。楚軍果然受騙追擊，原軫和郤溱見狀立即率領晉軍中軍精銳兵力向楚軍攔腰衝殺。楚軍便被狐毛和狐偃指揮著從兩邊夾擊，左右衝殺，楚軍將兵雖然一個個驍勇善戰，但是仍然不能挽回潰敗的局面。

楚軍最後只剩下成得臣帶領著殘兵敗將逃亡，晉文公站在山頂上觀戰，看到眼下晉軍大獲全勝的局面甚為開心。他又想起來昔日楚成王待他的恩惠，於是就下令晉軍停止追殺。

隨後晉軍駐在了楚軍的營地，一連吃了三天繳獲的軍糧才班師回朝。這次戰敗是楚軍從未有過的慘敗，成得臣下令士兵將自己和鬥宜申、鬥勃三人關押起來帶回去向楚成王請罪。楚成王得知戰敗的消息後大為惱火，當即便下令要處死三人。

成得臣得知消息後，當即自縊而死了。但不久成王便下令赦免三人，最

後只救得了鬥宜申和鬥勃二人。晉文公聽到成得臣自殺的消息後，喜形於色地說道：「今後再也沒有人來危害我了！」

城濮之戰楚國之所以會戰敗，是和成得臣驕傲自負、聽不進勸告、剛愎自用的關係。晉國戰勝後，也受到了各地諸侯們的前來拜會，同時穩固了中原地區的形勢，奠定了晉國的霸主地位。

**小知識：**

城濮之戰是中國歷史上最早有詳細記載的戰例，也是誘敵深入戰術的典範。據說是先軫的謀劃。首先，晉軍的「退避三舍」，實際上是晉文公重要一著妙棋，「君退臣犯，曲在彼矣」，贏得了輿論上的同情。其次，在軍事上便於同齊、秦等盟國軍隊會合，集中兵力；激發晉軍將士力戰的情緒；先據戰地，以逸待勞等等。從而為奪取決戰勝利奠定了堅實的基礎。

# 燭之武退秦師
## ——全靠這張嘴了

　　鄭國曾先後兩次得罪過晉國，第一次便是晉文公當年在外逃亡路過鄭國的時侯，鄭國國君沒有以禮相待；第二次就是在之前的晉楚城濮之戰中，鄭國曾發兵援助楚國攻打晉國，鄭國曾隨即派人出使了晉國，要與晉國修好，但最終還是沒能徹底感化晉國。晉文公七年，晉文公聯合秦穆公率領大軍將鄭國的都城包圍了起來。

　　晉文公率軍包圍鄭都後，要求鄭國將大臣叔瞻押過來治罪。叔瞻得知後，知道自己難逃一死，就自殺身亡了。晉文公見此依舊不肯甘休，宣稱不抓住鄭國國君，就絕不會撤兵。

　　鄭國君臣們眼見敵軍兵臨城下自己卻無計可施，形勢日益嚴峻，敵軍隨時都有可能向城內進犯。這時有人向鄭國國君推薦了燭之武。

　　鄭文公聽了後當即召見了老臣燭之武。燭之武推辭道：「臣才能平庸，年輕時尚不能為國效力，為大王分憂，何況現在都一把老骨頭，怎能擔當得起此等重任呢？」燭之武雖然這樣說道，但他言外之意是在說鄭王之前不懂得重用賢才，到了危難的時刻，才想起來需要求賢相助。

　　鄭文公聽了燭之武的話後羞愧地說道：「先前我沒能重用您老人家，那確實是我的錯。可是眼下，秦晉二軍兵臨城下，我鄭國更是危在旦夕，難道老先生便想眼睜睜地看著我們鄭國滅亡嗎？這樣的話對您也是大大的不利啊！」

　　燭之武聽了鄭文公的這一席話後，他對鄭文公說道：「雖然眼下秦、晉兩國聯合攻打我們，但是真正和我們有仇的也只是晉國而已，秦國應該不會有要亡我們的心，所以可以從秦軍這裡下手。」

鄭文公聽了也覺得有道理，就連忙派燭之武前去出使秦營。

於是等到了夜晚，鄭國人用繩子將燭之武從城牆上放下下去。燭之武出城後就前去秦營見了秦穆公。

秦穆公見燭之武晚上過來，便問道：「先生晚上前來我營，不知有何指教啊？」

燭之武說：「眼下秦國和晉國圍攻鄭國，鄭國也已經知道自己即將滅亡了。不過在鄭國滅亡之前，想問秦王您一個問題。」

穆公說：「什麼問題，你說吧。」

燭之武說：「我想知道此次鄭國要是滅亡的話，對於秦國來說究竟是好事一樁還是壞事一樁？」

穆公說：「那依老先生之見呢？」

燭之武說：「您想想，秦國與鄭國之間還隔著一個晉國的。如果這次鄭國滅亡的話，那無非是給鄰國晉國增添了領土，而秦國根本不可能得到一寸的土地。再者說，晉國擴大了領域後，將會變得逐漸強大起來，這樣無形中也給秦國造成了威脅。您說鄭國要是滅亡的話對秦國來說究竟是好事還是壞事？」

秦穆公聽了燭之武的話後陷入沉思之中，燭之武見他為之所動，當即趁熱打鐵道：「本身越過晉國把相隔千里的鄭國當作秦國的領土就是一件很困難的事。再說了，您應該還記得之前對曾晉惠公有恩，他也曾答應把自己的焦、瑕兩座城池割讓給您的。可是他早上渡河回到晉國後，晚上就蓋起了城牆來抗拒秦國。晉國已經沒有什麼能滿足它了。現在他把鄭國當作自己向東擴張的疆土，等到他想要向西擴張的時候，除了去侵害你們秦國還能怎麼辦呢？現在秦國要是放棄滅鄭國的打算，而讓鄭國成為您東道上的主人，兩國使者相互往來，鄭國亦可以隨時供給秦國所缺乏的東西，這樣對您秦國來說，也沒有什麼害處啊。否則的話將會是秦國受損，晉國受益，您再好好想想要

不要繼續幫晉國攻打鄭國了。」

　　秦穆公思考了半晌最後高興地說道：「先生說的沒錯，我現在願同鄭國簽訂和約，自此相互友好往來。」

　　於是燭之武便憑著自己的一張嘴說服了秦穆公撤軍回家，並且還派了幾位秦國大將帶兵協助鄭國守護都城，共抗晉軍。

　　晉文公見勢也只好撤走了軍隊。

**小知識：**

### 歷史上另一位「燭之武」——玄高

　　玄高是鄭國的一位行商。有一次，玄高在經商途中巧遇了去偷襲鄭國的秦軍，便派人回國報警，另一方面，偽裝鄭國國君特使，用自己的十二頭肥牛和四張熟牛皮做為禮物犒勞秦軍。秦軍以為鄭國已有準備而返回，鄭國於是避免了一次滅亡的命運。

# 趙氏孤兒
## ——古人也玩無間道

　　屠岸賈本身是受到靈公的寵信，到後景公即位的時候他就當了司寇，打算發難，就先去懲治殺靈公的逆賊以便將趙盾牽連出來，同時也跟所有的將領們說道：「不管趙盾知情與否，他都是那逆賊之首。身為臣子卻犯上弒君，並且他的子孫依舊在朝為官，這要是傳出去以後還怎麼去懲治罪人呢？所以請各位誅殺他們。」

　　韓厥說：「靈公遇害時，趙盾身在千里之外，先君認為他無罪，所以沒有下令殺他。如今各位卻要來誅殺他的後人，這不能說是先君的意願，倒像是隨意濫殺，嚴重了說叫作亂。有大事卻不讓國君知道，這便是目無君王。」

　　屠岸賈沒有聽從，而是執意孤行。韓厥見此就去告知趙朔讓他趕快逃命。趙朔不肯逃跑，對韓厥說：「求您一定不要讓趙氏的香火斷絕，這樣我才可以死而無憾。」韓厥答應了他，之後回家謊稱有病便不再出門參與誅殺行動。

　　屠岸賈沒有請示國君就擅自率領兵將攻襲趙氏，殺死了趙朔、趙同、趙括、趙嬰齊，誅滅了他們的家族。

【程嬰】

　　趙朔的妻子是成公的姐姐，當時她已有身孕，於是逃到景公宮裡躲藏起來。趙朔的一位門客公孫杵臼對趙朔的朋友程嬰說：「你為什麼不死？」程嬰說：「趙朔的妻子已懷有身孕，如果生下來男孩，我就奉養他長大；如果是女孩，我再去死也不遲。」

　　沒過多久，趙朔的妻子生下了一個男孩。屠岸賈聽聞後，就派人去搜查。當時嬰兒無處

可藏，便放在了褲襠裡，並且禱告說：「上天要是真想滅絕趙氏，你就大哭；如果不會滅絕，你就不要出聲。」結果到搜查的時候，嬰兒竟真的沒有發出任何聲音。

躲過這劫難後程嬰對公孫杵臼說：「今天搜查沒有結果，他必定不會甘心，恐怕以後還會再來搜查的，如何是好？」

公孫杵臼說：「養大遺孤和死哪件事更難？」

程嬰說：「死容易，養大遺孤很難啊。」

公孫杵臼說：「那就有勞您做那難事，我去做那容易的事了。」

【趙盾之墓】

兩人便去找來一個嬰兒，給他裹上綢緞，藏進了深山裡。程嬰從山裡出來，假意自首說：「我擔心事情敗露，遭人暗算，所以現在前來自首，只要你們誰能給我千金，我就告訴他趙氏孤兒藏在哪裡。」將軍們都很高興，答應了程嬰，立刻派兵跟隨他過去。

杵臼假意說：「程嬰，你這個小人！當初你跟我商量一起來隱藏趙氏孤兒，如今你卻出賣了我。即使你不能撫養，又為何非要出賣他！天啊！我趙氏孤兒到底有什麼罪？你們能不能放他一條生路，只殺我杵臼。」將軍們當然不答應，當場就殺了杵臼和孤兒。

將軍們以為趙氏孤兒已經死了，都很高興。然而真的趙氏孤兒卻還活著，程嬰和他一起隱藏到了深山裡。

十五年後，晉景公染病，占卜後得知是大業的子孫後代不順利，因此在作怪。景公問韓厥，韓厥說：「大業的後代子孫在晉國斷絕香火的不就是趙氏嗎？君主您誅滅了趙氏一族，晉國人都為此感到悲哀，所以在占卜時才會

顯示出來。」

景公問道：「那趙氏還有後代子孫嗎？」韓厥告訴了景公實情。

於是景公就打算立趙氏孤兒，韓厥將一位少年將軍和一個白髮老臣引到了群臣面前說明了事實。又讓趙武、程嬰一一拜謝了各位將軍，然後下令誅滅了屠岸賈的家族，並把原來趙氏的封地賜給趙武。

到趙武行了成人禮後，程嬰拜別了各位大夫，對趙武說：「當年的事變，許多人都死了，我並非不能死，而是我必須要扶立趙氏的後代。如今趙武已經長大成人，並且恢復了爵位，繼承了祖業，我也要到地下去報告給你的父親和公孫杵臼。」

趙武叩頭哭道：「我寧願自己受苦也要為您頤養終年，難道您忍心離我而去嗎？」

程嬰說：「不行。他認為我能完成任務，所以先我一步赴死；如今我若不去覆命，他會認為我沒能完成大業。」說罷程嬰便自殺了。

趙武為程嬰守孝三年，給他安排了祭祀的封地，自此春秋祭祀，世代不絕。

**小知識：**

### 趙盾之夢與趙氏慘案

相傳趙盾還在世的時候，有一次夢見叔帶抱著他痛哭，哭完之後又大笑起來，邊笑還邊拍著手唱歌。後來趙盾特地為此進行占卜，當時龜甲上燒出的裂紋中斷，可是隨後竟又好了。趙國的史官說：「這是個凶夢，不過卻不會應驗在您的身上，而是在子孫身上。可是這也是您的過錯，到您孫子的那一代，趙氏家族將會更衰落的。」這個夢也預示了以後趙家的悲劇。

# 熊掌難熟
## ——楚穆王弒父而自立

楚成王在位時期，曾經打算立兒子商臣為太子，繼承王位。於是他便將自己的想法告知了令尹子上。子上勸諫說：「商臣是一個生性殘暴的人，立他當太子是萬萬不合適的。大王您現在還年輕，如果現在一旦確立了太子，日後想要再廢棄的話，國家恐怕會引起動亂。」成王沒有聽從子上的勸諫，還是確立了商臣為太子，並立了大夫潘崇為太傅，輔佐太子。

商臣聽說了子上曾反對成王立自己為太子之後，便對子上懷恨在心，後來伺機用計殺死了他。副帥成大心見子上慘遭冤屈，被成王錯殺，當下就去求見成王。他一邊叩著頭一邊失聲痛泣地把實情稟報了成王。成王得知真相後，不由地痛心疾首，說道：「子上啊，是寡人誤聽了讒言，錯殺了你啊！一切全都是寡人的錯啊！」

自此事後，商臣便在成王心中留下了極壞的印象，成王也越來越疏遠起商臣來。恰逢此時成王的另外一個兒子職又很受得成王寵愛，所以成王便打算要廢除商臣的地位，改立職為太子。

商臣聽到一點風聲後，就前去找自己的老師潘崇合計對策，問道：「如今都在流傳父親要廢除我改立他人為太子一事，如何才能得知此事是否屬實呢？」

潘崇說：「應該從大王所寵愛的江芊姬下手，你可以去設宴款待她，但千萬不要尊敬

【楚國御龍帛畫】

她，最好想辦法激怒她讓她說出來真相。」於是商臣聽從了潘崇的計謀。江
芊果然中計，生氣地說道：「就你這樣子，君王要殺掉你改立職為太子是應
該的。」

商臣探明後便馬上告訴了潘崇。潘崇問商臣道：「您自己能俯下身子去
侍奉職嗎？」

商臣回答：「不能！」

潘崇又問：「那您現在能逃跑嗎？」

商臣回答：「這也不能！」

潘崇接著問：「那您能殺死君王嗎？」

商臣回答道：「能！」

冬季十月，商臣召集了東宮的衛士，然後謊稱宮中有變故，於是下令衛
兵包圍了成王的王宮。潘崇也親自提著劍率領一批士兵衝進了宮內，直向成
王逼去。成王眼見形勢突變，當即問道：「潘崇你沒有我的召見，帶兵突然
闖進來是想幹什麼？」

潘崇說道：「回大王，您已在位執政四十七年有餘，也算是到了退位讓
賢的時候了，現在國人們都想要大王立新王，將王位傳於太子商臣。」

成王聽過潘崇的話後就感覺到了不妙，惶恐地說道：「寡人這就讓位，
你們就此饒過寡人吧。」

潘崇回答道：「大王您難道還不明白嗎，只有您現在死了，新王才可以
順理成章地即位。一山容不得二虎，一國容不得二主。大王請自便吧！」

成王見眼下他們決心要殺掉自己，就央求道：「既然你們要殺掉寡人，
可否容得寡人最後再吃上一次熊掌，這樣寡人也雖死無憾了。來人啊，快去
給寡人煮一隻熊掌來！」

　　潘崇聽了喝止道：「我看不必了！大王是想要拖延時間，等待救兵過來嗎？」

　　成王見自己被識破，嘆道：「熊掌難熟啊！子上啊子上，都怪寡人昔日裡沒有聽進你的諫言，所以才會有了今天。寡人咎由自取啊！」於是成王便上吊自殺了。

　　成王死後，商臣登上了王位，他便是後來的楚穆王。

## 小知識：

### 子上之死

　　商臣在知道子上對自己不滿之後，便伺機想要報復。有一次子上奉命率軍前去營救蔡國，當時和晉軍在泜水兩岸對峙著，晉軍統帥陽處父設計欺騙子上，聲稱要率軍渡河與楚軍交戰。副帥成大心建議子上假意撤軍後退，讓出河岸，然後趁晉軍渡河之際突發猛攻。陽處父見狀便在軍中謊稱楚國畏懼交戰已撤兵，然後也下令此戰勝出而班師歸國。子上見此，無奈也只好撤兵歸國了。

　　商臣得知此事後便趁機向成王進讒言，謠言道：「子上不敢與晉國正面交戰就撤軍回國了，從而成就了晉國戰勝的威名。我還聽說他之前曾暗地裡受過那晉國統帥陽處父的賄賂，所以才刻意這樣做的。」成王輕信了商臣的讒言，一怒之下下令處死了子上。

# 優孟巧諫莊王
## ——一切為了孩子

　　優孟原本是楚國的一名歌舞藝人。相傳他身高有八尺，能言善辯，時常透過玩笑的方式來勸誡楚王。

　　楚莊王在位時，曾有一匹極其寵愛的馬，他給馬的待遇很高，直到馬死後，竟然要用安葬大夫的禮儀安葬。優孟聽聞後，對楚莊王一通譏諷，使大王感到慚愧，最後放棄了先前的想法。優孟勸諫的故事一時間成為佳話。

　　楚國的宰相孫叔敖知道優孟是一位賢人，所以一直待他很好。孫叔敖臨終前曾叮囑自己的兒子說：「我死後，你一定會很貧困的。到時候，你就去拜見優孟，就說『我是孫叔敖的兒子。』」幾年後，孫叔敖的兒子很窮困，靠著砍柴為生。一次他在路上遇到優孟，就對優孟說：「我是孫叔敖的兒子。父親臨終前，囑咐我要是貧困了就來拜見你。」

　　優孟聽了當即想到了一個辦法，他說道：「你不要到遠處去。」於是，他立即去縫製了一套孫叔敖的衣服帽子穿戴起來，並且模仿著孫叔敖的言談舉止，音容笑貌。過了一年多後，竟然模仿得維妙維肖，連楚莊王左右近臣都難辨真假了。

【孫叔敖紀念館】

　　有一天楚莊王擺設酒宴，優孟上前來學著孫叔敖的樣子為莊王敬酒祝福。莊王見狀大吃一驚，還以為孫叔敖又復活了過來。於是當即就想要讓優孟來做楚國的相國。優孟假意推辭說：「請大王准許我回去與妻子商量此事。若是同意，三天之後我再過來上任楚相。」莊

【楚莊王出征雕像】

王答應了他。

　　三日後，優孟又來見莊王。莊王問：「你妻子是什麼意見？」優孟說：「我妻子說千萬不能去做楚相，楚相根本不值得做。像孫叔敖那樣做楚相，一輩子忠正廉潔地輔助楚王治理國家，楚王也因此才得以稱霸。可是如今他死後，竟讓自己的兒子貧困到每天靠打柴為生。如果要像孫叔敖那樣做楚相，還不如直接自殺算了。」

　　莊王聽了優孟的一席話後，深感愧疚，當即向優孟表示了自己的歉意，並召見孫叔敖的兒子，把寢丘之邑封給了他，以供祭祀孫叔敖之用。自此之後，孫叔敖的兒子也不再挨餓了。而優孟也是利用自己的聰明才智，抓住了發揮的時機，才得以巧諫了楚莊王。

**小知識：**

### 楚莊王與優孟關於「馬」的對辯

　　莊王將馬養在富麗堂皇的宮殿中，給馬穿上了華美的衣服，每天餵著蜜餞的棗乾。結果馬患了肥胖症而死，莊王很傷心，便下令要用棺槨盛殮，依照大夫的禮儀來安葬這匹馬。

　　優孟聽聞此事後，便去求見莊王。他剛一走近殿門就開始仰天大哭。

莊王不解，就問他為什麼哭得這麼悲傷。優孟說：「之前大王那麼寵愛那匹馬，現在好不容易它死了，沒想到大王僅僅用大夫的禮儀來埋葬它。咱楚國怎麼說也是一個泱泱大國，大王不能這麼刻薄地對待它，還請以君王的禮儀來對待它。」

莊王問道：「那應該怎麼辦呢？」

優孟說：「請大王一定要用精美玉棺做內棺，用上等的梓木做外棺，用梗、楓、豫、樟等名貴木材做護棺的木塊，派士兵們給挖掘墓穴，下令讓齊、趙兩國的使臣在前面陪祭，韓、魏兩國的使臣在後面護衛。建立祠廟，每年都用牛羊豬祭祀著，封到萬戶大邑來供奉。」

莊王聽完便知道優孟其實是在故意諷刺自己，於是羞愧道：「原來我竟錯到這般地步了？應該怎麼辦？」

優孟說：「請大王按照埋葬畜生的辦法來埋葬它吧，在地上堆個土灶做外棺，放個大銅鍋做內棺，用薑和棗來調味，香料來去腥，稻米做極品，火光做衣服，把它安葬在人的肚腸中。」

莊王聽出來了優孟的意思，於是便將馬交給了宮中的掌管膳食的大臣。

# 楚靈王強權
## ——弱肉強食的寫照

　　歷史上蔡靈公為了一名楚女殺死自己的父親景公，後來為了掩人耳目，他便對外宣稱景公是暴斃而死。他便自己登上王位，立為國君，也就是蔡靈公。

　　與此同時，楚國的楚靈王殺姪奪位，為了不讓天下人再對他進行指點，並且為了在諸侯之中立下威信，他就假借「匡扶正義」的名義前去東征西討。

　　當時陳國司徒殺了陳哀公，他就發兵前去攻伐陳國，殺掉司徒招。而這邊蔡靈公弒父自立，同時在諸侯之中也被認為是大逆不道的行為。於是楚靈王接下來便準備出兵攻伐蔡國。

　　大臣伍舉獻計對楚靈王說：「大王與其興師動眾地征討，倒不如引誘他到楚國來，這樣不費吹灰之力便可將他給抓獲。」楚靈王覺得這不失為一條良策，就依計行事。

　　一天，蔡靈公在宮中召見大臣，忽然有侍衛報告說楚國使臣求見。蔡靈公便下令召見了楚國使臣，使臣向蔡靈公獻上了大把的財物，還帶來了一封楚靈王的書信。信上說楚王非常仰慕蔡靈公，想邀請他前來申地相會。

　　蔡靈公就徵集了群臣的意見，大夫公孫歸說道：「楚王為人蠻橫貪婪又不守信義。現在他突然派使臣前來相邀，並且還送來了一份厚禮，我想這其中恐怕有詐，楚王定然是想引誘大王前去的。所以臣建議大王最好不要前往。」

　　蔡靈公聽了沉思片刻後，說道：「蔡國的國土與楚國相比起來的話，自然是微不足道。不用說，兵力也是如此。如果寡人真的拒絕了楚國的邀請，

那便是給了楚王發兵攻打的藉口。」

公孫歸又說：「如果大王認為不得不去的話，那就一定請大王先行立好繼承人後再前往楚國。」蔡靈公聽從了公孫歸的建議，立了自己的兒子友為太子，然後自己帶上了百名心腹將士前往申地。

到達申地後，楚靈王在宮中大擺筵席，安排歌舞表演，盛情地款待了蔡靈公。蔡靈公見楚靈王對自己並沒有多大的敵意，於是便放鬆了警惕，與楚靈王開懷暢飲起來。最後不知不覺地喝了個爛醉如泥，一下便昏睡了過去。

楚靈王見蔡靈公已昏睡過去後，就立即對之前隱藏在帷帳後的武士們下達了指令，武士們見勢猛地衝了出來，一把將蔡靈公捆了個結實。蔡靈公早已醉得一塌糊塗，他根本不知道自己發生了什麼事。

蔡靈公酒醒後，發現了自己被五花八綁，他便憤怒地問楚靈王：「你幹什麼綁我？」

楚靈王說：「爾等為了奪取王位竟親手殺死親生父親。如此以下犯上，大逆不道的罪行，理應誅殺！」

蔡靈公聽了，不由嘆氣道：「哎，沒想到你楚靈王果然是卑鄙小人。要怪只怪我當初沒能聽得公孫歸的勸告。」楚靈王下令將蔡靈公殺死，還下令殺死了隨從將士七十人。

蔡國太子友聽說靈公在楚國遇害後，料想楚王接著還會派兵攻打蔡國。於是他還來不及舉辦喪禮就召集了軍隊駐防，與楚國展開了殊死抵抗。但是由於楚國的國力畢竟強大，最終再過了七個月後，蔡國終於不敵楚國，被楚國所滅亡了。

**小知識：**

## 蔡靈公弒父的真相

郊敖三年，蔡景公為太子般訂下了婚娶之事，迎娶了楚國王族的女子。這位楚女生得是異常漂亮，在蔡宮中算得上是數一數二的美女。

蔡景公此時雖然已經步入年邁，但他還是非常地貪圖美色。他見楚女生得漂亮，心中便打起了楚女的主意。他就用金錢和權勢來引誘楚女，於是兩人便在私底裡互相往來。後來太子聽說了這件事後，他忍不住大罵父親，並想制訂了詳細的報復計畫。

有一天，太子般宣稱自己要外出打獵，然後他就帶著隨從大張旗鼓地出了城。可是到天色黯淡下來的時候，他又暗中帶人偷偷地返回，提前埋伏在自己家中。景公一大早就聽聞了太子已出城打獵，於是到了晚上，就趁機闖進太子的宮中前去與楚女私會。太子在暗中便將一切看了個一清二楚。然後他惱怒不已，一聲令下，與隨從一起闖入了自己的寢宮，直接將景公刺死了。

# 鞭屍洩憤
## ——死的不怕怕活的

　　伍子胥，楚國人，名員。因其祖先伍舉輔佐楚莊王時，剛正直諫得以顯貴，所以他的子孫在楚國也變得有名氣。

　　當時伍子胥之父伍奢是楚平王太子建的太傅，費無忌做少傅。而費無忌對太子建並不忠心，他用秦國美女向平王獻媚以後，便趁機離開了太子去侍奉平王。但又怕太子建繼位之後對他處罰，就常在平王面前說太子壞話，平王聽信讒言，下令太子建駐守邊疆。即使這樣，費無忌還是常告發太子和諸侯們交往頻繁，恐怕要伺機作亂。

　　楚平王心存擔憂，就把太傅伍奢召了回來審訊。伍奢當然知道是費無忌對平王進了讒言詆毀太子，就規勸楚王不要相信讒言，可是費無忌誣陷伍奢和太子合夥密謀，將來還會弒君。於是平王大怒，下令囚禁了伍奢，同時下令城父司馬奮揚前去斬殺太子。奮揚暗中提前去告知了太子，太子逃到宋國才免去一死。

【伍子胥祠堂】

　　後來費無忌又蠱惑平王殺死伍奢的兩個兒子——伍子胥和伍尚。平王就下令對伍奢說：「你要是能把自己的兩個兒子叫來的話，就能活命，叫不來的話，就處死。」

　　伍奢說：「伍尚為人寬厚，叫他來他一定會來的；伍員桀驁不訓，能成大事，他知道來了就是死，勢必不會來的。」平王不聽，派人召伍奢兩個兒子。果然，伍尚不聽伍子胥勸說隻身赴死，而伍子胥逃往宋國。

【韶關】

伍子胥和太子建一起從宋國逃到鄭國，又轉投晉國，太子因為和晉國軍密謀攻鄭被人告發招致殺身之禍。伍子胥不得不帶著太子的孩子逃到吳國。

有一次吳楚兩地的女子為爭採桑葉而相互撕打，最後竟導致了兩國起兵相互討伐。吳國攻打楚國，攻克了楚國的鐘離、居巢後就結束了。伍子胥勸說吳王僚派公子前去乘勝追擊。公子光對吳王說伍子胥是想替父兄報私仇。而此時攻打楚國的話，卻是未必可以打敗的。伍子胥知道公子光大有野心，想弒君而自立，就和太子建的兒子勝回鄉去了。

五年後，楚平王去世，昭王即位。吳王僚趁著楚國辦喪事之際派兵襲擊楚國。結果反被楚國切斷了軍隊的後路，俘虜了吳軍。吳國國內逐漸空虛起來，公子光見機令專諸殺掉了吳王僚，然後自立為王，也就是吳王闔廬。闔廬自立後便召回了伍員。

闔廬九年，吳王闔廬出動了全部軍隊，並聯合唐國、蔡國共同攻打楚國，楚國戰敗，楚昭王出逃。

吳兵攻進郢都後，伍子胥便開始搜尋昭王，找來找去一無所獲。最後竟去挖開了楚平王的墳墓，拖出了他的屍體，抽出鞭子朝著楚平王的屍體狠狠地抽了過去，一邊抽打著一邊怒吼，最後足足抽了有三百多下才停手。

伍子胥鞭屍之後便去尋訪申包胥，可是申包胥早已逃進了山裡，申包胥

跑到秦國去求救，他站在秦國的朝廷上連續痛哭了七天七夜，終於感動了秦哀公。秦哀公派遣了五百輛戰車前去營救楚國，而後來吳國也因內部發生變亂，便戰敗撤軍回國。

伍子胥之後也一直留在了吳國做官。闔廬去世後，夫差即位，伯嚭向夫差進讒言陷害伍子胥，伍子胥便被夫差賜死。

## 小知識：

### 伍子胥一夜白頭過昭關

當年伍子胥和太子建從楚國逃出，一路遇到楚軍的追殺，他二人只能輾轉從離韶關六十里的一座山下出關。可是此關有右司馬遠越把守，極難過關。當時，扁鵲的弟子東皋公對二人十分同情，把他們藏在自己的寓所中。此時伍子胥既怕連累了東皋公，又怕逃不出去不能報仇，竟一夜鬢髮全白。東皋公見了，大呼天意，原來他的一個朋友皇甫訥很像伍子胥，東皋公就讓他假扮伍子胥，讓伍子胥假扮僕人，順利過關。

# 勾踐忍辱負重
## ——留得青山在，不怕沒柴燒

　　越國國君允常在位時，曾與吳王闔廬結下怨恨，雙方互相興師討伐。允常去世後，他的兒子勾踐即位，也就是之後的越王。

　　越王勾踐元年，吳王闔廬聽說允常逝世，就趁機發兵攻打越國。可是，越國早有準備，打敗吳國。闔廬在臨終前囑咐兒子夫差說：「千萬不能忘記為吳國報仇雪恨。」

　　三年，勾踐聽聞吳王夫差晝夜操練士兵，打算先發制人，趁吳國尚未發兵之前去打他個措手不及。范蠡進諫說：「大王三思啊！憑藉陰謀去做逆天的事，利用兇器並親自參與下等事，勢必會遭到天譴的。」

　　越王勾踐說：「我既已做出決定，哪有輕易改之之說？」於是勾踐發兵進軍吳國。吳王聞訊後，召集精銳部隊前去迎戰，最終在夫椒大敗了越軍。越王只剩下五千多名殘兵敗將退守到了會稽，吳王乘勝追擊包圍了會稽。

　　勾踐眼見形勢不妙，就求助於范蠡。范蠡說：「要想保住越國的大業，現在也只能屈身就範於吳國了。您一邊認錯，也一邊派人前去給吳國送上一份厚禮。如果還是不行的話，那您就只能把自己抵押給吳國做人質了。」於是，勾踐派大夫文種去向吳國求和，但是，伍子胥勸諫說：「上天現在把越國賞賜給了吳國，我們當然不能違背上天的旨意了，所以大王不要答應他。」

　　文種回到越國後，將情況稟明了勾踐。勾踐於是想與吳王拼個你死我活的。文種勸說道：「吳國的太宰嚭生性貪婪好色，我們可以試著從他下手。」於是勾踐便派文種帶上美女寶器前去求見太宰嚭。嚭欣然接受了，然後將文種引見給了吳王。

文種叩頭說道：「小的懇求大王赦免勾踐的罪過，我們願將所有寶器如數送給您。如若不能僥倖得到赦免的話，勾踐將會殺死妻兒，燒毀寶器，率領五千名士兵與您決一死戰，屆時您也會付出相當的代價啊。」

　　太宰嚭藉機也在一旁勸說吳王道：「越王已經服軟甘願當臣子了，大王現在赦免了他，對我吳國也有利。」

　　吳王又要答應的時候，子胥又進諫說：「大王今日若不滅亡越國的話，他日必將會後悔莫及的。如果放任勾踐返回越國，日後必將作亂。」吳王沒有聽從子胥的諫言，最終赦免了勾踐，然後撤軍回國。

　　越國與吳國說通講和後，勾踐便將國家政務委託於大夫文種，然後自己做為人質進入了吳國，成為了吳王身邊的奴隸，吳國的階下囚。

　　吳王夫差命人在闔廬的墓旁為勾踐夫婦修了一間小石屋，並讓他們穿著破爛的衣物，每天都吃不飽飯，整日只是割草餵馬。

　　有一次吳王夫差的愛馬生病了，吳國將領們便誣陷勾踐餵了毒草要殺害馬，然後藉機逼迫他嚐遍了馬糧。做為越國的戰犯，勾踐在吳國也經常受兵

【越王勾踐雕像】

將們的毒打。

相傳有一次吳王夫差病倒了，然後吳王便藉機命勾踐來品嚐自己的排泄物以探明病情。

總之，勾踐在吳國做人質的那段時間是受盡了各種的屈辱和折磨。一直到三年之後，吳王才放勾踐回到了越國。

**小知識：**

### 越王勾踐居然是這樣打敗吳王闔閭的

當時，吳王闔廬聽說允常逝世，就趁機發兵攻打越國。越王勾踐聞訊便派出一批敢死的勇士前去迎戰吳軍，勇士們排成了三行，個個手持青銅劍衝殺進了吳軍陣地，然後竟一個個地大聲叫喊著自刎身亡了。吳軍看得訝然失措，瞬間亂了陣型，越軍見機便偷襲吳軍，最後在檇李打敗了吳軍，並且射傷吳王闔廬。

# 三千越甲終吞吳
## ——臥薪嘗膽的結果

　　勾踐回到越國後，為了讓自己銘記在吳國受到的屈辱，每天晚上睡覺都睡在乾柴之上，還把動物的苦膽掛在自己的座位上，坐臥仰頭的時候就去嚐嚐苦膽，每次吃飯前也不忘先嚐嚐苦膽。每日清晨起床後，他都會大聲對自己說：「你忘記了會稽的恥辱了嗎？」

　　勾踐一心想著復仇之事，為此他開始用心經營越國。勾踐親身下田耕作，他的夫人也親手紡布織衣。勾踐一日三餐也從未有過半點葷腥，也從未穿過兩層的華麗衣服。對待賢人更是彬彬有禮，招待賓客異常熱情誠懇，經常會去救濟貧困，悼慰亡靈，與百姓們同甘共苦。

　　吳越大戰之後，越國青壯死得過多，勾踐就頒佈法令，不准壯年迎娶老年妻子，年輕姑娘嫁給年老長者。如果女子十七歲還不嫁人，男子二十歲還不娶妻，那麼他們的父母就會被判罪。要是家中生得男孩，就獎勵一壺酒和一條狗；要是生得女孩就獎勵一壺酒和一頭豬；嫡長子去世，免徵三年的賦稅；庶子去世，免徵三個月的賦稅。勾踐還下令由公家出錢去供養教育那些孤寡病困一類人的子女。

【范蠡】

　　勾踐回國後一直不忘報仇的事情，因此他撫慰著自己的士兵百姓，招募著軍隊，國力日益增強。有一次大夫逢同進諫說：「雄鷹在襲擊自己的目標之前，懂得先將自己隱藏起來。現在，應和齊、楚二國結合，歸附晉國，表面上繼續厚待吳國。然後我們聯絡三國的勢力，讓三國為主力軍前去攻打吳國，我們就趁它的

疲憊時一舉攻破它。」勾踐聽了連連稱讚。

　　過了兩年，吳王出兵討伐齊國，大獲全勝，並且俘虜了齊國的高、國氏。越國大夫文種說：「吳王現在越來越驕橫了，我們現在可以假意向他借糧，來看一下他對越國的態度。」

　　文種便去向吳王請求借糧，吳王滿口答應，但子胥卻不肯，最後吳王還是借了。子胥說：「大王不聽我的勸諫，最多再過三年，吳國便會滅亡。」

　　太宰嚭聽到這話後，就藉機誹謗說：「伍員表面忠厚，但內心卻很殘忍，當年他連自己的親父兄都不顧惜，現在又何況大王您呢？大王上次攻打齊國之前，伍員就是曾一直勸諫，到後來大王戰勝有功，他反而又因此怨恨您。大王您要是不防備他的話，說不定哪天他一定會作亂。」嚭又和逢共同暗中謀劃，最後設計陷害子胥被吳王賜死。

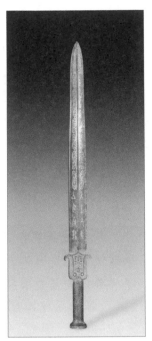

【吳王夫差劍】

　　子胥死後，又過了三年，勾踐召見范蠡說：「吳王身邊已經沒有子胥了，只剩下一幫阿諛諂媚的人。現在是時候攻打吳國了嗎？」

　　范蠡回答說：「不行。」到來年春天，吳王率精銳部隊前去會見諸侯，吳都裡只剩下了一些老弱殘兵和太子鎮守。勾踐又問是否可以攻打吳國。范蠡說可以了。

　　於是勾踐派出了兩千名熟悉水戰的士兵和四萬名受過特種訓練的士兵，以及六千近衛軍等精銳軍力前去攻打吳國。

　　最後吳軍慘敗，並且殺死了吳國的太子。但越王估計這次自己也滅不了吳國，就隨之講和了。

　　之後又過了四年，越國再次攻打吳國。吳國軍民早已疲憊不堪，精銳力

量也都在與齊、晉之戰中陣亡了。所以越國再次大敗了吳軍，包圍了吳都三年，把吳王圍困在了姑蘇山上。隨後吳王自殺身亡。

小知識：

### 夫差死前的「花絮」

當時，吳王被困在姑蘇山上，他派出大將公孫雄脫去上衣跪著前行去請求與越王講和，勾踐見狀於心不忍，本想答應他。可是范蠡在一旁提醒他說：「大王難道忘記了當初吳國就是這樣才會今日滅亡的嗎？再說大王你每日臥薪嚐膽，一直隱忍了二十多年，為的不就是有今天嗎？」

說罷范蠡就私自鳴鼓進軍，並說道：「越王現已將政務委託於我了，吳國使者請速速離去，否則將對你不客氣。」吳國使者見狀便傷心地哭著走了。吳王夫差看求和已經無望，只好自殺身亡。

# 敵國破，謀臣亡
## ——狡兔死，走狗烹

　　勾踐平定了吳國之後，就率軍向北渡過了黃河，在徐州與齊、晉諸侯會盟，同時派人向周天子進獻貢品。周元王派人賞賜祭祀肉給勾踐，並封他為「方伯」。

　　而後勾踐離開了徐州，渡過淮河南下，將淮河流域的土地送給了楚國，將吳國之前侵佔宋國的土地也歸還給了宋國，還將泗水以東的方圓百里的土地送給了魯國。當時的越軍在長江、淮河以東地區可謂是暢行無阻，諸侯們也紛紛前來祝賀越王，都認越王為霸王。

　　勾踐滅吳後，范蠡也被勾踐封為了上將軍，名滿天下。但范蠡輔助勾踐這麼多年早已看透了越王的為人，他知道越王心胸狹窄，只可以和他共患難，但是不可以和他同享樂，又擔心自己功高震主，將來勢必會遭到越王的算計。於是他推辭越王的封賞：「身為臣子的，本就應該在君王憂愁的時候替君王奔勞解憂，在君王受辱的時候而了斷自己的性命。昔日會稽戰敗大王受辱的時候，我本應該就此自盡，但為了給越國報仇雪恨所以才苟活到現在。如今這仇恨也已了卻，我請求大王能准許我辭別大王，回去做一個平民百姓，以此了卻我剩下的時光。」

【文種墓】

　　越王聽了之後，並不同意范蠡的請求。

　　范蠡見越王不答應自己，便堅持地說道：「不管大王答應不答應我的請求，我做為大王的臣子就一定要遵循身為臣子的本分。」於是范蠡

【范蠡死後被後人稱為財神】

便不顧越王的再三挽留，擅自收拾了行頭，與家人乘上了幾艘大船，揚帆遠去了。

范蠡最後漂到了齊國，他改名換姓，賣掉了自己身上的所有財產，然後置辦產業，帶領家人一起辛勤勞作，最後也發了大財。齊國人見到後都認為他是賢良之輩，舉薦他做齊國的相國。范蠡知道長久的擁有財富必然會引起變故，於是范蠡又散盡了自己的家產，帶著家人低調地遷移到了陶地，並自稱「陶朱公」。

范蠡離開了越王後，曾悄悄派人給大夫文種送過一封信。信中勸告文種伴君如伴虎，早點隱退江湖，才能保全自己的安寧。文種看過范蠡的來信後，將信將疑，於是他便聲稱自己患病而不再上朝。

結果有人卻趁機向越王中傷文種要作亂，越王便假意到文種府上探班，然後賞賜給他一把寶劍說：「先生之前曾教給我攻伐吳國的七條計策，可是我只採用了三條便打敗了吳國，剩下的四條還在您那裡，你替我帶去給先王，讓先王在地下與吳國作戰再嘗試一下吧！」說罷，越王勾踐也不等文種回話便已轉身離去了。

文種接過寶劍後仔細一看，發現那寶劍正是昔日裡吳王夫差賜予伍子胥

自盡用的寶劍，於是當即也明白了勾踐的用心，大嘆一聲道：「沒想到啊，古人常說大德不報，我還一直以為越王能看在昔日的功勞上讓我安享晚年。沒想到如今竟要死於非命！范蠡啊范蠡，都怪我當初沒有聽取你的勸告啊！」於是文種嘆完之後便把劍自殺了。

## 小知識：

### 「狡兔死，走狗烹」的由來

　　在《史記・越王勾踐世家》中，有關於范蠡離開前給文種寫的一封信，信中道：「飛鳥盡，良弓藏；狡兔死，走狗烹；越王為人長頸鳥喙，可與共患難，不可共樂，子何不去？」但是後來文種沒有聽從范蠡的建議，最終被勾踐逼得自盡而亡。後人以此來形容給統治者效勞的人，事成後被拋棄或殺掉的現象。與「卸磨殺驢」有同義。

背關懷楚於關中懷楚謂思東歸而都彭城

自立怨王侯叛己難矣自矜功伐奮其私智而不師

霸王之業欲以力征經營天下五年卒亡其國身死東城尚不覺寤而不自

五年謂高帝

引天亡我非用兵之罪也豈不謬哉

# 第三篇
# 這就是戰國

# 三家分晉
## ——又是一個群雄爭霸的年代

晉國末年，國家政權已被智氏、趙氏、韓氏、魏氏、范氏、中行氏六家所掌握。晉國的國土也被這六家所瓜分。六家之間為了爭益逐利，經常互相攻伐。

智伯曾經對趙、魏、韓三家說：「晉國原本來是中原地區的霸主，後來被吳、越壯大起來後，奪走了晉國的霸主地位。所以現在為了能使晉國再次強大起來，我建議我們每家都拿出來一百里的土地和食戶歸於公家。」

趙魏韓三家大夫聽了智伯這話後，都明白他存心不良，想藉著這公家的名義來迫使他們交出自己的土地。但是儘管如此，因為三家的人心並不齊，韓家和魏家都不願意去得罪智伯，所以也將自己的土地、戶口割讓了。最後只剩下了趙家的趙襄子，趙襄子不答應給他土地。

這讓智伯十分生氣，於是馬上下令讓韓、魏兩家與自己一起來出兵攻伐趙家。於是智伯自己率領中軍，聯合韓魏兩家分別擔任右路軍和左路軍，揮師直逼向趙家去。

趙襄子見智伯兵力強大，人馬眾多，於是就提前帶著自己的兵馬退守到了晉陽城。但是智伯並沒有就此而放過他，而是率領聯軍繼續追擊，最後終於追到了晉陽，下令軍隊將晉陽給圍了個裡三層，外三層。

趙襄子見智伯的聯軍將自己包圍後，也只好下定決心堅守晉陽城了，他命令士兵們堅守城邑，不准與敵軍正面交戰。結果每到智伯的聯軍攻城的時候，趙襄子的軍隊在城牆上就奮力抵抗，射出箭雨就向蝗蟲般地落下來，使得聯軍一時也無法前進半步。

　　就這樣，趙襄子在的晉陽城一直死死守了兩年之久，智伯的聯軍始終沒能將它攻破。後來有一天，智伯到晉陽城外前去觀察地形，結果他剛剛走出城後就看見了晉陽城東北位置的那條晉水河。突然他心生一計，晉陽城瀕臨晉水河，又處在晉水河下游，如果將晉水河中的水流引到西南方的話，那不就可以直接水淹晉陽城了嗎？這樣還發愁不能攻破它嗎？

　　想到這些，他便馬上回到軍營中，下令士兵們到晉水旁邊開挖另一條河，將河水一直引進晉陽城，並且在上游蓋起堤壩，以來攔截上游的水流。

　　也是有上天相助吧，就在智伯剛剛下達指令的時候，便趕上了下雨天。大雨接連下了好幾天，水壩中的水很快便蓄滿了。智伯見此，就命令士兵們將水壩朝著晉陽城打開一個豁口。於是大水朝著晉陽直沖而去，很快城中的民宅便被淹沒了，百姓們都不得不跑到了房頂上去躲避水患，做飯的時候也只得將鍋灶給掛起來燒飯。為此，晉陽城中的百姓們算是恨透了智伯，因此他們一致都寧願被水災淹死，也不願出去向智伯投降。

　　晉陽被大水淹滅之後，趙襄子眼見城內的情況日益糟糕，心裡不禁為之著急，於是找來了門客張孟談，說：「照這樣的情況下去，我晉陽城遲早要被大水給滅亡掉的。雖然眼下城內的民心尚未發生嘩變，可是水勢繼續上漲的話，晉陽終究還是保不住的。」

　　張孟談說：「我想之前那韓家和魏家將土地割讓給智伯瑤，也不是心裡情願的，他們內心一定非常憎惡智伯，只是畏懼智伯不敢發作而已。我們可以去找他們兩家談判去。」

　　於是，當天晚上，趙襄子就派了張孟談偷偷地出城，前去同韓魏兩家商談一起聯合來攻打智伯。張孟談先去找了韓康子，後去找了魏桓子，勸說他們反過來與趙家聯合一起攻打智伯。起初韓、魏兩家並沒有答應趙家，張孟談見兩家有點在猶豫著，就極力勸說，再加上害怕智伯以後利用自己周邊的河水對付自己，最終兩家同意共同出兵。

到了第二天夜晚，智伯還在自己的營帳中睡覺的時候，外面忽然響起了一片廝殺的喊聲。智伯連忙起來卻發現自己的營帳中全是水。他以為是堤壩決口，大水沖進了自己的軍營中，就準備命令士兵們前去搶修。但隨即他又聽到軍營的四面八方響起了戰鼓聲，趙、韓、魏三家的士兵竟乘著木筏一齊向自己衝殺了過來，自己手下的士兵被殺掉和淹死的不計其數。

最後智伯的軍隊全部被殲滅，他自己也被三家的將兵給殺掉了。趙、韓、魏三家滅掉了智伯後，不僅將智伯先前侵佔兩家的土地給收復了回來，還將智家的土地瓜分了。隨後，他們又將晉國剩下的土地也都瓜分了，然後又向周天子要求封他們三家為諸侯。

周威烈王見勢也只好正式封三家為諸侯。自此，韓、趙、魏變成為了中原的大國，戰國篇章也就此揭開了序幕。

## 小知識：

### 三家分晉開啟了一個新時代

西元前 376 年，韓、趙、魏廢晉靜公，將晉公室剩餘土地全部瓜分。因此韓、趙、魏三國又被合稱為「三晉」。三家分晉是歷史上具有劃時代意義的重大事件。它是中國奴隸社會瓦解，封建社會確定的象徵。

# 豫讓毀容
## ——士為知己者死

豫讓，晉國人，曾先後侍奉過范氏和中行氏兩家大臣，但自己卻並沒什麼名聲。後來他又去當了智伯的家臣，智伯非常看重他，寵幸他。

智伯遭遇失敗之後，豫讓便潛逃進了深山裡，他對自己說道：「大丈夫應該為瞭解自己的人而付出生命，好女子理當為欣賞自己的人而梳妝打扮。如今智伯算是我的知音人，我一定要替他報仇而獻出生命，以此來報答智伯的知遇之恩。這樣，縱使我會因此而死去，也不會有什麼遺憾的了。」

於是豫讓更名改姓，將自己偽裝成一個受過刑罰的人。他懷揣著匕首，混進了趙襄子的宮廷中喬裝成了修整廁所的人，準備伺機刺殺趙襄子。

有一次趙襄子來到廁所，看見豫讓後，心裡頓時悸動了起來，潛意識裡感覺到了不妙，於是便忙問手下這修整廁所的刑人是誰。待趙襄子得知這人是豫讓，便下令侍衛們將他給拿下了，侍衛們在豫讓的衣服搜出了利刃。

豫讓雖然被侍衛們給綁著，但是他依然昂首挺胸，目光死死地盯著趙襄子，仇恨地叫道：「趙襄子，我要殺了你，替智伯報仇！」

趙襄子不顧別人殺死豫讓的勸說，反而顧念他的忠誠釋放了他。而豫讓此次刺殺未遂後，他卻並不甘心。

過了不久，豫讓又去買了油漆，將自己渾身上下塗遍，皮膚便開始腫爛起來，像得了癩瘡一樣，最後，他的形體和相貌都不可辨認。而後又吞下燒紅的木炭，燙壞的聲道，使聲音變得嘶啞。他開始化身乞丐，沿街討飯了起來。

有一次他討飯討到了自己的家中，結果他的妻子沒能認出來他。後來他

又路過朋友家正巧遇見了朋友，他的朋友仔細辨認了一會兒後，終於認出了他。不久，趙襄子恰好要外出打獵，豫讓得知後提前潛藏在他必經路過的橋下。

趙襄子走到橋上的時候，豫讓突然衝了出來，馬受到驚嚇後差點將趙襄子摔下去。趙襄子說：「這一定是豫讓幹的，除了他不會再有人敢這樣做了。」

趙襄子身邊的侍衛們很快地就抓到了豫讓，趙襄子仔細看過後發現果然是豫讓。於是就忍不住大罵道：「您不是曾經侍奉過范氏和中行氏嗎？智伯當初把他們給消滅了後，也沒見您去替他們報仇啊？反倒當了那智伯的家臣。現在智伯死了，您為什麼又單單如此急切地想為他報仇呢？」

豫讓說：「我侍奉范氏、中行氏的時候，他們只是把我當作一般人來對待，所以我也只能像對一般人那樣報答他們。致於智伯呢，他視我為國土般重要，所以我必然會這般報答他。」

趙襄子聽後感慨地說道：「豫讓啊，您為智伯復仇已經成名了；而我容忍你也算到了極限了。現在您也該自己做個了結了！」

豫讓說：「我聽說賢明聖君通常不會去埋沒別人的美名，而忠臣也有為美名而赴死的情理。之前您寬恕了我，天下人沒有不稱讚您賢明的。今日之事，我本就死罪難免，但我希望最後能得到您身上的衣物拿來刺幾下。這樣也算我達到了報仇的意願，雖死無憾了。」

趙襄子非常欣賞他的俠義之心，於是就將自己身上的衣物丟給了豫讓。豫讓拔出寶劍來在衣物上刺了幾下，然後說：「智伯，我替您報仇了，您可以在九泉之下安息了！」說罷便也拿劍自殺了。

豫讓自殺的當天，這些消息便傳遍了趙國，那些有志之士們聽到後都為他哭泣。

**小知識：**

**豫讓的忠心**

　　相傳豫讓的朋友看到他時對他說：「你這種辦法很難成功，如果憑你這種才幹，竭盡忠誠去侍奉趙襄子，那他必然重視你和信賴你，待你得到他的信賴以後，你再實現你的復仇計畫，那你一定能成功的。」

　　豫讓聽了這話，笑了笑說：「你的意思是為了老朋友而去打新朋友，為舊君主而去殺新君主，這是極端敗壞君臣大義的做法。今天我所以要這樣做，就是為了闡明君臣大義，並不在於是否順利報仇。況且已經委身做了人家的臣子，卻又在暗中陰謀計畫刺殺人家，這就等於是對君主有二心。我今天之所以明知其不可為卻要這樣做，也就是為了羞愧天下後世懷有二心的人臣。」

# 趙武靈王改革
## ——胡服騎射與自強

武靈王十九年春天正月，武靈王在信宮舉行盛大朝會，召見肥義與他一起商討國家大計，結束後武靈王又跑到北方去巡視中山國的地界，北到無窮，西到黃河，後又登上了黃華山山頂。

武靈王瞭解完趙國的形勢後，就召見了大臣樓緩前來商議改革趙國的事宜。武靈王說：「如今中山國地處我國的腹心，北面又是燕國，東面是東胡，西面是林胡、樓煩、秦國、韓國的邊界。處在這樣的包圍之中，如果沒有強大的兵力救援的話，國家勢必要滅亡的，這可如何是好啊？」

樓緩說：「大王說的沒錯啊，那大王認為應該怎麼辦？」

武靈王說：「既然要想取得那高出世人的功名，那就要拋開習俗的束縛。因此我要穿上那胡人的服裝，學習胡人的騎射之術。」

樓緩說：「大王英明！」

趙武靈王剛剛下定此事後，就遭到了朝中群臣們的反對。而趙國的百姓們也都就此事議論紛紛，不大贊成武靈王的決策。

武靈王的決定備受爭議，這讓他手足無措。大臣肥義說：「做事猶疑一定不會成功。您既然都已經下定決心要承受背棄風俗的責難了，那也就無需顧慮天下人的指點。成就絕世功業的人不會去找凡夫俗子商議的。古有舜帝用舞蹈來感化三苗，大禹到裸國脫去上衣，他們這都是明智之舉啊。聰明的人在事情尚無跡象之前就能看透了，您說您還需要猶疑什麼呢？」

武靈王說：「穿胡服一事我是絕不猶疑的，我只是擔心天下之人來嘲笑於我。如果世上之人都順從我而來的話，那麼穿胡服的功效是無可逾越的。

即使讓天下之人都來嘲笑我，我也一定要佔有胡地和中山國。」於是武靈王就毫不猶豫地穿起了胡服。

　　之後武靈王派王緤前去轉告公子成說：「我打算要穿上胡服上朝，也希望叔父能穿上它。現在我發佈政令，改穿胡服，叔父要是不穿的話，天下人必會議論的。宣傳德政要從民眾推起，而推行政令卻得從貴族服從的。我現在願仰仗叔父的忠義，來成就這胡服的功效。所以我請叔父您穿上胡服。」

　　公子成認為大王現在穿上蠻夷的服裝，是變更了傳統的教化，違背民眾的意願，背棄學者的教誨，遠離國家的風俗，所以希望君王能慎重考慮此事。王緤回去如實稟報了武靈王，靈王決定親自去看他。

　　於是武靈王來到了公子成的家中，請求說：「衣服是為了便於穿的，禮是為了便於辦事的。聖人也是根據鄉俗的實際情況來制訂禮儀的，是為了富國利民的。各地的服裝禮儀都不盡相同，但卻都是為了便利而制訂的。因此聖人認為只要可以利國利民，方法也無須一致。如今叔父所言實乃世俗之見，我正是要來制止這世俗之見的。如今穿上胡服，習得騎射後，可使上黨的地勢更加優越，甚至可以以此報中山國之仇。所以懇請叔父切莫再順從中原習俗，違背先王的遺志，忘記鄗城被困之辱。」

【趙武靈王胡服騎射】

公子成叩拜說：「我沒能理解您的深意，竟愚蠢到亂說一些世俗的見解，這一切全是我的罪過。君王既要繼承先王的遺志，我又怎敢不聽從王命呢！」於是第二天便也穿上了胡服上朝。

　　武靈王便正式發佈改穿胡服的政令，民眾們見君臣都穿上了胡服，便也無話可說，只好紛紛跟著穿上了胡服。之後武靈王便開始招募士兵，擴充軍隊，學習騎射之術，沒過多久便訓練出了一支精銳軍隊。

　　趙武靈王的胡服改革改變了自身的虛弱情況，使趙國躋身為了當時的強國之一。

**小知識：**

### 胡服騎射的歷史功績

　　自趙武靈王推行「胡服騎射」之後，胡服成為當時軍隊中最早的正規軍裝，此後才慢慢進化為盔甲裝備。「習胡服，求便利」成了服飾變化的總體傾向。

# 孝成王貪心誤國
## ——天上不會掉餡餅

　　孝成王三年，韓國上黨的守將馮亭派使者來到趙國，對趙孝成王說：「韓國不能守住上黨，將要被秦國給吞併。可是上黨的官吏百姓們卻不願歸屬秦國，而是甘願歸屬趙國。上黨的十七座城池，現在願全部歸順趙國，所以韓國派我前來報告大王，請您裁決。」

　　孝成王聽了不由大喜，立刻召見了平陽君趙豹，說：「馮亭現在要進獻於我十七座城，我打算接受下來，你看怎麼樣？」

　　趙豹回答說：「恐怕不妥，聖人通常將無緣無故的利益看做是大禍害的。」

　　孝成王說：「怎麼能說無緣無故呢？上黨的人民都痛恨秦國的統治，而被我們趙國的恩德感化了，這怎麼能說是無緣無故呢？」

　　趙豹說：「秦國蠶食韓國的領土，從中隔斷與韓國的聯繫，不讓兩邊相通，自以為能夠穩穩當當地獲得上黨的土地。韓國之所以不歸順秦國，其實是想要嫁禍於趙國。秦國眼睜睜地看著自己白費了半天的勞苦卻最終便宜了趙國，恐怕一定不會善罷甘休吧！搞不好的話會挑起與秦國的戰事的。」

【長平之戰遺址】

　　孝成王說：「如今就算是出動百萬大軍前去攻戰，沒個一年半載也未必能得到一座城池。現在可以不費一兵一卒就可以盡得人家的十七座城邑，這豈有不接受之

說？」

趙豹見孝成王固執己見，也只好作罷。之後孝成王又召見了平原君和趙禹，告訴了他們這件事。他們聽了也是異常高興，贊成道：「有時候發動百萬大軍前去攻打都不一定能得到一座城池，如今能白白地得到這十七座城邑，這可是天大的好事，我們哪有不接受之理？」

孝成王見二人都全力支持自己，便拿定了主意準備接受上黨。孝成王便派趙勝去接受土地，來到上黨後趙勝宣佈說：「敝國使者趙勝見過太守將軍，敝國君主派我前來傳達命令，封賜太守萬戶的城邑一共三座，封賜各級縣令千戶的城邑每人三座，且世代為侯，官吏百姓們也全部晉爵三級，官吏百姓若是能平安相處的話，均賞賜黃金六斤。」

馮亭卻不肯見使者，他流淚說：「我已有三條不忠義的地方了：為君主守衛國土，卻沒做到拼死固守，這是一不義；韓王命上黨投降秦國，我卻違背了君主的指令，這是二不義；靠出賣君主的土地而受到封賞，這是三不義。」趙國於是發兵佔領上黨，廉頗領兵進駐長平，而馮亭也撤回了韓國。

七月，大將廉頗被免職，趙括接替了他的位置替他領兵。後來秦軍包圍趙括，趙括率軍投降，四十多萬趙軍遭到了坑殺，而上黨最終也落到了秦軍的手中。孝成王此刻卻是後悔莫及，悔恨自己當初沒能聽取趙豹的意見，因此才有這長平之禍。

**小知識：**

### 長平之戰
此戰前後耗時三年，是中國歷史上最早、規模最大的包圍殲滅戰。這場戰爭的雙發是實力雄厚的秦趙兩國。據載秦軍前後坑殺趙軍四十萬人，被後人認為是戰國形勢的轉換點。極大地加速了秦國統一中國的進程。

# 燕王趁人之危
## ——偷雞不成蝕把米

　　孝成王十五年，燕國丞相栗腹與趙國交好，向趙國送出了五百斤的黃金來為趙王祝酒。栗腹回到燕國後就向燕王進諫道：「趙國自長平一戰慘遭重創後，已元氣大傷，壯丁們都死在了戰場上，遺孤又尚未長大，趁著現在這個千載難逢的大好時機，大王可以發兵趙國，一舉殲滅了它。」

　　燕王喜又召見了昌國君樂間，詢問他說：「如今趙國長平戰敗之後，國勢已變得岌岌可危，我們是否要趁此發兵攻打趙國呢？」

　　樂間回答說：「趙國原本就是一個經常受到敵軍四面侵犯的國家，頻繁的戰爭也早已練就了趙國的百姓們的軍事作戰素質，所以臣請大王慎重考慮，不要輕易發兵攻打。」

　　燕王又問道：「那我們就以多攻少，兩個打一個，這下應該沒問題了吧？」

　　樂間回答道：「不可以。」

　　燕王接著問道：「那我再用五個去打一個，這下總該可以了吧？」

　　樂間說：「還是不可以。」

　　燕王大怒，說：「你一直替那趙國說話，該不會是因為你父親樂毅的墳墓在趙國，所以你才一直反對我攻打趙國吧？」

　　樂間無奈，只得放任燕王做決定。之後，燕王又召集了群臣前來商討發兵趙國一事。群臣們聽說了樂間因為反對而受到指責，便都一個個附和。

　　燕王見群臣都大力贊成自己出兵趙國，也變得更加胸有成竹了。燕王出

【廉頗】

動了兩支軍隊，兩千多輛戰車分兩路前去攻打趙國，栗腹領四十萬大軍進攻鄗城，卿秦率軍二十萬進攻代地，並命樂間為軍中副將，輔助卿秦。

孝成王得知燕軍來犯後，就馬上召集了群臣商計。大將廉頗說：「大王可以下令在國內徵兵，凡是我趙國年齡在十五歲以上的男子都應當拿起兵刃奔赴戰場，全力抵抗敵軍。栗腹本人根本不知道怎麼統兵打仗，而且他為人好大喜功，不足為慮。卿秦更是一個無名小輩，也沒經歷過什麼大的戰事，而樂間也會因為他父親樂毅的緣故不會為此而盡全力的。所以我們只要用兵得當，打敗燕國也並非什麼難事。」

孝成王聽了也感覺事情還有轉機，就派了廉頗率八萬軍隊前去鄗城迎戰栗腹。而樂毅的另外一個兒子樂乘也在趙國為官，軍事戰略方面也頗有才能。孝成王便派他率軍五萬前去代地迎戰卿秦。

廉頗將自己的精銳部隊隱藏了起來，領著一批老弱殘兵駐守平地，以此來迷惑燕軍。栗腹見到後果然中計，當即下令全軍攻城。但在鄗城的守軍的堅守之下，燕軍卻是久攻不下。

廉頗見時機已到，就先派出了幾千名老弱殘兵前去向燕軍挑戰，以此來

引誘燕軍上當。栗腹見趙國的援軍如此羸弱，便打算一舉全殲援軍。幾千援軍和燕軍剛一交手後，便紛紛棄槍而逃。燕軍見勢力便奮勇直追，一直被援軍帶進了趙軍設好的埋伏中。燕軍的軍隊當場被趙軍給截成了幾段，頓時失去指揮，趙軍在廉頗的指揮之下，一個個以一當十，奮勇猛戰，而燕軍的將領栗腹卻也被廉頗給斬於馬下了。燕軍失去主帥後，更是亂了陣腳，瞬間就潰不成軍了，最後趙軍大獲全勝，而殘餘的燕軍也都紛紛丟盔棄甲地逃奔回了燕國。

而與此同時，另外一邊的代地，樂乘也打敗了燕軍，俘虜了卿秦、樂閑。

隨後趙軍一鼓作氣，勢如破竹般地攻入了燕國，圍困了燕國的都城。燕王見此無奈，也只好與趙國修書講和。燕王本想趁人之危，攻打趙國，誰知自己卻偷雞不成蝕把米，最後反被趙國給打敗了。

## 小知識：

### 燕王給樂間的道歉信

　　燕王喜因不聽樂間的勸告，舉兵伐趙而大敗，後悔自責給樂間寫了封信。進行了自我批評，言辭條理清晰，暗含玄機。文章本身十分精彩。正如梁玉繩《史記志疑》中所說：「蓋《國策》不載遺間書，只載遺毅書，而誤分為兩章。《史》又止載前半，截去『寡人不佞』已下。其實書辭條暢婉麗，不可刪也。」

# 田忌賽馬
## ——賽的不是馬，是戰術

　　孫武，又被尊稱為孫子，是春秋末期的著名軍事家，東方兵學的開山鼻祖，《孫子兵法》一書便是出於他手。而在孫武的後代中，有一個叫孫臏也很出名，是非常出名軍事家，他年輕的時候，曾和好朋友龐涓一起學習兵法。

　　後來，龐涓出於對孫臏的嫉妒，設計陷害了孫臏。一次，齊國的使臣趁機將孫臏救了出去，齊國的大將田忌非常欣賞孫臏的才能，所以就收他做了自己的門客。

　　田忌很喜歡賽馬，經常和齊國的王室貴公們在一起賽馬。有一回，他與齊威王約定，要進行一場比賽。由於當時的賽馬採取的三局兩勝的制度，所以總共要進行三場的比賽。因此他們二人商量好，將各自的馬都分成了三組：上等馬、中等馬和下等馬。比賽的時候，由於齊威王的每個等級的馬都要比田忌相對應的馬好上很多，所以比賽了幾次後，基本上全都是以田忌失敗而告終的。

　　田忌感覺非常掃興，比賽還沒有結束他便已經沒有興趣，他正朝場外走著，結果過來一個人拍著他的肩膀說道：「將軍這是怎麼了，怎麼一副無精打采的樣子啊？」

　　田忌抬頭一看，發現孫臏面帶微笑地看著自己，說：「我與大王賽馬，十局裡面連一局也贏不了。」

　　孫臏說：「剛剛我也看過將軍與威王賽馬的戰況了，其實威王的馬比起將軍的馬來說，也快不了多少。」

　　孫臏神秘一笑，說：「我不是在挖苦將軍，而是說將軍若回去再與威王

【孫臏】

賽上一次，我保證您能贏過威王的。」

田忌聽了不解地問道：「你是打算讓我另換一匹馬來嗎？」

孫臏搖搖頭說：「不是，將軍一匹馬都不需要更換。」

田忌毫無底氣地說：「那不還是照樣得輸嗎？之前都已經連著輸過好幾次了。」

孫臏說：「沒關係，你就回去再與威王賽上幾局，到時候你聽我安排就好了。」

田忌見孫臏這麼肯定，再加上自己也很欣賞他的才華，所以又和他一起朝著賽馬場內走去了。齊威王是屢戰屢勝，他看到田忌和孫臏二人朝自己走過來後，便站起來對田忌諷刺道：「怎麼又來了？是不是你還不服氣，感覺自己還沒輸夠啊？」

田忌看了一眼孫臏，然後對齊威王說：「當然不服氣了，大王敢再和我比試幾局嗎？我一定會贏過大王您的！」說罷，田忌便將一大堆的銀錢倒在了桌上，做為自己的賭金。

齊威王見狀更是忍不住哈哈大笑，然後不屑地說道：「好啊，我還求之不得呢。你今天若是能贏了我的話，我就把之前所有贏來的錢，外加上一千兩的黃金，全部都是你的了。」

於是一聲鑼響後，比賽正式開始了。

孫臏對田忌說：「這第一場比賽，乃是上等馬之間的較量，您所有馬匹裡面沒有一匹是威王的上等馬的對手，所以索性拿下等馬與之對決。這一場，我們不需要贏的。」第一局毫無懸念的輸給了齊威王。

緊接著到第二場比賽了，第二場便是中等馬之間的比拼，孫臏讓田忌拿自己的上等馬前去對戰齊威王的中等馬，結果這一局卻是獲得了勝利。齊威王見此一時變得心慌起來。

到第三局比賽的時候，便是田忌的中等馬對決齊威王的下等馬了。這一局，又是田忌取得了勝利。比賽的最終結果便是田忌三局兩勝，勝出了齊威王。齊威王見此結果頓時目瞪口呆了。

馬匹還是之前的馬匹，只不過稍微調換了一下比賽的出場順序，便使田忌反敗為勝了。這些完全是孫臏在賽馬戰術上運用得當的功勞。

賽馬後的第二天，田忌便向齊威王舉薦了孫臏。齊威王正式召見了孫臏，然後封孫臏為齊國的軍師。

**小知識：**

田忌賽馬是中國歷史上有名的揭示如何善用自己的長處去對付對手的短處，從而在競技中獲勝的事例。

# 孫龐鬥智
## ——一場龍虎鬥

　　孫臏、龐涓二人原本是要好的朋友，二人都身懷大志，曾一起拜名師學習兵法。

　　後來龐涓在魏國做了大將軍，他想起了孫臏，於是就派人將孫臏接到了魏國。兩人相見後非常高興，一番暢談後，龐涓發現孫臏在兵法上的才能和見識都要遠遠地超過了自己，這時他擔心如果魏王得知孫臏比自己要厲害很多後，那魏王必將會讓他取代自己的位置。想到這些，於是龐涓心裡便暗暗打起了陷害孫臏的算盤。

　　後來有一次龐涓悄悄對魏王說：「孫臏此次前來魏國是為了來刺探軍情的，是為了給齊國當內應而來的。」魏王聽了不由大怒，當即就下令要殺掉孫臏。這時龐涓又過來假意求情。結果孫臏被處以了臏刑，剔去了膝蓋骨，並在額頭上刺了青，讓他成為了囚犯。孫臏這時候才明白，原來龐涓是一個嫉妒心極強的人。

　　一次，齊國的使臣出使魏國，孫臏以犯人的身分暗地會見了齊使，並對他進行了遊說。齊國的使臣也看出來他是個難得的英才，就偷偷地用車把他接回了齊國。孫臏在齊國得到了齊威王的賞識後，被齊威王任命為齊國軍師。

　　後來，魏國發兵攻打趙國，趙國形勢危在旦夕，於是就向齊國求

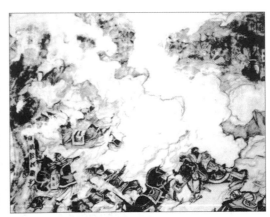

【馬陵之戰，龐涓自刎而死】

【鬼谷子】

救。齊威王打算任用孫臏為主將前去發兵救趙，但孫臏因是罪人的身分所以辭謝了主將的位置。於是齊威王就任命田忌為主將，孫臏擔當幕後軍師。孫臏建議田忌現在魏趙兩國相互攻打，魏國的精銳部隊必定在國外累得精疲力竭了，而國內留下的都是一些老弱殘兵而已。何不趁此良機，率軍火速挺進魏國，魏國見勢定然會放棄趙國而回國自救的。田忌聽從了孫臏的計謀，魏軍果然撤離了邯鄲。

後來，魏國聯合趙國攻打韓國，韓國向齊國求救。齊王再次派田忌率軍前去救援，大軍直奔魏都大樑。魏將龐涓得知消息後，馬上撤離了韓國回魏，而此時齊軍已經越過邊界向西挺進了。孫臏對田忌說：「魏軍生性兇猛彪悍，而齊兵被認作膽小怯懦，所以魏軍一向看不起齊兵。所以不妨順著這樣的趨勢而對魏軍加以引導。我們可以在進入魏境前先砌個十萬人做飯的灶，到第二天後改換成五萬人做飯的灶，第三天再換成三萬人做飯的灶。」

龐涓行軍三日，發現齊軍的行軍灶每天都在減少後，便認為是齊軍畏怯魏軍，正在逐漸潰散。龐涓得意地說道：「我本來就聽聞這齊軍膽小怯懦，現在看來果不其然，才剛剛進入我們魏國國境三天的時間，就已經有超過一大半的兵將逃走了。」於是龐涓留下了步兵，只帶領著一直輕裝精銳的部隊，

晝夜兼程地追擊著齊軍。

孫臏在這邊也估算著他的行程，知道他當晚便可以趕到馬陵。而馬陵一帶的道路狹窄，兩旁又多是峻隘險阻，非常適合埋伏，孫臏命人砍去樹皮，然後拿筆在上面寫道：「龐涓死於此樹之下。」之後孫臏安排一萬名弓箭兵埋伏在馬陵道兩邊，並下令說：「晚上若看見樹下火光亮起，就全部放箭。」

當晚龐涓果然趕到了這棵被砍去了樹皮的大樹下，他見白木上寫著字，就點起了火把查看。就在他剛剛看過樹上的字後，齊軍的伏兵便萬箭齊發，魏軍紛紛中箭倒下，頓時大亂。

龐涓此刻才明白，原來之前的一切都是孫臏佈下的計謀。他見敗局已定，只好拔劍自刎，臨死前說：「倒是成就了這小子的名聲！」

隨後齊軍也乘勝追擊，最後將魏軍給徹底擊潰，並且俘虜了魏國太子申回國。而孫臏和龐涓二人的一場龍虎鬥也就此而結束了，孫臏也因此名揚天下。

**小知識：**

### 孫臏、龐涓的師父——鬼谷子

鬼谷子，姓王名詡，生卒日不詳。其長於持身養性和縱橫術、精通兵法、武術、奇門八卦，著有《鬼谷子》兵書十四篇傳世。民間稱其為王禪老祖，是「諸子百家」之一，縱橫家的鼻祖，也是位卓有成就的教育家。經常進入雲夢山採藥修道。因隱居清溪鬼谷，所以稱鬼谷子，按照一些記載推算鬼谷子起碼活了 500 歲。

# 吳起殺妻
## ——果然無毒不丈夫

吳起，衛國人，擅長帶兵，曾拜曾子為師。他胸懷大志，希望建功立業，顯赫天下。

吳起年輕時，一直渴盼能早日出人頭地。當時他的家裡比較富裕，吳起就拿錢財結交權貴人士，希望可以在衛國求得一官半職，誰知最後他散盡了家產，也沒能為自己謀到一個滿意的位置。同鄉鄰里的人得知他的事情後都笑話他是敗家子。再加上他生性猜疑殘忍，於是一氣之下在一個夜晚將平日裡指責嘲笑他的三十多個人全給殺害了。

吳起殺完人後，告別了母親，一路奔命，最後逃到了魯國。吳起到魯國後正好碰上孔子的弟子曾子在魯國宣講儒學，廣收門徒，於是吳起就投入了曾子門下。之後過了不久，他的母親去世的噩耗自衛國傳了過來，而吳起為了自己的理想，沒能趕回衛國為自己的母親操辦喪事。曾子聽說這件事後，大為惱火，他將吳起怒斥了一頓，並且與他斷絕了師徒關係。

【吳起】

而後吳起便去學習了兵法，改為從軍。吳起生性好勇鬥狠，且心思多疑，憑著這些他很快得到了提升，並且逐漸有了名氣。後來齊國的軍隊攻打魯國，魯君命大臣舉薦可以擔當將軍的人才。這時就有大臣們向魯君舉薦吳起。魯君當時想到吳起之妻是齊國人，恐對自己不利。此時，吳起一心想著成名，他見魯君因此而懷疑他，於是當即就殺掉妻子，砍下了頭顱給魯君送去。魯君見此雖然明白了吳起是向自己表明他的忠心，但是又

想著吳起為了求將竟然親手殺掉了自己的妻子，將來說不定會給自己招來禍害。但由於當時的軍情緊急，魯君最後還是任命了他當了將軍。

吳起當上將軍之後，就率領軍隊迎戰齊軍，由於他用兵得當，智出奇謀，最後以弱勝強，大敗齊軍。後來魯君逐漸疏遠了吳起。於是吳起告別了魯國，輾轉去了魏國，魏文侯任用了吳起為魏國主將。

吳起雖然身為主將，但在軍中卻是與最下等的兵卒們穿著相同的服裝，吃著一樣的伙食，睡覺的時候也不鋪墊被褥，行軍的時候不乘車騎馬，而是背負著捆紮好的行軍囊和士兵們一起同甘共苦。當時軍中有一個士兵身上生了惡性毒瘡，吳起得知後便親自去替他吸吮濃液。魏文侯見吳起不僅善於用兵打仗，並且還廉潔不貪，待人公平，能籠絡到軍中所有人的人心。於是魏文侯就又委派他擔任西河地區的長官，並去抵抗秦國和韓國。

後來，魏武侯即位之後，吳起遭到了魏國國相公叔的設計陷害，引起了魏武侯的懷疑。吳起見此怕給自己招來災禍，於是就離開了魏國，投奔到了楚國。

楚悼王一向聽說吳起賢能，所以吳起剛到楚國後就被楚悼王任命為楚國國相。吳起上任後，立即進行了改革，他變革管制，裁減了許多無關緊要的冗員，並且廢除了疏遠王族的按例供給，用來撫養軍隊。因此吳起暗中也得罪了一批楚國的疏遠王族。結果悼公逝世後，楚國王室大臣趁機發動了內亂，他們聯合起來攻打吳起，他最終被射殺。

**小知識：**

### 吳起之死

吳起是改革的犧牲品，同時，還是「殺身以成仁」的理想主義殉道者。他雖然人品不好，生性多疑還殘暴，但是他也因一己之力改變了列國的政治格局，使歷史推進到裁汰貴族力量的新時代。

# 蘇秦計激張儀
## ──打完巴掌賞甜棗

　　蘇秦，戰國時期的洛陽人，他曾遠到齊國拜鬼谷子為師。後來蘇秦拜師學成後，便打算去獨立闖天下。可是他卻連連碰壁，最後耗盡了身上的盤纏，無奈只得狼狽返鄉。返鄉之後，在周顯王面前，不但沒有受到賞識，反而受到鄙視。後來他又到了秦國，試圖說服秦王前去一統天下，但當時秦國剛剛處死了商鞅，對遊說之人沒有好感，蘇秦便又碰了一鼻子的灰。

　　連連失敗後，蘇秦並沒有灰心喪氣，他去了燕、趙二國遊說，並且得到了兩國的支持。於是他便開始了自己的「合縱」之計，在燕、趙兩國的幫助下，蘇秦先後說服了韓、魏、齊、楚四國。蘇秦也被推舉為了六國合縱聯盟的盟主，並被六國拜為相國，打算以此來完成統一抗秦的大業。

　　當時的秦國在經過商鞅變法改革後，已經變得非常強大。秦王先是發兵攻打了魏國，生擒了魏國大將龍賈。然後秦王便打算趁勝繼續向東挺進而攻打趙國。蘇秦見此，不由地暗中著急了起來。經過一番深思後，他決定派人出使秦國，然後勸諫秦王停止攻戰。蘇秦想起了當年與他一起拜在鬼谷子門下的張儀，於是便派人去暗中引導張儀。

　　張儀知道後大喜，便立即前往趙國，呈上名帖，請求拜見故人蘇秦。而蘇秦早就打好了自己的算盤，他早就下令等張儀前來求見的時候，門人都不准給他通報，一直冷落了張儀數天後，才接見了他。蘇秦雖然接見了張儀，但卻並沒有熱情招待他，反而是在堂下接待了他，賜給他奴僕侍妾們吃的飯菜，並且還經常責備他，並且將他打發走了。

　　張儀沒想到被蘇秦羞辱了一頓。一氣之下便離開了趙國，去了秦國。蘇秦早已料到張儀會去秦國。於是暗中對左右親近的門客吩咐道：「張儀是在我眼裡是全天下最有才能的人，現在全天下唯一能夠說服秦王，掌控秦國大

權的便是張儀了。我擔心他會因一些蠅頭小利滿足自身而不去成就大業，所以才把他召來並故意羞辱於他，以此來激發出他的鬥志，現在他已經輾轉去秦國了，您就替我暗中地侍奉他。」

另一邊蘇秦又如實稟明了趙王，發給了他車馬財物，蘇秦派人一直暗中跟隨著張儀，和他住進了同一家客棧，然後逐漸地接近張儀，將車馬金錢全送給了他，凡是張儀所需要的，都提供給了他，而後張儀有了機會拜見秦惠王，之後便被惠王任用為客卿，一起商討攻伐諸侯的大計。

蘇秦派來的門客見機要告辭張儀，張儀說：「我全是依靠了您的鼎力相助，才會有了今天的顯貴的。如今正打算報答您的大恩大德，你為什麼又要突然離去呢？」

門客說：「其實我所做的這一切都是蘇秦先生讓我做的，他才是真正瞭解你的人。蘇先生先前因為擔心秦國會發兵攻打趙國，破壞合縱聯盟大計，認為只有您才能說服秦王，掌握秦國的大權，所以才會故意激怒先生，然後再派我暗中來幫助您，所有的一切都是蘇先生的策略。如今先生已被秦王重用，我也要回去向蘇先生覆命了！」

張儀聽了恍然大悟，然後說道：「請你回去我謝過蘇先生，轉告他：有蘇先生在趙國當權，我張儀怎敢奢談攻趙呢？」於是蘇秦計激張儀取得了成功，並且最終也使得了他的六國合縱聯盟大計順利推行。

**小知識：**

### 張儀其人

張儀在商鞅變法的基礎上，「外連衡而鬥諸侯」，與秦國的耕戰政策相配合，縱橫捭闔，遊說諸侯，建樹了諸多功績，利用政治、外交和軍事上的才能使得秦國「東拔三川之地，西並巴、蜀，北收上郡，南取漢中」，這為秦國的霸業和將來的統一發揮了積極的作用，是秦國壯大不可缺少的人才。

# 胡衍救衛
## ——這不是空口套白狼嗎

　　樗里子，名疾，是秦惠王同父異母的弟弟。他能說會道，足智多謀，待人接物都非常得體。秦國人都尊稱他為「智囊」。

　　秦惠王八年，樗里子被秦惠王授予了右更爵位。後來在秦惠王在位期間他帶兵打敗了魏國，趙國還有楚國。為秦國擴大了領土。秦王為了褒獎他，便封樗里子為嚴君。秦惠王去世後，太子武王即位，驅逐了張儀和魏章，任命樗里子和甘茂為左右丞相。待秦武王去世後，昭王即位，樗里子也受到了昭王的尊重。

　　昭王元年，樗里子奉命率兵攻打衛國的蒲城。蒲城的軍官們得知消息後非常憂心，因為，一旦蒲城被敵國攻下後，那衛國離著滅亡也不遠了。當時，衛國本身是弱小國家，而秦軍的領軍人物又是享有「智囊」之稱的樗里子，衛國上下更是驚慌一片。無奈之下，守城的將軍們便去請求胡衍來幫忙，胡衍當時在衛國也是比較有名的謀士。胡衍覺得這也是一個讓自己施展才能的機會，便答應替守城的軍官們插手此事。

　　胡衍趕到樗里子的軍營裡，找到樗里子說：「您此次發兵攻打蒲城，是為了秦國呢，還是為了魏國？」

　　樗里子答道：「我是秦國的大臣，當然是為了秦國了。」

　　胡衍聽了若有其事地說道：「如果您此次是為了魏國的話，那我自然不敢再說什麼了；但如果是為了秦國的話，那我可得好好勸勸您了，這可是對秦國大大的不利啊。」

　　「哦？此話怎講？」樗里子聽了胡衍的危言聳聽後，卻也忍不住好奇地

問道。

「您想啊，衛國之所以能夠成為一個諸侯國，不外乎就是因為有蒲城的存在。現在您若是要發兵攻打它的話，那無疑等於在迫使它投入魏國的懷抱。那魏國勢必會因此而強大。等到魏國強大起來後，那貴國所佔城邑的也就會變得危險起來。」

聽了胡衍的這番話後，樗里子也覺得有點道理，然後就問道：「那依先生之見，我應該怎麼辦才好呢？」

胡衍見樗里子有所意動，當即順勢趁熱打鐵說：「您若是放棄進攻蒲城的打算的話，我可以試著替您到蒲城轉達這個意思，這樣我想衛國國君一定會銘記您給予他的大恩大德的。」

樗里子說：「好吧。」

胡衍辦成此事後，回到了蒲城，對守城的軍官說：「樗里子已經掌握蒲城困厄的處境，他下令一定要攻下蒲城。不過，我胡衍倒是有一計可以讓他放棄攻打蒲城的計畫。」蒲城的軍官聽了胡衍可以幫忙退兵，於是連拜了幾拜，給胡衍獻上了三百斤的黃金，並給他許下高官厚祿。

因此，胡衍單單靠了自己的這張嘴，不僅勸退了秦軍，還使自己受到了衛國國君的封賞，顯貴了起來。

**小知識：**

### 樗里子的個人成就

周顯王三十九年，樗里子時任右更，率兵伐魏曲沃，將曲沃收入秦國土地。周慎靚王四年，時任庶長，率軍敗韓、趙、魏聯軍於修魚，虜韓將申差、鯁，斬首八萬餘，韓太子倉入秦為質。周赧王二年，攻取魏地焦、曲沃；又敗韓於岸門，斬首萬人。

# 淳于髡三見惠王
## ——只為博得對方尊重

　　淳于髡，相傳他身高不過七尺，出身低微，其貌不揚，是齊國入贅女婿。雖然出身低賤卑微，但他卻能言善辯，博聞強識，不專主一家之說，同時為人圓滑，屢次出使諸侯各國，從未受到屈辱。

　　有一次，淳于髡路過魏國，魏惠王早就聽說了淳于髡的傳奇故事，便命一個賓客前去請他前來宮中會面。淳于髡就應邀前去，淳于髡剛剛邁入庭院的大門後，魏惠王正在全神貫注地觀賞著一匹進貢的寶馬，而對他視而不見，直到賓客向魏惠王稟明，惠王才喝退了身邊的侍從，命人將馬牽走，然後單獨接見淳于髡。

　　「寡人素聞先生學識廣博，精通百家之說，更是擅長國家興亡之道。因此寡人想向先生請教一些魏國的政見。」魏惠王恭敬地對淳于髡說道。淳于髡在聽了魏惠王的話後，並沒有發表任何意見，而是安然不動地坐著。過了很久，淳于髡依舊是一言不發，又過了不久，惠王已經等得耐心殆盡了，見淳于髡還是沒有要發表的意思，於是就下了送客令。

　　此次會見淳于髡，惠王連他的隻言片語都未曾聽聞，惠王心裡不甘，就又命賓客安排了第二次的召見。

　　不久後，淳于髡又在賓客的帶領來到了惠王的宮中。這一回淳于髡剛一進門，就看到了惠王正和幾個歌舞美姬有說有笑的。

　　惠王見淳于髡來到後，立即將歌舞伎人全部打發走，單獨接見了淳于髡。

　　惠王再次向淳于髡請教治國之道，誰知淳于髡此次依舊是一言不發。惠王見狀心裡不由暗生惱火，又結束了此次的接見。

　　連續兩次的接見都不歡而散，惠王實在忍不住了，就叫來了那位去請淳于髡的賓客責罵道：「你不是一直在寡人面前褒揚淳于髡，說連管仲和晏嬰也都比不上他嗎，怎麼現在寡人接見了他後，一點收穫也沒有呢？難道是寡人不配和他談話嗎？到底是怎麼回事？」

　　那個賓客就將惠王的話告明了淳于髡。淳于髡說：「我先前一次拜見大王時，大王的心思全放在了相馬上；後一次拜見大王時，大王的心思又用在了聲色上；所以即便我說了什麼，我想大王也未必能聽得進去，所以我才會沉默不語的。」

　　賓客回去將淳于髡的話稟報了惠王。惠王大豁然開朗，嘆道：「哎呀，淳于髡先生果然不愧是位聖人啊！沒想到淳于髡先生察言觀色竟厲害到如此地步，當之不愧為聖人啊！」

　　魏惠王得知因由後，便再一次單獨接見了淳于髡。這一次惠王卻是沒有了任何事物的干擾了。兩人開懷暢談，一連三天三夜都毫無倦意。惠王很欣賞淳于髡的才華，打算封他為魏國卿相，但被淳于髡客氣地推辭了。惠王只好賞賜了他一輛駟馬高車和一些金銀玉帛，而淳于髡卻也終身沒有擔任一官半職。

## 小知識：

### 春秋時代的「入贅」

　　春秋時期，在齊國中一直保存著這樣的一個風俗，凡是家中的長女，都不能外嫁於人，而是應當留在家中來主持祭祀事宜，否則的話將會影響到整個家庭的運勢。這些留在家中主持祭祀的長女就被稱做為「巫兒」，而「巫兒」若是想要結婚的話，只能透過招上門女婿來完成，於是齊國也就有了「贅婿」的風俗。在「夫為婦綱」的大男子主義的封建古代，只有家中異常貧困，出身低微的人才會入贅。

# 淳于髡進獻空鳥籠
## ——動之以情，曉之以理

有一次，齊王派淳于髡前去出使楚國，進獻黃鵠給楚王。

這隻黃鵠在齊國可算得上是國寶級的動物了，因此淳于髡也非常重視此次進獻小鳥的任務。接過鳥籠後，淳于髡親自精心餵養小鳥，檢查鳥籠。就這樣淳于髡帶著鳥籠，駕著馬車朝楚國行去。一路上原本一直相安無事，淳于髡也是心情高興地逗著籠子裡的黃鵠。

可是誰知就在出了齊國的城門之後沒多久，道路就變得異常坑坑窪窪。於是馬車也跟著顛簸了起來，一不留神竟將鳥籠上的門給震開了。籠中的黃鵠順勢撲騰一下飛了出去，淳于髡眼見不妙，便趕忙去追捕。可是他哪能追得上那黃鵠的速度，最後只好眼睜睜地看著那隻黃鵠漸飛遠去直到消失。

黃鵠飛走後，淳于髡呆呆地望著空中，半晌後，便嘆了口氣，轉身回到了馬車中。他盯著車中那空空的鳥籠，不由地發起愁來。他思前想後，絞盡腦汁，最後想出了一個方法，於是就拿著空籠子繼續向楚國趕路。

來到楚國後，淳于髡就雙手托著這空鳥籠拜見了楚王。楚王見淳于髡此次前來楚國給自己進獻的竟是一個空鳥籠後，當即大怒道：「齊國使臣，你此次前來楚國便是進獻這個空鳥籠的嗎？這就是你們齊國所謂的稀世珍寶嗎？我看你分明是故意前來戲耍寡人，蔑視我們大楚國的！」

淳于髡說：「大王息怒，您且聽臣慢慢道來。齊王原本是派臣前來楚國向大王進獻黃鵠的，既然齊王都說是進獻給大王您的，那臣自然不敢怠慢了，得精心照顧好這隻黃鵠。因此臣在從水邊經過的時候，不忍心黃鵠口渴，就放牠出來喝水，不料牠出來後竟一下飛走了。臣見此就馬上去抓，可是終究還是能沒抓住牠，臣見自己完成不了齊王交待的任務，不僅愧對齊王，更加

愧對大王您，所以臣就想到了刺腹或勒脖子自殺。可是臣又擔心別人會因此指責大王，說大王身為一國之君，竟會因為一隻鳥獸的緣故而使士人自殺，所以臣當時才沒有做出這有損大王聲望的事。那黃鵠到底是一隻長滿羽毛的東西，與他看起來相似的也有很多。臣本想再買一隻相似的鳥來代替，可是這樣做的話，既欺騙了自己，又欺騙了大王您。臣心裡也不願這樣做。臣又想放任此事，逃奔到別的國家去，可是又擔心齊楚兩國君主之間的通使會因此斷絕。所以臣最後只好前來向大王服罪，向大王叩頭，請求大王治罪。」

楚王聽了淳于髡的話後，稱讚道：「很好，齊王身邊竟然有你這般忠誠信義的人，令人佩服！」

淳于髡見自己的話語果然有效，當即趁熱打鐵道：「臣拜謝大王再造之恩！楚國有大王您這樣英明仁德的國君，何愁不國富民強？大王也何愁不能獨霸天下，威震諸侯？」

楚王聽了大悅，當即將那空鳥籠當作珍貴的禮物收下了，並熱情款待了淳于髡，拿出了豐厚的禮品賞賜給了淳于髡，那些禮品的價值要比進獻的黃鵠的價值多一倍。

## 小知識：

　　「髡」是先秦時的一種古代刑法，將人的頭頂周圍的頭髮給剃光，以此來進行侮辱和懲罰。

# 雞鳴狗盜
## ——孟嘗君活命的法寶

孟嘗君姓田名文，父親是靖郭君田嬰。田嬰有四十多個兒子，他與小妾生了田文後，曾命田文的母親不要將其養大。可是愛子心切的母親還是偷偷地把他養大了。等他長大後，母親便把他引見給了田嬰。

田嬰得知後原本是極為慍怒，後來他見田文明白事理，便開始器重起他，讓他來代替自己主持家政，接待賓客。結果賓客往來不斷，日益增多，田文的名聲也很快傳到了諸侯國中。田嬰去世後，被追諡為靖郭君。田文在薛邑繼承了父親的爵位，他就是孟嘗君。

孟嘗君在薛邑繼續招攬各諸侯國的賓客以及犯罪流亡的人，寧肯捨棄家業也給予他們豐厚的待遇，因此天下的賢士無不嚮往，很快他的食客便達到了三千人，號稱門客三千。

齊湣王二十五年，齊國派孟嘗君出使秦國。秦昭王早就聽說了孟嘗君很賢能，於是昭王任命他為秦國的宰相。秦國的大臣們見一個寸功未立的外人來到秦國就能當上相國後，心中自然是異常的不滿。臣僚們便紛紛開始勸說秦王雖然孟嘗君是賢良之輩，可是他終究是那齊國齊王的同宗，謀劃事宜必定不會先為秦國打算，而是先替齊國考慮的，這樣一來，對秦國大大不利。秦昭王覺得有道理，就果斷罷免了孟嘗君的宰相職務，並將他囚禁了起來，圖謀殺掉他。

孟嘗君見自己轉眼變成了階下囚，就知道情況危急。他聽說秦王對身邊的一個寵妾百依百順，就當即派人冒昧地去求見秦王的寵妾來解救自己。那個寵妾得知情況後，答應了幫忙，但卻提出了一個條件說：「我希望能夠得到孟嘗君的白色狐皮裘。」

【孟嘗君紀念亭】

孟嘗君來秦國的時候，身上確實帶有一件白色狐皮裘，價值千金，天下再也找不出來第二件了，但是他剛到秦國的時候就把那白色狐皮裘獻給了昭王。孟嘗君不禁為這件事而憂愁起來。這時賓客中有一位會披狗皮盜物的人說：「我能拿到那件白色狐皮裘。」

於是當天夜晚他披上狗皮，化裝成了狗，趁黑鑽入了秦宮的庫房，然後輕鬆地取出了那件獻給昭王的狐皮裘。孟嘗君便馬上拿給了昭王的寵妾。寵妾得到後，替孟嘗君在昭王面前說情，昭王便同意釋放了孟嘗君。

孟嘗君被釋放後，擔心秦王會反悔，就立即更換了出境文件，改了姓名乘快車逃出秦都。後來秦昭王果然後悔，得知他已經逃走後，又派人駕車前去追捕。

此時孟嘗君一行人剛剛到達函谷關，按照秦國的律法規定，函谷關必須要到雞鳴時才能開關放人來往。孟嘗君知道現在一刻都耽誤不得，身後的追兵隨時都有可能趕到，焦急萬分。這時賓客中又站出了一人，他蹲到一個角落裡，然後開始學公雞打鳴，這一下附近的公雞也全隨著齊聲鳴叫了起來。守關的士兵們以為到點了，就打開了城門。孟嘗君趁機連忙出示了自己的證件逃離了函谷關。

就在孟嘗君一行人出關後大約過了一頓飯的時間，秦王派來的追兵果然追到了函谷關，但此時孟嘗君一行人早已跑得不見蹤影了。秦兵一無所獲，只好回去了。

而這一次孟嘗君之所以能夠脫身，全靠了這兩位賓客。當初孟嘗君將這二人收攏時，其餘的賓客們都因與他二人為伍而感到羞恥。等到孟嘗君在秦國遭到劫難時，大家卻是靠著這兩個人得以逃脫。

自此以後，賓客們不再鄙視二人，也更加佩服孟嘗君廣收賓客，不分人等的做法。

**小知識：**

**雞鳴狗盜的來源**

　　「雞鳴狗盜」這一成語典故，說的是戰國時期，孟嘗君被囚禁，其門客採用「狗盜」、「雞鳴」之策，使孟嘗君順利脫離險境、逃出函谷關的故事。《史記·孟嘗君列傳》有詳細記載。此成語後用作貶義，稱有點微末技能之人。

# 毛遂自薦
## ——沒有伯樂的話就自己給自己當伯樂

　　秦國圍攻趙國都城邯鄲時，趙王曾派平原君去楚國請求援助。當時楚國被暫定為諸侯各國之間的盟主國，平原君就和門下的二十名食客一同奔赴楚國，與楚國訂立合縱盟約聯兵抗秦，以便楚國可以發兵援助。

　　平原君對門客們說：「假使這次我們能透過談判而取得成功的話，那樣最好了。但如果談判不來，就算是逼迫要脅，也要挾制楚王在大庭廣眾之下把盟約確定下來，一定要等合縱盟約當面確立了我們才能回國。而此次隨同前去的文武之士只能從你們當中選取。」

　　結果平原君只選出了十九人，剩下的人再也沒有可供挑選的餘地了，這時門客中一個名叫毛遂的人，逕自走上前來向平原君自薦。平原君問道：「先生寄附到我門下有多久了？」

　　毛遂回答道：「到現在已整整三年。」

　　平原君說：「一個有才能的賢士活在世上，就如同一把錐子放在口袋裡一樣，它的鋒尖會立即顯露出來的。如今先生寄附在我門下已經三年了，但我的左右近臣們卻從來沒有向我舉薦過你，我對先生也未曾有過耳聞。所以先生若是沒有什麼專長，就還請先生留下來吧。」

　　毛遂說：「那您就當我是今天才請求您將我放在口袋裡吧。假若我早就被放在口袋裡，那麼整個錐鋒都會脫露出來的，豈止是只露出來一點鋒尖呢？」平原君終於同意了毛遂一同前去。那十九個人看到後都暗自嘲笑著毛遂。

　　等到毛遂到達楚國後，與大家一起商談天下局勢，那十九位門客聽了

他的話後都開始紛紛佩服起他來。平原君與楚王談判訂立合縱盟約的事，再三地向楚王陳述著其中的利害關係，從早晨一直到中午還沒能談得下來。那十九個人見勢就對鼓動毛遂登堂勸說。

楚王見談判中途毛遂突然登堂而來，就對平原君說：「這個人是來幹什麼的？」

平原君回答說：「這是我的隨從家臣。」

楚王一聽是來者是家臣，就厲聲呵斥讓毛遂退下。但毛遂不為所動，而是緊握劍柄朝著楚王逼去，說：「大王現在之所以敢這樣呵斥我，無非是依仗著楚國人多勢眾而已。眼下我與大王相距不過十步的距離，而這十步之內大王是依仗不了楚國的勢力的，大王的性命也就掌控在我手中了。我的主人就在大王的面前，大王你為什麼要當著他的面來呵斥我呢？如今大王的楚國領土縱橫五千里，兵將也逾越百萬，這便是將來爭王稱霸所需要的資本。如此強大的楚國，天下又有誰能擋住它的威勢呢？秦國的白起，也不過只是一

【毛遂遺塚】

個不自量力的毛孩子而已，可是他曾帶著幾萬人的軍隊，發兵攻打楚國，第一戰就攻克了楚國的鄢城郢都，第二戰又燒毀了夷陵，第三戰竟鏟平了大王的祖墳，這無疑是對大王的先祖們最大的凌辱。這是楚國百世都不能化解的仇恨，就連我們趙王都為你們感到羞恥，可是大王現在竟然沒有一絲的羞愧。說到底，合縱盟約聯合抗秦是為了大王的楚國，而不是為了趙國！現在我的主人就在大王的面前，大王卻當面呵斥我，究竟是何原因？」

楚王聽過毛遂的話後，立即改變了態度說：「是的，是的，先生說的全都沒錯，寡人定當竭盡楚國的全部力量與趙國簽訂合縱盟約，聯合拒秦的。」

毛遂又問道：「那合縱盟約之計，大王算是確定下來了嗎？」

楚王回答說：「確定了。」

於是毛遂就用命令的口吻對楚王身旁的近臣說：「快去把雞、狗、馬的血取來。」毛遂雙手捧著銅盤跪了下來，將銅盤進獻到了楚王面前說：「大王既然定下了合縱盟約，那便應當率先歃血來示意大王確定合縱盟約的誠意，大王之後，下一個便是我的主人，再下一個便是我。」就這樣，楚王和平原君在楚國的殿堂上先後歃血為盟，確定了合縱盟約。

平原君與楚王確定了合縱盟約後便返趙國了，回國後他感慨地說道：「我再也不敢說自己會觀察識別人才了。我識別過的人才即使沒有一千，也有八百多，本以為自己萬不會再遺漏掉天下的賢能之士了，誰想現在竟將毛先生漏下了。毛先生憑著一張能言善辯的嘴，竟抵得過百萬大軍的威力。我不敢再鑑賞人才了。」於是把毛遂尊為了上等賓客。

## 小知識：

### 戰國四君子

趙國：平原君——趙勝；魏國：信陵君——魏無忌；楚國：春申君——黃歇；齊國：孟嘗君——田文。

# 竊符救趙
## ——信陵君一舉多得

魏公子無忌，是魏安釐王同父異母的弟弟。昭王去世後，安釐王即位，封公子為信陵君。魏安釐王二十年，秦昭王先在長平大敗趙國軍隊，然後進兵圍攻了趙國都城邯鄲。

魏趙兩國本身也是友好的鄰邦，再加上信陵君的姐姐是趙惠文王的弟弟平原君的夫人，所以在趙國多次派人向魏國請求援兵相助之後，魏王便派將軍晉鄙帶領十萬大軍前去救趙。

秦昭王得知魏國派兵救趙的消息後，就派使臣到魏國告誡魏王，如果諸侯中有誰敢來發兵救援趙國的話，那就在拿下趙國後，第一個調兵攻打它。

魏王聽了很害怕，就下令晉鄙停止進軍援救趙國，將軍隊駐守在了鄴城，以此採取兩面倒的策略來觀望局勢的發展。

趙國看到這種情況後，平原君使臣的馬車接連不斷地駛到魏國來，頻頻向魏國發出告急，責備魏公子說：「我趙勝當初之所以自願跟魏國聯姻結親，就是因為仰慕魏公子您德義兼備，經常熱心幫助別人解除危急。如今趙國危在旦夕，可是魏國救兵卻遲遲不來，何來公子幫助別人擺脫危難之說啊？再者說了，難道你就一點也不可憐你自己的姐姐嗎？」

信陵君為了這件事憂慮萬分，他再三向魏王請求趕快出兵，同時令賓客辯士們想盡一切辦法來地勸諫魏王。但是魏王由於畏懼秦國，終究不肯聽從信陵君的意見。

信陵君眼見魏王這裡是行不通了，就決定靠自己前去相助趙國。於是召集了門下的賓客以及親信武士，又湊集了一百多輛戰車，打算帶領他們趕赴

戰場上與秦軍決一死戰，與趙國同生共死。

信陵君打定主意後便領著軍隊經過東門，去拜別侯先生，將自己趕赴戰場與秦軍拼命的打算告訴了侯先生。侯先生不僅沒有勸說他，而是放任信陵君離開。信陵君半路上十分生氣，便返回頭去找侯先生。原來侯先生早就算到他不會離開，並且想到了妙計。

侯先生驅散了信陵君周圍的人，與他密談，說：「我聽說晉鄙將軍的兵符就放在了魏王的臥室中，而魏王的妻妾中最受寵愛的就是如姬，只有她才可以隨意出入魏王的臥室。假如有了如姬的幫助，那麼公子便能得到虎符，也就能掌握調動晉鄙的軍權了。這樣一來就可以發兵攻打秦國，營救趙國了，這可是與春秋五霸不相上下的功業啊。」

信陵君聽了侯嬴的話後，恍然大悟，然後就去請求如姬幫忙盜出兵符。如姬果然答應了他，最後也順利地將兵符盜了出來。

信陵君拿到兵符後向侯嬴辭行，侯先生說：「將在外，國君的命令有時可以不接受。公子到鄴城後，如果晉鄙還是不肯交出兵權而再向魏王請示的話，可任用老臣的屠夫朋友朱亥，他是個大力士。如果晉鄙不聽從，公子可命朱亥除掉他。」

信陵君聽過後忍不住流淚道：「晉鄙是我魏國的勇猛老將，他恐怕不會聽從於我的，我卻要殺掉他。我為此而傷心啊。」

於是信陵君請了朱亥後，來到了鄴城，取出兵符假傳魏王旨意。晉鄙雖驗明了兵符，但依然懷疑此事，就打算再請明魏王。這時朱亥取出暗藏在衣袖中的鐵椎，擊殺了晉鄙，信陵君便統帥了軍隊。

整頓過軍隊後，信陵君率軍直攻秦軍，秦軍見勢只好解圍而去，邯鄲便得以解救。

魏王得知消息後，非常惱怒，信陵君也覺得自己對不起魏國，就命部將帶著兵符和軍隊返回魏國，自己和門客則留在了趙國。趙王將鄗邑封賞給他，

這時魏王也把信陵邑奉還給他，但他仍留在趙國。

**小知識：**

### 信陵君與如姬的淵源

　　相傳如姬的父親被人殺害，如姬一直想報仇雪恨，曾經向魏王的群臣們請求幫忙，但是一直過了三年之久，如姬都還沒能找到仇人報仇雪恨。為此，如姬還曾對公子哭訴，請求公子相助。後來公子派門客去斬殺了那個如姬的仇人，並將那仇人的人頭獻給如姬。所以如姬對公子心存感激，竊符之法也就大大行得通了。

# 信陵君將兵
## ——秦國東進的最大「剋星」

　　信陵君竊符救趙後便留在趙國。當時他聽說趙國有兩個非常賢能但並沒有從政的人，一個是藏身於賭徒之中的毛公，另一個是藏身在酒店裡的薛公。信陵君很想見見這兩個人，可是奇怪的是，這兩個人卻躲了起來，不肯見信陵君。信陵君就偷偷地打聽二人的藏身之處，然後悄悄地步行去尋找這兩個人。之後信陵君與他們彼此間結為了好朋友。

　　信陵君一直在趙國待了十年都未曾回過魏國。秦王聽說信陵君留在趙國後，就不停地向魏國發兵，一連幾仗，魏國全都敗了下來，丟失了數座城池。魏王為此焦急萬分，就派使臣去趙國請信陵君回來。可是信陵君仍然擔心魏王會因為竊符救趙一事而遷怒於自己，就告誡賓客們說：「凡是敢替魏國使臣通報傳達的，一律處死。」而賓客們也都是隨信陵君一起背棄魏國來到趙國的，所以也沒人敢勸他回魏國。

　　此時，毛公和薛公兩人就勸誡信陵君說：「公子之所以在趙國受到尊重，名揚諸侯，那便是因為公子的背後有一個魏國存在啊。眼下秦國攻伐魏國，公子若是毫不顧念的話，待那秦軍攻破大樑後將您先祖的宗廟鏟平，那您還有什麼臉面苟活於世呢？」二人話還未說完，信陵君就立即變了臉色，急忙趕回去救魏國。

　　魏王見到信陵君回來，當即把上將軍大印授予了他，信陵君便正式擔任了魏國統帥軍隊的最高職務。魏安釐王三十年，信陵君擔任上將軍一職並通告各個諸侯國，向諸侯們請求救援魏國。諸侯們紛紛調兵遣將來幫助信陵君，信陵君率領五個諸侯國的聯軍在黃河以南大敗秦軍，擊跑了秦將蒙驁，並乘勝追擊一直將秦軍壓迫在了函谷關內，使秦軍不敢再出關。

　　秦王擔憂信陵君會進一步威脅到秦國，就私下派人找到魏國晉鄙原來的

那些門客，對他們行賄，讓他們向魏王進讒言說：「公子在外流亡十年之久，現在歸國後便任大將領，諸侯國都聽從他的指揮。恐怕現在諸侯們只知道魏國有個魏公子，不知道還有個魏王您。看來公子是要打著趁機稱王的算盤啊。諸侯們畏懼公子的權威，正打算擁立他為王呢。」

秦王又利用魏國間諜假裝請他們向公子祝賀，問他是否已立為魏王。魏王聽到這些話後，漸漸信以為真，便派人代替了公子擔任上將軍。信陵君自知是因讒謗而被廢黜的，於是就托病不再上朝。他把自己關在家中，每日通宵達旦地與賓客一起宴飲，還時常跟女人在一起廝混，就這樣一直消沉了四年，最後因飲酒過度而病死。之後沒多久，魏安釐王也去世了。秦王得知公子去世的消息後，當即就委派了大將蒙驁率軍攻打魏國。結果大敗魏國，一連攻佔了魏國二十座城邑，並設立為東郡。自此以後，秦國便蠶食魏國的領土，十八年後，又俘虜了魏王假，滅亡了魏國。

## 小知識：

### 平原君與信陵君

平原君聽說信陵君和毛公與薛公結交為友後，就對他的夫人說：「之前我聽聞夫人的弟弟魏公子是天下獨一無二的大賢人，如今又聽說他竟與一班賭徒和酒店夥計結交朋友，沒想到公子竟也這般無知妄為。」

平原君的夫人就將這些話轉告了信陵君。信陵君聽完就向她告辭，說：「昔日我在魏國的時候，就曾聽聞平原君賢德的大名，所以才會背棄魏王來營救趙國，滿足平原君的要求。到現在才明白原來平原君與人交往，只是為了顯示自己富貴的豪放舉動罷了，根本不是在真正求賢納才。平原君竟把與他們交往看作是羞辱，看來平原君這樣的人也不值得結交。」信陵君說罷就收拾行裝準備離去。

平原君的夫人便又將信陵君的話告訴了平原君，平原君聽過後非常慚愧，就跑去向信陵君脫帽謝罪，堅決要把他挽留下來。平原君門下的賓客們聽說了這件事後，竟有半數的人都離開了平原君改投信陵君門下了。天下的賢士們也都前來投靠信陵君。

# 完璧歸趙
## ——藺相如為國爭臉

趙惠文王在位的時候，有幸獲得了楚國的和氏璧。這是當時聞名天下的玉璧，所以秦昭王聽說後，就修書給趙王，說自己願拿秦國的十五座城池來交換和氏璧。

趙王收到信後，立即與大將廉頗及群臣們進行了商討。因為如果把玉璧給了秦國，秦國恐怕也不會拿城池交換的；可是如果不給，秦國就會藉機發兵前來攻打。就在大家一籌莫展的時候，宦者令繆賢對趙王說：「大王可將此事委派於臣的門客藺相如。」

於是趙王召見了藺相如，問道：「秦王請求拿十五座城來交換和氏璧，你有什麼看法？」

藺相如說：「秦國強，趙國弱，所以我們只能答應秦王了。」

趙王說：「可是秦王要是拿到玉璧後，也不給城池了，那又當如何是好？」

藺相如說：「秦國請求拿城來交換玉璧，趙國如果不答應的話，那就是趙國理虧；而趙國給了秦國玉璧後，秦國若是反悔，不給趙國城邑的話，那便是秦國理虧了。與其要讓趙國理虧的話，倒不如讓秦國來承擔理虧的罵名。」

趙王說：「那此次出使秦國派誰前去較為合適呢？」

藺相如說：「大王若是沒有合適人選的話，臣願護送玉璧前去秦國。若是秦王交出城池後，那就把寶璧交給秦國；若是城池不能歸屬趙國的話，臣一定將和氏璧完好地帶回趙國。」趙王於是就委派藺相如帶著和氏璧西行入

秦。

　　藺相如帶著和氏璧來到秦都咸陽後，秦王坐在章臺上接見他，藺相如雙手捧著玉璧奉獻給了秦王。秦王看了非常高興，然後就把寶璧給妻妾和侍從們傳看。藺相如見秦王絲毫沒有拿出城池抵給趙國的誠意，就走到秦王跟前，說：「大王，玉璧上有一處有一個小紅斑，請讓我指給您看。」

　　秦王就把玉璧交給了他，藺相如手持玉璧退後幾步，靠在柱子上站定，怒瞪著眼睛，對秦王說：「大王想得到和氏璧，提出拿十五座城邑來交換。趙王為此特地召集全體大臣來商議，大家都認為不換為上策。可是我認為平民百姓之間的交往尚且講究誠信，更何況是大國呢！再者為了一塊璧玉而使強大的秦國不高興，也是說不過去的。於是趙王就齋戒了五天，在殿堂上恭敬地拜送國書，然後命我專程為大王送來玉璧。趙王這樣做是因為尊重大國的威望，表達自己的敬意呀。可是我來到秦國，大王卻在普通的台觀接見我，禮節也很傲慢；拿到手寶璧後，又傳給侍從和妻妾們觀看，這分明是在戲耍我。我見大王絲毫沒有拿城池交換的誠意，所以才又收回寶璧的。大王如果一定要逼迫我的話，那我今天就連同寶璧一起撞死在這柱子上！」

　　秦王擔心他真將寶璧撞碎，便忙向他道歉，指著地圖說從某地到某地的十五座城邑劃給趙國。藺相如知道秦王是在做戲給自己看，就對秦王說：「和氏璧是眾所周知的寶物，趙王畏懼秦國，不敢不奉獻出來。趙王在送璧之前曾齋戒了五天，大王也應當同樣齋戒五天，在殿堂上安排大典儀式，我才敢獻上寶璧。」

【藺相如廟】

　　秦王眼看強取不行，就安排藺相如住進賓館休息。藺相如知道秦王事後必定背約，便派隨從穿上便裝，將和氏璧藏在懷中，從小路逃回了趙國。

　　秦王齋戒過後，就在殿堂上舉行了迎寶大典，派人去請藺相如。藺相如來到大殿後，對秦

王說：「秦國從穆公以來，所有的君主都沒有堅守約定過。我實在擔心受到大王的欺騙而負了趙王，所以已派人帶著寶璧從小路回國了。如今秦國強大，大王何不先將十五座城邑劃給趙國，再來趙國拿回和氏璧呢？我知道此次欺騙了大王，理應被大王誅殺，我也甘願被大王下油鍋烹殺，只希望大王和眾位大臣能好好考慮此事。」

秦王和群臣聽了藺相如的話後氣急敗壞。秦王身邊的侍衛們要將藺相如拉下去殺死，秦王阻攔說：「反正已經得不到和氏璧了，要是再殺了他的話，反而會毀掉兩國交情。不如趁此好好款待他，放他回國，我想趙王也不會為了一塊璧玉而欺騙秦國的。」最終秦王還是按照禮儀在殿堂上接見了藺相如，結束後放他回國。

藺相如完璧歸趙後，趙王見他做為使臣沒受到諸侯的欺辱，就封他為上大夫。而秦國最終也沒有將城邑劃給趙國，和氏璧也一直留在了趙國。

## 小知識：

### 藺相如對繆賢的救命之恩

繆賢昔日犯罪，曾私下打算逃亡到燕國去，但卻遭到了門客藺相如的阻攔，他說：「您既然決定要逃到燕國去，那請問您對燕王瞭解多少？」

繆賢就說：「我曾隨從大王在國境上與燕王會見，當時燕王私下握住我的手，說願意與我交個朋友。因此我就瞭解他了，所以現在才打算逃去他那裡。」

藺相如對繆賢說：「趙國強，燕國弱，因為您受寵於趙王，所以燕王才想要結交您。可是現在您若是逃脫了趙國跑去燕國的話，恐怕燕王也必定不敢收留您，甚至還會將您捆綁起來送回趙國獻給趙王。所以您還不如脫去上衣，坦露肩背，伏在斧刃下請趙王治罪，說不定這樣反而會被趙王赦免的。」

之後繆賢聽從了他建議，果然受到了大王的開恩赦免。

# 紙上談兵
## ——一切應從實際出發

　　孝成王七年，秦軍與趙軍在長平一帶對戰，這時趙國名將趙奢已經去世，而藺相如也已身染重病。孝成王就派老將廉頗率兵去抵禦秦軍。秦軍畢竟軍力強大，首戰連連告捷，廉頗撤回營地，命士兵們築起高高的堡壘，挖戰道，掘壕溝，準備與秦軍打持久戰。秦軍屢次向趙軍發出挑戰，但廉頗只是命士兵們堅守營壘。於是雙方僵持了數月，秦軍一直沒有機會攻打趙軍。

　　秦國眼見自己一直攻破不了趙軍，知道自己不能再耗下去了，於是便打算從趙軍的統帥廉頗身上下手。秦王就派了間諜去趙國散佈謠言，說：「廉頗上了年紀了，做事也畏畏縮縮起來，一直不敢和秦兵交戰。秦軍真正所忌憚的是馬服君趙奢的兒子趙括，若是派他來做統帥將軍的話，秦軍一定會被打敗。」趙王聽信了間諜的謠言，先是派人去催促廉頗應戰，結果廉頗仍堅持防守陣地，孝成王一氣之下便罷免了廉頗的軍中職位，委任趙括為將軍。藺相如得知後，當即勸諫孝成王說：「趙括只知道研讀他父親遺留下的兵書，不懂得靈活應變。大王可千萬不要因他的虛名而誤了趙國啊！」趙王不聽藺相如的勸諫，還是委任了趙括。

　　再說，趙括從小就習得兵法，談論軍事，他自以為天下無人能及。有一次他和父親趙奢談論用兵之道，結果趙奢也沒能難倒他，可是趙奢卻並不看好他。趙括的母親就問趙奢其中的緣故，趙奢說：「用兵打仗是關乎生死的大事，稍微有什麼閃失的話，可能就會兵敗將亡，甚至導致國家滅亡，因此需要處處小心。可是他卻把用兵當成了遊戲一樣，談起兵法來更是目中無人。將來如果趙國不任用趙括為將也就罷了；要是一定讓他當將的話，那使趙軍戰敗的必定是他。」

　　因此趙括準備起程的時候，他的母親上書趙王，說不能任用趙括做趙國

的將軍。趙王就召見了她，問她為什麼不讓趙括當將軍。趙括的母親說：「當初趙括的父親還在世做將軍的時候，由他親自躬身侍候日常飲食的人數以十計；被他當作朋友來看待的數以百計；大王和王公貴族們賞賜的東西他也如數分給了軍吏和僚屬們；每次從接受軍

【趙括紙上談兵】

令的那天起，就不再來過問家中的事情。而現在趙括一下子做了將軍後，大王賞賜於他的金帛，他也都全部帶回了家中收藏起來。此外還天天去尋訪便宜的田地房產，能買的就直接買下來。大王認為他哪裡像他父親了？父子二人的心地差距過大，所以希望大王還是不要派他領兵為好。」趙王不聽。

趙括的母親接著說：「既然大王一定要派他去，那我也沒辦法，只求他日如若他有不稱職的情況，大王莫株連於我。」趙王答應了她的請求。趙括來到長平，代替了廉頗之後，將軍中原有的規章制度全都改變了，原來的軍吏也更換了許多。他準備統帥四十萬大軍向秦軍發起攻擊。秦軍將領白起聽到了這些情況後，就假裝敗逃，然後派奇兵截斷了趙軍運糧的道路，把趙軍分割成兩段。

趙軍被秦軍圍困了四十多天，士兵們早已沒有糧食充饑，趙括只好出動了精兵，親自出戰與秦軍搏鬥。結果趙括在戰鬥中被秦軍射死，趙軍戰敗，幾十萬大軍投降秦軍，秦軍將他們全部坑殺了。在這場戰鬥中，趙國前後共損兵折將四十五萬。第二年，秦軍就包圍了邯鄲，趙國險些滅亡。這一年，趙國全靠著楚國、魏國軍隊的救援，才得以解除邯鄲的包圍。趙王也由於趙括的母親有言在先，沒有株連她。

**小知識：**

紙上談兵的另一種說法是它的雛形事實上是大約出現在唐宋，正式做為成語最早是在清代，但都是指書生用兵，跟趙括一點關係都沒有。

# 廉頗蒙冤
## ——老矣，尚能飯否

　　廉頗在長平被趙孝成王罷免之後，就回到家中閒居。廉頗的門客見他失去了權勢，就紛紛離開了他。孝成王十五年，燕國的相國栗腹以友好訪問之名出使趙國前來探聽虛實。他以為趙國的壯丁在長平之戰中全部戰死了，遺留下的孤兒也還沒長大成人，正好是一個攻打趙國的大好時機。因此，栗腹回國後便向燕王建議發兵討伐趙國。燕王便任命栗腹為將軍，率軍攻打趙國的鄗邑。

　　孝成王見燕兵來犯，再次任用廉頗為大將領兵抵禦燕兵。廉頗上任後，率軍反擊燕兵，打敗燕軍，並且殺死了栗腹，包圍了燕國都城。燕國眼見不妙，只得割出五座城池來與趙國講和，趙王這才答應停戰。廉頗此次立了大功，孝成王非常高興，將尉文封給了廉頗，賜號信平君，並任命他為代理相國。

　　此時，昔日裡離去的門客又重新回來了。廉頗本身就很厭惡官場上那些勢利的小人，就對那些門客說：「先生們都請回吧！」

　　門客們說：「唉！怎麼您的思想就這麼落後？如今全天下的人都是在按市場上的交易方法來結交的，您有權勢，我們自然要跟隨著您，您失去了權勢，那我們肯定要離開您了。這本身就是交易中很尋常的道理，又有什麼可抱怨的呢？」廉頗見他們這般說道，一時也拿他們沒有辦法。

　　又過了六年，趙國派廉頗進攻魏國，攻克了繁陽。後來趙孝成王去世，太子偃即位，史稱悼襄王。趙悼襄王派樂乘接替廉頗的位置。廉頗得知大為惱火，樂乘可是自己的手下敗將，現在竟然要爬到自己的頭上來接替自己的位置。廉頗咽不下這口氣，就帶兵攻打了樂乘，樂乘見情況不妙就逃跑了。

事後廉頗擔心趙王會懲罰於他，於是逃到了魏國的大樑。

　　廉頗在魏都大樑待了很長的時間了，可是魏國始終不信任他，因此一直沒有得到重用。而這段時間趙國也屢次受到了秦兵的騷擾，趙王就想重新任用廉頗為將來抵禦秦兵，廉頗也想自己能再被趙國任用。

　　趙王便派了使臣去魏國探望廉頗，看看他還能不能再被任用。廉頗的仇人郭開是趙王身邊的寵臣，他得知趙王打算重新任用廉頗後，便拿重金賄賂了使臣，讓他回來後向趙王稟明時說些廉頗的壞話。趙國使臣來到大樑見到廉頗後，廉頗為了展示自己身體依然很強健，就當著使臣的面進餐，一頓飯就吃了一斗米和十斤肉，然後又披上鐵甲上馬，在使臣面前演練了一番，以證明自己還可以被趙王任用。

　　但是趙國使臣畢竟受了郭凱的賄賂，所以回去向趙王報告時並沒有說實話，而是謊報說：「廉將軍雖然已年邁，但是飯量還很不錯，不過他陪我坐著時，沒一會兒的時間竟上廁拉了三次屎。」趙王聽了使臣的話後，以為廉頗已經老了，不能任用了，就沒有把他召回趙國。

　　這時楚國聽聞廉頗在魏國一直沒有受到重用，就暗中派人到大樑去迎接他來楚國。廉頗便去了楚國，做了楚國的將軍。可是廉頗雖在楚國做了將軍，卻並沒有在楚國立下戰功，他指揮楚國的士兵沒有趙國的更得心應手，他就感慨道：「我想指揮趙國的士兵啊！」最後廉頗終死在了楚國的壽春。

## 小知識：

### 永遇樂‧京口北固亭懷古宋‧辛棄疾

　　千古江山，英雄無覓，孫仲謀處。舞榭歌台，風流總被雨打風吹去。斜陽草樹，尋常巷陌，人道寄奴曾住。想當年，金戈鐵馬，氣吞萬里如虎。

　　元嘉草草，封狼居胥，贏得倉皇北顧。四十三年，望中猶記，烽火揚州路。可堪回首，佛狸祠下，一片神鴉社鼓。憑誰問，廉頗老矣，尚能飯否？

# 從「奇貨可居」到「一字千金」
## ——這不全是炒作嗎？

　　呂不韋是陽翟的大商人，他經常奔波於各地之間，低價買進後再高價賣出，以此累積起了千金家產。秦昭王四十二年，子楚做為秦國的人質被派送到了趙國去。子楚是秦王庶出的孫子，現在又在趙國當起了人質，自然不會受到趙國的禮待，他生活困窘，連出門坐馬車的待遇都沒有，因此他在趙國很不得意。

　　有一次，呂不韋到趙都邯鄲來做一樁生意，他聽聞秦王的孫子子楚在邯鄲後非常高興。經常做生意的他早已有了卓遠的眼光和經商的頭腦，他說：「子楚就像一件『奇貨』一樣，現在屯積居奇，他日一定可以賣出個大價錢。」

　　於是他就前去登門拜訪子楚，對子楚說能光大他的門庭。子楚聽了不屑地笑道：「先生您現在連自己的門庭都尚未光大，又何來光大在下的門庭之說呢？」

【呂氏春秋刻本】

　　呂不韋說：「我的門庭要想光大，也只能依仗您的門庭了。」此時子楚聽出了呂不韋的言外之意，就忙向他請教。

　　呂不韋說：「秦王如今已年邁，安國君被秦國立為了太子，將來是要繼承王位的。到安國君即位後，你在二十個兄弟中排行為中，且沒受到寵幸，反而被派到諸侯國來做人質。你還怎麼與你的那些兄弟們來爭太子之位啊？」

　　子楚聽了略微沉思一番，說：「先生說的沒錯，那請問先生該怎麼辦呢？」

呂不韋說：「我私下曾聽說華陽夫人非常受安國君的寵愛，我想能夠影響到安國君選立太子的恐怕也只有她了。而且華陽夫人迄今還未生得一子，所以我們不妨從她身上下手。我呂不韋雖然也算不上是富有，不過願拿出千金來助公子去侍奉安國君和華陽夫人，好讓他們能立你為太子。」

子楚叩頭拜謝道：「如果我真的當上太子了，一定會拿出秦國與您分享的。」

呂不韋於是先拿出了五百金給子楚，供他日常結交賓客之用；然後又拿出五百金去收購奇珍異物，帶到秦國去拜見華陽夫人。呂不韋趁機在華陽夫人面前

【呂不韋雕塑】

大讚子楚聰明賢能，廣交賓客，還常常把夫人當作天，日夜哭泣著想回到太子和夫人身邊侍奉。

華陽夫人聽了之後非常高興。呂不韋又趁機請華陽夫人的姐姐幫忙勸她，趁現在在太子的兒子中認一個既賢能又孝順的「兒子」，並且立他為將來太子的繼承人。這樣即使太子逝世後，自己也不會失勢的。並推舉了子楚。

華陽夫人聽過姐姐的話後，感覺有些道理。於是在太子閒暇的時候，委婉稱讚子楚廣結賓客，非常賢能。然後假裝傷心哭道：「我有幸能得到太子的寵幸，但卻沒能為太子誕下子嗣。我希望能立子楚為繼承人，以便將來我也好有個依靠。」安國君答應了華陽夫人，並刻下玉符立子楚為繼承人。

秦昭王五十六年，昭王去世，太子安國君即位，稱孝文王，華陽夫人為王后，子楚為太子。孝文王即位一年之後便去世，太子子楚登上王位，他就是莊襄王。莊襄王尊奉華陽王后為華陽太后，同時拜呂不韋為丞相，封為文信侯，將河南洛陽一帶的十萬戶封給了他做食邑。

莊襄王即位三年後去世，太子嬴政繼立為王，尊奉呂不韋為相國，稱他為「仲父」。

當時諸侯國中的很多有才華的人都靠著書而留名天下。呂不韋見此也讓他的門客開始著書寫稿，最後將他們寫的書稿綜合在一起，編成了「八覽」、「六論」、「十二紀」，共計二十多萬字。他認為這本書通古今萬物之事，所以命名為《呂氏春秋》。

　　隨後呂不韋還將《呂氏春秋》刊佈在咸陽的城門，並且下達重金懸賞，諸侯各國的遊士賓客只要能增刪一字，就賞賜千金的獎勵，至此，「一字千金」的故事得到流傳。

## 小知識：

### 呂不韋自殺之謎

　　呂不韋為什麼要自殺？究其原因還是因為他不能認識到自己的地位。雖然史傳他與嬴政是父子，可是秦王畢竟是一國之君，看不得自己的地位被蠶食，在讓呂不韋到河南就職後，呂不韋的勢力和威望日漸升高，這對秦王的威脅十分之大。故而，秦始皇親自寫了一封信給呂不韋：「你對秦國有何功勞？秦國封你在河南，食邑十萬戶。你對秦王有什麼血緣關係？而號稱仲父。你與家屬都一概遷到蜀地去居住！」而呂不韋一想到自己已經逐漸被逼迫，害怕日後被殺，就喝下酖酒自殺而死。呂不韋正是因為功高震主才造就了殺身之禍。

# 賢良官吏那些事
## ——官就是應該這樣當的

　　孫叔敖在任國相之前曾是個隱士。後來透過虞丘的舉薦，在楚國當了官。孫叔敖為官後三月就被楚莊王升任為國相，他輔助莊王執政期間，官民之間相處和睦，官吏不胡作非為，民間無作奸犯科之事發生。百姓們都有適合的謀生之路，民眾生活很安定。

　　有一次，莊王認為楚國之前的錢份量過輕，就下令開始改鑄大錢。結果新錢流通後，非常不方便使用，市場十分蕭條。孫叔敖得知後，就勸諫莊王說：「之前大王改鑄錢幣，是因為舊幣過輕。可是現在市令傳來報告說市場已經變得混亂，百姓們都無心去謀生了，民間狀況非常不安穩。所以臣請求大王立即下令恢復先前的舊幣制。」於是莊王同意了，誰知剛剛頒佈政令後，三天內楚國的市場就恢復了正常。

　　當時，楚國民間有這樣的風俗，大家都喜歡坐矮車。有一天，楚王打算下令將矮車改為高車，因為他發現矮車對於駕馬非常不便。孫叔敖見此就說：「政令如果反覆下達的話，會導致百姓們不知道到底該怎麼做才對。如果大王您一定要將車改高的話，臣倒是請求您不如令百姓們家的門檻加高。這樣，那些乘車的人就得會過門檻而不得不頻繁下車，這樣一來，他們自然也就會主動將車的底座造高了。」楚王聽了，感覺不錯，就按照孫叔敖所說實行。結果半年的時間後，百姓們都自動將車子造高了。

　　孫叔敖曾三次位及相位，但他從不居功自傲，他知道這是自己靠著才幹當上的；三次被貶離相位也未曾悔恨，因為他也清楚自己並沒有過錯。

　　子產是鄭國的大夫。鄭昭君在位時，國相徐摯深受寵愛，當時國政混亂，從上到下都非常地不和睦。後來大宮子期就勸鄭昭君，昭君就將國相換成了

子產。子產上任後僅一年的時間，鄭國的局面便發生了很大的改變，輕浮的人已經全消失了，老人兒童也不必再受勞累。二年後，市場上的交易也變得井井有序。三年後，鄭國國內竟出現夜不閉戶，路不拾遺的現象。四年後，農民的農具可以隨意留在田地。五年後，民眾無需再服兵役。子產他一共在鄭國輔助鄭王治理了二十六年，他去世後，當時鄭國的民眾們都悲聲痛泣，說：「子產啊，你把我們扔下直接走了，可讓我們怎麼辦啊？」

公儀休是魯國的國相。他擔任國相期間恪守律法，一切按原則來辦事，因此也形成了魯國百官們的正直品行。他主張為官者不得爭搶百姓的利益，不得貪圖小便宜。

有一次，有人上門拜訪公儀休時送了他一條魚，公儀休百般不肯接納。客人就問：「我就是聽說了您愛吃魚，才特地送來的，您為什麼不收下呢？」

公儀休說：「正是因為我愛吃魚，所以才不能收下。如果我收下你的魚而因此被罷免後，那今後還有誰肯送魚給我呢？所以我堅決不能收下。」

石奢是楚國的國相，他為官公正廉潔，正直不阿。有一次，他外出巡行到屬縣，結果在途中看到有人行兇。他就前去追捕那兇犯，抓到一看竟然是自己的父親。於是他放走了父親，反而將自己囚禁起來，對昭王說：「兇犯是臣的父親，若臣為了建立政績而去懲治父親，那便是不孝；可是若臣縱容犯罪而不去懲治父親，便又是不忠；因此臣自請死罪。」

昭王說：「寡人知道了，其實你是沒有追捕到兇犯而已，按律無罪，繼續去治理國事吧。」

石奢說：「不顧及自己的父親，便不是孝子；不遵循國法，便不是忠臣。大王赦免我，是王上的恩惠；伏法而死，是身為人臣的本職。」於是石奢說罷之後，就自刎謝罪了。

李離是晉國的法官。晉文公在位時，每當李離察明案情有誤而導致冤屈後，他都會把自己拘禁起來並判處死罪。文公聽了就說：「身居官位不同，

自然受到的刑罰也是有輕有重。況且這也是你手下的官吏造成的，與你並無多大關係。」

李離說：「臣身為長官，沒有將平日的高職俸祿分給過下屬。現在犯錯卻將罪責推諉於他們，臣從未聽過這種道理。」他不聽文公的勸誡，堅持要責罰自己。

文公又說：「你一心認定自己有罪，那豈不是說寡人也連帶有罪了嗎？」

李離說：「身為法官，斷錯刑案自當要受到罰，導致冤屈枉死，就應當以死相抵。王上之所以任用臣做法官，便是因為臣能細察案情，現在導致冤屈，對不起王上，也自當受罰。」於是他沒有接受晉文公的赦免，自刎而死了。

**小知識：**

## 古人為什麼要自殺明志

在古人看來節氣和原則是遠遠勝過自己的生命，當他們遭受不白之冤或者是觸犯原則時，一定要用自殺的方式證明自己的清白和公正廉明。士為知己者死，女為悅己者容；生當作人傑，死亦為鬼雄；還有士可殺不可辱等等都是他們選擇自殺的理由。

# 聶政與聶榮
## ——姐弟情濃

　　聶政是軹邑深井里人，他曾經殺了人，為了避仇家就帶著母親和姐姐逃到齊國，並從此當上屠夫。過了很久，濮陽的嚴仲子就找上門來。原來這嚴仲子在侍奉韓哀侯的時候，曾和國相俠累結下了私仇。他擔心遭到俠累的迫害，就逃離了韓國，並開始四處尋訪可以為他報仇的人。他到齊國後，聽說聶政是一個勇士，因為之前殺了人現在為了躲避仇人才混進了屠夫之流的。

　　嚴仲子不僅登門拜訪，還備辦宴席，宴請聶政全家。席間，他親自舉杯為聶政的老母親祝酒賀壽，並且還獻上了一百鎰黃金。聶政見此深感奇異，就謝絕了嚴仲子的好意。可是嚴仲子卻執意要送，他將聶政拉到無人之處，低聲說：「不瞞您說，其實我在韓國有一個仇人，我周遊了不少諸侯國，都沒找到可以為我報仇的人；現在來到齊國，我聽說您很重情義，所以才獻上百金，算是孝敬令堂的一點小心意。我只想與您交個朋友，哪敢有別的所求？」

　　聶政說：「我之所以會屈身做一個市井屠夫，是因為想頤養老母。老母在世之日，我萬不敢再對別人許下什麼諾言。」嚴仲子聽過後更加執意要將黃金奉上，但聶政卻始終堅決不收。最後嚴仲子只好盡了賓主相見的禮節，告辭離去了。

　　過了好多年後，聶政的母親去世，聶政將母親安葬後，又為母親守孝三年。到喪服期滿，聶政想到嚴仲子一介諸侯的卿相不遠千里前來委身要與我結交，我待人家卻是淺薄得微不足道。昔日嚴仲子獻上百金來為老母祝壽，我雖沒有接受，但這卻說明他也很賞識我。他如此賢良的一個貴人只因心中有仇就將我這個窮困屠夫視為親信，我又怎能一直默不作聲呢？如今老母已享盡天年，我也應該為自己去奮鬥了。於是他就去濮陽見嚴仲子了。

【聶政自屠】

見到嚴仲子後，聶政說：「以前沒答應您的邀請，僅僅是因為老母還在世；如今老母已享盡天年，我也可以放心來幫您辦事了。請問您要報復的仇人是誰？」

嚴仲子說：「我的仇人是那韓國的宰相俠累。他是韓王的叔父，宗族人丁興旺，居住的地方守備森嚴。我曾多次派人前去刺殺他，但始終都沒能得手。如今承蒙您願幫我辦此事，我感激不盡，您需要多少車騎壯士做為助手？」

可是聶政害怕前行的人過多，容易發生意外走漏風聲，便隻身前行了。他帶著寶劍來到韓都，打聽到了相府，然後假裝自己是慕名前來拜訪的人。他來到相府，恰好俠累正坐在堂上，身邊全是帶刀拿槍的侍衛。聶政逕直而入，來到俠累前，突然衝上臺階向俠累刺去，俠累當場就被刺死。侍從人員見勢也大亂，全部衝向了聶政。聶政趁勢連忙毀壞了自己的面容，挖出眼睛，剖開肚皮，扯出腸子，最後氣斷而死。

韓國將聶政的屍體陳列在街市上，下達了懸賞令，凡是能說出殺死宰相的刺客的人，就賞賜給他千金。但懸賞令下達很久後，整個韓國一直都沒有人能夠認出是誰。

後來聶政的姐姐聶荌聽說此事後，懷疑是自己的弟弟。於是聶荌馬上動身前往韓國，她來到街市一看，死者果然就是自己的弟弟聶政，就傷心地伏

在屍體上放聲痛哭道：「他就是軹深井里的聶政啊！」

街上圍觀的路人們都問她：「這個人刺殺了宰相大人，現在君王正懸賞千金來查探他的姓名，夫人難道沒聽說嗎？怎麼還敢前來認屍啊？」

聶嫈說：「我聽說了。可是聶政當初蒙羞混在屠豬販肉之中，是因為老母健在，我未婚嫁的權宜之計。如今老母享盡天年逝世，我也嫁人，聶政沒了後顧之憂，所以甘願替嚴仲子犧牲性命。但又因為我還活在世上，所以才自毀面容，讓人不能辨認，以免牽連了我。你們說我又怎能害怕殺身之禍，埋沒了弟弟的名聲呢！」

圍觀的人們都被她所震驚了。只見聶嫈高喊了三聲「天哪」，然後就倒在了聶政身旁，過度哀傷而死。

晉、楚、齊、衛等國的人聽到這個消息，都評論說：「不僅聶政是一個俠義勇猛之士，就連他姐姐也是一個女中豪傑。」

## 小知識：

### 春秋刺客行

春秋時期是中國歷史上刺客最為活躍的時期，那時的刺客，基本上與俠具有相同的氣質或者同樣的道德取向。見義勇為反抗強暴或者知恩圖報是他們最主要的特點。

# 第四篇
## 大秦帝國的興亡

# 嬴氏家族
## ——大秦帝國的來歷

相傳大業是秦的祖先。

大業長大成人後，娶了少典部族的女兒女華。不久，大業和女華生下了一個兒子，名叫大費。大費生性樸實，勤勞踏實，當時恰逢黃河水氾濫成災，大費就離開家鄉，來到夏禹身邊，輔助他共同治水。他一直仿效大禹，無論遇到什麼困難，他總是第一個站出來去解決。大禹三過家門而不入，他更是在治水的十年中未曾回家。治水成功後，舜帝表彰了大禹，大禹也沒有忘記得力助手大費，就對舜帝說：「臣之所以能夠順利完成治水大業，也是和大費的鼎力相助分不開。」

舜帝說：「好！既然如此，大費，我便賜你一副黑色的旌旗飄帶，將來你的後代會興旺昌盛起來的。」舜帝還將一個姓姚的美女賜給了大費婚嫁。為了報答舜帝的恩澤，他開始為舜帝馴養野獸，最終都馴服成了家禽家畜。而他的另一個稱呼便是柏翳，舜帝又賜予他嬴姓。這便是秦的先祖的姓氏的來歷。

大費有兩個兒子，大廉和若木。大廉就是之後的鳥俗氏，而若木便是之後的費氏。大費的玄孫名叫費昌，當時正處於夏桀的暴政時期，他見商湯勤政愛民，就歸附了商湯，留在了商湯身邊為他駕車。後來費昌幫助商湯在鳴條打敗了夏桀。

大廉的玄孫孟戲、中衍，相傳是鳥身人面。太戊帝聽說後，就親自前去占卜算卦，結果卦象為大吉，於是就去請他們過來為自己駕車，並為他們賜下了婚事。自太戊帝以來，嬴氏的後代子孫，每一代都輔佐殷國而立下功勞，因此嬴姓子孫大都日漸顯貴了起來，後來成了諸侯。

中衍的玄孫中潏，住在西部戎族地區，以此來保衛西部邊疆。中潏的兒

子蜚廉，生了一個兒子取名為惡來。惡來天生力大無窮，蜚廉擅長奔跑。父子倆都憑著各自的才能專長事奉著殷紂王。武王伐紂後，將惡來也一併殺了。當時，蜚廉恰巧奉命出使北方，他回來後，見紂王已死，就在霍太山上築起了祭壇向紂王報告情況。當日蜚廉在祭祀時曾獲得一幅石棺，上面刻著銘文說：「天帝詔令，你未參與殷朝的災亂，特賜予你一口石棺，以光耀你的氏族。」

蜚廉的孫子孟增，也就是宅皋狼，孟增的孫子造父，又因善於駕車而受到了周繆王的寵幸。

周繆王曾獲得了四匹駿馬，分別叫驥、溫驪、驊騮、騄耳。周繆王駕車到西方巡視，一時玩得興起忘記了返途。後來傳來徐偃王作亂的消息後，繆王就命造父駕車，日夜兼程，最後趕回去，平定了叛亂。事後繆王將趙城封賞給造父，造父族人從此便改成趙姓，一直住在了趙城。

造父的後代中有一個叫非子的，他居住在犬丘，喜愛馬畜，善於飼養。這事被周孝王得知後，孝王便召見了非子，讓他在汧河、渭河之間管理馬匹。孝王又想讓非子做大駱的繼承人，說：「從前伯翳為舜帝掌管牲畜，被舜帝封賜了土地和嬴姓。如今他的後人也給我馴養繁殖馬匹，所以我也封給他土地做附屬國吧。」於是，孝王就將秦地賜給他做為封邑，讓他來接管嬴氏的祭祀，號稱秦嬴。這便是秦國的來歷。

## 小知識：

### 大業的身世

顓頊帝的後代中，有一個名叫女修的孫女。相傳有一次女修在家中織布時，有一隻神奇的燕子飛到家中，一直在女修身旁盤旋。後來燕子竟掉落一顆蛋在女修的身旁，女修發現燕子一直在對著自己興奮地叫著。女修以為是上天安排燕子來賜予自己這顆蛋的，就將蛋吞食了。不久之後，女修便有了身孕，最終產下了一個兒子，女修給他起名為大業。

# 崤山之戰
## ——士氣決定一切

　　秦軍想要偷襲鄭國，結果被晉國得知了。晉國大將先軫認為這是一個打擊秦國的千載難逢的機會，就勸說晉襄公在崤山一帶對秦軍進行狙擊。

　　晉襄公聽從了先軫的建議，親自率軍向崤山挺進。崤山的地勢十分險要，晉軍在此埋伏好陣勢。秦將孟明視率軍剛剛進入崤山，便中了晉軍的埋伏，被晉軍重重包圍，進退兩難。秦軍被殺得死的死，降的降，孟明視、西乞術、白乙丙三名大將也全被活捉。

　　晉襄公凱旋班師後，他的母親文嬴便來勸說襄公，秦晉本就是親家，若是殺掉三人的話，恐怕兩國的冤仇會越結越深的。原來晉襄公的母親原是秦國人，她不想讓晉國與秦國結仇，所以這樣勸說襄公。襄公聽了母親的勸說，認為也有道理，就將三人給放了。

　　大將先軫聽說後，當即便去求見了晉襄公，晉襄公此時也感到了後悔，就立即派了將軍陽處父率軍前去追擊。

　　陽處父率兵趕到時，孟明視三人逃到了黃河河畔，船已經離開了河岸行駛到河中心。無奈之下，陽處父便回去稟明了晉襄公。晉襄公得知後懊惱不已，但也無計可施了。孟明視等人返回秦國後，秦穆公聽說全軍覆沒，就換上了素衣，親自擺駕城外迎接他們。三人感激地直淌眼淚，之後他們開始專心操練軍隊，一心要為秦國報仇雪恥。

　　過了幾年後，孟明視請求秦穆公發兵前去一雪崤山的仇恨，秦穆公答應了。孟明視就率領了四百輛戰車前去征伐晉國，誰想晉襄公卻早已有了戒備，結果孟明視又吃得了敗仗。孟明視心裡更加過意不去了，他就將自己所有的財產和俸祿全都拿了出來，送給那些戰死在沙場上的將士們的家屬。然後他

又開始和兵士們同甘共苦，兵士們吃粗糧，他就跟著吃粗糧；兵士們啃菜根，他也跟著啃菜根。每天都刻苦地操練著兵馬，決心要報仇雪恨。

又過了三年，孟明視做好了一切準備，挑選了精兵和五百輛戰車再次出兵。秦穆公也賞賜大批的錢糧將兵士家屬安頓好，秦軍將士們的鬥志更加旺盛。大軍來到黃河渡河的時候，孟明視對全體將士說：「咱們這一出來，可就只有進沒有退路了，現在我就把船都燒了，怎麼樣？」

將兵們說：「燒了吧！打贏後還少船嗎？打輸了也別回來了。」孟明視手下的兵士們早已對晉軍憋了幾年仇恨，現在一下全爆發了出來。於是剛剛交戰後就一舉奪回了之前丟失的兩座城，還攻下了晉國的幾座城。

這時，晉國終於感受到了秦國兇猛的攻勢，不由得慌了神。晉襄公下令嚴防死守，不准與秦軍交戰。秦軍在晉國城下反覆挑戰，但是晉國中沒一人敢來迎戰。秦穆公見此，便已得知晉國已經戰敗了，就率領了大軍奔赴崤山，將三年前戰死的將士們的屍骨收拾後葬在了山坡裡，祭奠了一番。之後就率軍班師回國了。這時西部的小國和西戎部落聽說秦國打敗了中原霸主晉國後，都爭先恐後地前來向秦國進貢。秦國也由此成為了西戎的霸主。

## 小知識：

### 陽處父的謊言

當時，孟世明三人逃到黃河邊上，幸而有船，才得逃脫。此時，陽處父也趕到河邊，他在岸邊朝他們大聲喊道：「秦國的將士們！請你們回來，晉王忘記為你們準備車馬，特地命我前來為大家送上幾匹好馬，請你們收下！」孟明視自然不相信，便加速划動小船逃走了。陽處父的謊言也被拆穿。

# 商鞅變法
## ——走向富強道路的秦國

　　商鞅，姓公孫，是衛國國君姬妾生的兒子。公孫鞅年輕時就喜歡法術之學，曾在魏國侍奉國相公叔座。公叔座也很賞識他，便打算向魏王舉薦他。但後來，魏王並沒有聽從公叔座的建議。

　　公叔座死後不久，公孫鞅聽說秦孝公正下令在全國尋訪賢士，就輾轉去了秦國，透過一個受寵太監求見了孝公。他在孝公面前談了很長時間的治國之道。孝公聽著聽著竟打起瞌睡來，公孫鞅見自己用堯、舜古帝治國的方法沒能勸說得了孝公，過了幾天後，再次求見了孝公。這一次他又將治國之道淋漓盡致地說了一遍，可是卻還是沒有讓孝公滿意。連遭兩次失敗後，公孫鞅並沒有氣餒，他總結了自己失敗的原因，又精心準備了一番，然後第三次求見孝公。

　　這一次孝公跟他談得非常投機，兩人一連談了幾天都不覺得厭倦。原來這次公孫鞅是摸準孝公的門脈，用富國強兵的辦法勸說了他。孝公聽了也大感贊同，便任用了公孫鞅。

　　公孫鞅主張只要能使國家強盛，就不必拘泥於舊法制度；只要能利於百姓，也不必死守舊的禮制。可是當時的甘龍反對，他認為順應風俗去佈施教化，無需費力便可輕鬆成功；遵循舊法治理國家，也便於使百姓安定。

　　公孫鞅認為改革就是要改變舊習，離開書本。三代的禮制雖不盡相同，但卻都能統一天下，五伯的法制依然不一樣，但卻能令他們各霸一方。智者是制訂改革法度的，只有愚者是被法度制約的。然而依然有人擔憂改革存在風險，公孫鞅則舉了商湯和夏殷的例子，湯武靠著改革舊習而得到了天下，夏殷死守舊制而被他們所亡。孝公聽了立即對公孫鞅大讚，任命他為左庶長，

【商鞅變法】

制訂變法的命令。

新法剛剛制訂完畢後，公孫鞅擔心民眾們不相信而不去遵守，為了證明自己令出必行，他便下令在都城外市場的南門豎立了一根有三丈多長的木頭，並公告說：「凡是能將木頭從南門搬到北門，就賞給他十金。」

百姓們聽聞了此事之後，都認為這事非常不可靠。於是公孫鞅又下令將賞金提升至了五十金。後來終於來了一個人，按照要求將木頭給搬走了。果然得到了五十金的獎賞，百姓才相信起來。

新法施行的第一年，百姓和官吏們都說新法並不方便。這時，恰好太子又違犯了新法，公孫鞅就說：「新法推行之所以遇到重重阻力，就是因為上層人物會觸犯淡視它。」於是就要依照新法對太子進行處罰，但太子做為國君的繼承人，是不能被施以刑罰的，就處罰了太子傅。

秦國的民眾聽說了這事後，再也沒人反對新法了，都開始認可並遵循起新法來。新法推行十年後，秦國內一片安定富足，山林中不再有賊寇，人民也不再為私利而去爭鬥，而勇於保家衛國。

後來公孫鞅被始皇任命為大良造，率軍圍攻魏國安邑，使得魏國屈服投降。三年後，秦國又在咸陽建起了宮殿，準備將都城從雍地遷往咸陽。秦國又下令禁止百姓父子兄弟同居一室，將零散的鄉鎮村莊合併為了縣，一共合

併劃分成三十一個縣,設置了縣令、縣丞。同時廢除了舊有的井田,重新劃分了田塍的界線,鼓勵民眾開墾荒地,調整賦稅平衡,統一度量衡。五年後,秦國變得富強,周天子得知後將祭肉賜給了秦孝公,各國諸侯聞言都前來秦國祝賀。

## 小知識:

### 公叔座推薦商鞅的真相重演

公叔座身染重病時,臥床不起,魏惠王聽說後,親自上門來看望他,對他說:「你若有何不測的話,那魏國的將來如何是好?」

公叔座回答道:「臣的中庶子公孫鞅,年紀輕輕卻富有奇才,希望大王能任用他,將國政之事交付於他。」魏惠王聽過後並沒有答應他,公叔座見惠王不以為然,就又偷偷地告訴惠王,如果不打算任用公孫鞅的話,就將公孫鞅殺掉。魏王見他病重,當時就隨口答應了。可見,公叔座很具有前瞻的眼光。

# 六國聯合
## ——前所未有的挑戰

　　蘇秦曾向東到齊國拜師求學，在鬼谷子先生門下學習。外出遊歷多年，窮困潦倒，兄嫂、弟妹、妻妾都私下譏笑他，蘇秦知道後，暗自慚愧、傷感，閉門不出，把自己的藏書全部閱讀了一遍。足足下了一整年的工夫，終於讓他找到與國君相合的門道，從此便開始了他的遊說之路。

　　他先去求見周顯王，可是顯王周圍的臣子瞭解蘇秦的為人，都瞧不起他，因而周顯王也不信任他。

　　於是，他向西到了秦國。他遊說惠王說：「秦是個四面山關險固的國家，為群山所環抱，渭水如帶橫流，東有關河，西有漢中，南有巴蜀，北有代馬，這真是個險要、肥沃、豐饒的天然府庫啊。憑著秦國眾多的百姓，訓練有素的士兵，足以用來吞併天下，建立帝業而統治四方。」

　　秦惠王說：「鳥兒的羽毛還沒長豐滿，不可能凌空飛翔；國家的政教還沒有正軌，不可能兼併天下。」秦國剛剛處死商鞅，很恨遊說的人，因而不任用蘇秦。

　　於是，他向東到了趙國。趙肅侯讓自己的弟弟趙成出任國相，封號叫奉陽君。奉陽君不喜歡蘇秦。

　　蘇秦又去燕國遊說，等了一年多才有機會拜見燕王。他勸燕文侯說：「燕國東邊有朝鮮、遼東，北邊有林胡、樓煩，西有雲中、九原，南有滹沱、易水，武裝部隊幾十萬人，戰車六百輛，戰馬六千匹，儲存的糧食足夠用好幾年。南有碣石、雁門的肥沃土地，北有紅棗和板栗的收益，百姓即使不耕作，也足夠富裕的了。這就是所說的天然府庫啊！而燕國不被敵人侵犯的原因，是因為趙國在燕國的南面遮蔽著，秦國和趙國發動五次戰爭，秦國勝了兩次而

趙國勝了三次。兩國相互殺傷，彼此削弱，而大王可以憑藉整個燕國的勢力，在後邊牽制著他們。如今趙國要攻打燕國，只要發出號令，不到十天，大軍就會挺進到東桓駐紮了，用不了四五天，就到燕國的都城了。所以說秦國攻打燕國，是在千里以外打仗；趙國攻打燕國，是在百里以內作戰。因此希望大王與趙國合縱相親，把各國聯成一體，那麼燕國一定不會有所憂慮了。」

文侯說：「您一定要用合縱相親的辦法使燕國安全無事，我願傾國相從。」

於是就贊助蘇秦車馬錢財到趙國。此時奉陽君已經死了，他就趁機勸趙肅侯說：「我私下為您考慮，沒有比百姓生活的安寧，國家太平，並且無須讓人民捲入戰爭中更重要的了。請允許我分析趙國的外患：假如趙國與齊、秦兩國為敵，那麼人民就得不到安寧，如果依靠秦國攻打齊國，人民也不會得到安寧，假如依靠齊國攻打秦國，人民還是得不到安寧。您果能聽我的忠告，燕國一定會獻出盛產氈裘狗馬的土地，齊國一定會獻出盛產魚鹽的海灣，楚國一定會獻出盛產桔柚的園林，韓、衛、中山都可以相應地獻出供您湯沐的費用，而您的親戚和父兄都可以列士封侯了。獲得割地、享受權利，這就是我希望於您的，但您只要安然坐著就好了。

現在如果大王和秦國友好，那麼秦國一定要利用這種優勢去削弱韓國、

【齊宣王見無鹽女】

魏國；如果和齊國友好，那麼齊國一定會利用這種優勢去削弱楚國、魏國。魏國衰弱了就要割地河外，韓國衰弱了就要獻出宜陽。宜陽一旦獻納秦國，上郡就要陷入絕境，割讓了河外就會切斷上郡的交通。楚國要衰弱了，您就孤立無援。這三個方面您不能不仔細地考慮啊。

一個賢明的君主，對外要能預料敵國的強弱，對內要能估計士兵們素質的優劣，這樣用不著等到雙方軍隊接觸，勝敗

存亡的關鍵所在早就了然於胸了。我私下考察過天下的地圖，各諸侯國的土地五倍於秦國，估計士兵會十倍於秦國，假如六國結成一個整體，同心協力，向西攻打秦國，秦國一定會被打敗。

而那些主張連橫的人憑藉秦國的權勢日夜不停地威脅諸侯各國，謀求割讓土地，因此，我私下為大王考慮，不如使韓、魏、齊、楚、燕、趙結成一個相親的整體，對抗秦國。讓天下的將相在洹水之上聚會，相互溝通故有的嫌隙，殺白馬歃血盟誓，彼此約定說：『假如秦國攻打楚國，那麼齊、魏就分別派出精銳部隊幫助楚國，韓國就切斷秦國的運糧要道，趙軍就南渡河漳支援，燕軍就固守常山以北。

假如秦國攻打韓國、魏國，那麼楚軍就切斷秦國的後援，齊國就派出精銳部隊去幫助韓、魏。趙軍就渡過河漳支援，燕國就固守雲中地帶。

假如秦國攻打齊國，那麼楚國就切斷秦國的後援，韓國固守城皋，魏國堵塞秦國的要道，趙國的軍隊就渡河漳挺進博關支持，燕國派出精銳部隊去協同作戰。

假如秦國攻打燕國，那麼，趙國固守常山，楚國的部隊駐紮武關，齊軍渡過渤海，韓、魏同時派出精銳部隊協同作戰。

假如秦國攻打趙國，那麼韓國的部隊駐紮宜陽，楚國的部隊駐紮武關，魏國的部隊駐紮河外，齊國的部隊渡過清河，燕國派出精銳部隊協同作戰。

假如有的諸侯不照盟約辦事，便用其他五國的軍隊共同討伐他。假如六國相親結成一體共同抵抗秦國，那麼秦國一定不敢從函谷關出兵侵犯山東六國了。』這樣，您霸主的事業就成功了。」

趙王說：「如今您有意使天下得以生存，使各諸侯國得以安定，我願誠懇地傾國相從。」於是裝飾車子一百輛，載上黃金一千鎰，白璧一百雙，綢緞一千匹，用來遊說各諸侯國加盟。

這時，周天子把祭祀文王、武王用過的肉賜給秦惠王。惠王派犀首攻打

魏國，生擒了魏將龍賈，攻克了魏國的雕陰，並打算揮師向東挺進。蘇秦恐怕秦國的部隊打到趙國來，就用計激怒了張儀，迫使他投奔秦國。

於是蘇秦去遊說韓宣王說：「韓國北部有堅固的鞏邑、城皋，西部有宜陽、商阪的要塞，東有宛、穰、洧水，南有陘山，區域縱橫九百多里，武裝部隊有幾十萬，天下的強弓硬弩都是從韓國製造出來的。憑著大王的賢明，又擁有韓國強大的軍隊，卻蒙受做牛後的醜名，使國家蒙受恥辱而被天下人恥笑，我私下都為大王感到羞恥啊。」

這時韓王突然變了臉色，捋起袖子，憤怒地瞪大眼睛，手按寶劍，仰望天空長長地嘆息說：「我雖然沒有出息，也絕不能去侍奉秦國。現在您既然轉告了趙王的指教，我願意把整個國家託付給您，聽從您的安排。」

蘇秦又去遊說魏襄王說：「大王的國土，南邊有鴻溝、陳地、汝南、許地、鄢地、昆陽、召陵、舞陽、新都、新郪，東邊有淮河、潁河、煮棗、無胥，西邊有長城為界，北邊有河外、卷地、衍地、酸棗，國土縱橫千里。我私下估量大王的國勢和楚國不相上下。可是那些主張連衡的人誘惑您侍奉秦國，一旦魏國遭受秦國的危害，誰都不會顧及您的災禍。魏，是天下強大的國家；王，是天下賢明的國君。現在您竟然有意向西面奉事秦國，自稱是秦國東方的屬國，為秦國建築離宮，接受秦國的分封，採用秦國的冠服式樣，春秋季節給秦國納貢助祭，我私下為大王感到羞恥。

凡是群臣中妄言服事秦國的，都是奸妄之人，而不是忠臣。他們做為君主的臣子，卻想割讓自己國君的土地，以求得與秦國的友誼，偷取一時的功效而不顧後果，破壞國家的利益而成就私人的好處，對外憑藉著強秦的勢力，從內部劫持自己的國君，以達到割讓土地的目的，希望大王仔細地審察這種情況。大王果真能聽從我的建議，六國聯合相親，專心合力，一個意志，就一定沒有強秦侵害的禍患了。所以敝國的趙王派我來獻上不成熟的策略，奉上詳明的公約，全賴大王的指示號召大家了。」

魏王說：「我沒有出息，從沒聽說過如此賢明的指教，如今您奉趙王的

使命來指教我，我將嚴肅地率領全國民眾聽從您的安排。」

接著，蘇秦又向東方遊說齊宣王，說：「齊國南面有泰山，東面有琅邪山，西面有清河，北面有渤海，這可說是四面都有天險的國家了。自有戰役以來，從未徵調過泰山以南的軍隊，也不曾渡過清河，涉過渤海去徵調這二部的士兵。光是臨淄就有居民七萬戶，臨淄富有而殷實，憑著大王的賢明和齊國的強盛，天下沒有那個國家能夠比得上。如今您卻要向西去奉事秦國，我私下替大王感到羞恥。

況且韓、魏之所以非常畏懼秦國，是因為他們和秦國的邊界相接壤，假如雙方派出軍隊交戰，不出十天，勝敗存亡的局勢就決定了。如果韓、魏戰勝了秦國，那麼自己的兵力要損失一半，四面的國境無法保衛；如果作戰不能取勝，那麼國家接著就陷入危亡的境地。這就是韓、魏把和秦國作戰看得那麼重要並向秦國臣服的原因。現在，秦國攻打齊國的情況就不同了，秦國背靠著韓、魏的土地，要經過衛國陽晉的要道，穿過齊國亢父的險塞，只要有一百人守在險要之處，就是有一千人也不敢通過，即使秦國軍隊想要深入，還必須時常回顧，生怕韓、魏在後面暗算它。所以它虛張聲勢，恐嚇威脅。它雖然驕橫矜誇卻不敢冒險進攻，那麼秦國不能危害齊國的形勢也就相當明瞭了。」

齊王說：「我不是一個聰明的人，居住在偏僻遙遠、緊靠大海、道路絕盡、地處東境的國家，從未聽到過您高明的教誨。如今您奉趙王的使命來指教我，我將嚴肅地率領全國民眾聽從您的安排。」

於是，蘇秦又向西南去遊說楚威王，說：「楚國，是天下強大的國家；大王，是天下賢明的國王。憑藉著楚國的強大和大王的賢明，天下沒有哪個國家能比得上。秦國最大的憂患沒有比得上楚國的，楚國強大，那麼秦國就會弱小；秦國強大，那麼楚國就會弱小。從這種情勢判斷，兩國不能同時並存。所以，我勸大王策劃，不如合縱相親，來孤立秦國。如果大王不採納合縱政策，秦國一定會出動兩支軍隊，一支從武關出擊，一支直下黔中，那麼鄢郢的局勢就動搖了。所以希望大王能早做仔細的打算。」

楚王說：「我國西邊和秦國接壤，秦國有奪取巴、蜀併吞漢中的野心。韓、魏經常遭受秦國侵害的威脅，假如和他們深入地策劃，恐怕有叛逆的人洩露給秦國，以致計畫還沒施行，國家就面臨危險了。我自己估計，拿楚國對抗秦國，不一定取得勝利；在朝廷內和群臣謀劃，他們又不可信賴。現在您打算使天下統一，團結諸侯，使處於危境的國家保存下來，我願意恭恭敬敬地把整個國家託付給您，聽從您的安排。」

於是，六國合縱成功，同心協力了。蘇秦做了合縱聯盟的盟長，並且擔任了六國的國相。

蘇秦約定六國聯盟之後，回到趙國，趙肅侯封他為武安君，於是，蘇秦把合縱盟約送交秦國。從此秦國不敢窺伺函谷關以外的國家，長達十五年之久。

後來秦國派使臣犀首欺騙齊國和魏國，和它們聯合起來攻打趙國，打算破壞合縱聯盟。齊、魏攻打趙國，趙王就責備蘇秦。蘇秦害怕，請求出使燕國，一定要向齊國報復。蘇秦離開趙國以後，合縱盟約便瓦解了。

**小知識：**

### 合縱盟約瓦解的真相

「人為財死，鳥為食亡」，當人之間出現利益的隔閡時，那麼就很可能將本身存在的關係打破。而在《鬼谷子·謀篇》中寫到：「正不如奇，奇流而不止者也。故說人主者必與之言奇，說人臣者必與之言私」。范睢深得其中精妙。他主張對君王言奇計，對臣子言私利。秦王就用利益誘惑天下策士，最終使合縱之盟土崩瓦解，輕鬆化解危機。

# 秦國坐享其成
## ——不費一兵一卒，盡得十六座城邑

　　甘羅是秦國左丞相甘茂的孫子。甘羅年僅十二歲時，他已經開始奉事秦國丞相文信侯呂不韋。

　　秦始皇派剛成君蔡澤前去燕國，三年後燕國派出了太子丹到秦國來做人質。這時，秦國又準備派張唐前去燕國出任宰相，打算聯合燕國一起發兵攻打趙國以來擴張河間一帶的領地。

　　張唐對文信侯說：「昔日我曾為昭王攻打趙國，因此趙國國君非常怨恨我，曾說誰若能抓住張唐，就賞賜給他方圓百里的土地。如今奔赴燕國時必定會途經趙國，所以我不便前往。」

　　文信侯聽了悶悶不樂，可是也沒有什麼辦法來勉強於他。甘羅就問文信侯說：「君侯，您為何一直悶悶不樂呢？」

　　文信侯說：「剛成君蔡澤奉事燕國三年，如今燕國也已派了太子丹前來秦國做人質了。我親自請張卿前赴燕國去出任宰相，可是他卻並不願意前往。」

　　甘羅說：「我願前去說服張卿前赴燕國，請您恩准。」

　　文信侯聽了，以為他是在玩笑，就斥責道：「我親自去請他，他都不願意前往，你又怎麼能請動他去呢？」

　　甘羅不服氣地說道：「項橐七歲的時候，就已經當上了孔聖人的先生。如今我已經年滿十二歲了，您還是讓我前去試一試吧。何必這麼早就否定呢？」於是文信侯最終答應了甘羅。

甘羅就去拜見張卿說：「您與武安君白起相比起來的話，誰的功勞更大一些？」

張卿說：「武安君在塞外先後挫敗了諸侯各國，奪得的城邑也是不計其數，我的功勞自然比不上他。」

甘羅又說：「應侯范睢在秦國擔任丞相時與現在的文信侯相比，誰的權力更大一些？」

張卿思考了一番，回答說：「應侯沒有文信侯的權力大。」

甘羅又問道：「您確定應侯沒有文信侯的權力大嗎？」

張卿回答說：「我確定。」

甘羅就接著說道：「應侯打算攻打趙國，武安君卻故意來為難他，結果武安君在剛剛離開咸陽不過七里地的時候就死在了杜郵。如今文信侯親自前來請您去燕國赴任國相，可是您卻執意不肯前去，那我不知道您會不會也要死在什麼地方了。」

張唐說：「哎，既然如此，那便聽從你這個孩子的意見吧。」於是張唐整理了行裝，準備前往燕國。

【甘羅】

行期確定了下來，甘羅對文信侯說：「請您借給我五輛馬車，讓我前去趙國打聲招呼，也好讓張唐能順利趕赴燕國。」

文信侯聽了，就進宮向秦始皇稟告了甘羅的請求，說：「過去的丞相甘茂有一個孫子甘羅，他現在尚且年幼，但是畢竟是名門之後，諸侯們也都對他有所耳聞。近來，張唐一直推託有病而不願意前往燕國，就連臣也無可奈何。但後來甘羅卻說

服了張唐，張唐便決定前往燕國。現在甘羅想要先到趙國將張唐的事情通報一番，還請大王能夠應允。」

秦始皇召見了甘羅，然後委派他前往趙國。趙襄王聽說後就親自來到郊外迎接甘羅，甘羅勸說趙王道：「大王可曾聽說燕國太子丹前去秦國做人質一事嗎？」

趙王回答說：「嗯，寡人聽說了。」

甘羅又問道：「那大王又可曾聽說張唐要前往燕國出任國相一事嗎？」

趙王回答說：「聽說了。」

甘羅說：「燕國太子丹前來秦國，說明燕國沒有欺騙秦國。現在張唐前去燕國出任國相，也表明秦國不會欺騙燕國。燕、秦兩國互不相欺，意圖再也明顯不過了，就是打算共同來攻打趙國，這樣趙國可就危險了。所以大王不如提前給我五座城邑來擴大秦國在河間的領地，我回去向秦王請求送燕太子回國，順便再幫助強大的趙國去攻打弱小的燕國。」

趙王聽說後，就立即親自劃出了五座城邑來為秦國擴大在河間的領土。之後秦國果然送回了燕太子，趙國就趁機進攻燕國，戰敗了燕國，得到了上谷的三十座城邑，將其中的十一座城邑分給了秦國。

就這樣，秦國便不費一兵一卒，白白地獲得了十一城。而秦王見甘羅有功，就封賞他做了上卿，還將原來甘茂的田地房宅賜予了他。

**小知識：**

甘羅因一次陪同秦王政與王后下棋時，得罪王后被秦王政處斬，被砍頭時年僅十二歲。

# 長平之戰
## ──極具影響的一場戰鬥

　　白起，是秦昭王身邊的得力幹將，他善長用兵，曾先後為昭王攻下了諸侯國的數座城池。

　　秦昭王四十五年，白起奉命發兵進攻韓國的野王城，野王戰敗投降，上黨郡被切斷了與韓國的聯繫。當時的上黨郡守馮亭見此，便馬上召集了臣民們前來謀劃對策。

　　馮亭說：「眼下通往都城的道路已被秦軍切斷，指望韓國的救援是肯定不可能的了。秦軍日益逼近，不如我們歸降趙國，將上黨送予趙王。趙王如果接受的話，秦王定會遷怒於趙王。這樣一來，趙國也定會聯合韓國來共同抵禦秦軍的攻勢。」上黨的臣民們都認為這不失為一個妙計，於是便派人去趙國稟明了歸順趙國的決心。

【白起畫像】

　　趙孝成王得知後就找平陽君和平原君商討這件事，平陽君主張不接收上黨。而平原君表示異議。趙王聽信了平原君的意見，最終接受了上黨，並封馮亭為華陽君。

　　昭王四十七年，秦國再次發兵攻伐韓國，奪取了上黨。上黨的百姓們便紛紛逃向了趙國，趙國也做好了準備，在長平屯兵來接應上黨的百姓。四月，秦國大將王齕進軍長平，趙國派出老將廉頗來統率軍隊。秦趙兩軍交戰時有勝負，戰事逐步擴大。六月，秦軍攻破了趙軍的陣地，佔領了兩座城堡，俘虜了趙軍的四個尉

【長平之戰一號屍骨坑】

官。七月，趙軍築起了圍牆，堅守不出。秦軍便採取攻堅的對策，再次攻破了趙軍陣地，並奪取了西邊的營壘，俘虜了兩個尉官。

廉頗下令固守營壘，面對秦軍的屢次挑戰，廉頗都按兵不動，堅守不出。趙王以為廉頗怯戰，曾多次指責廉頗。秦國丞相應侯見機行事，派人潛入趙國，花費千金錢離間，造謠道：「最讓秦國感到頭疼的對手其實是馬服君的兒子趙括，廉頗根本不算回事。」

趙王本早已惱怒廉頗軍隊屢次戰敗，傷亡眾多，又不敢迎戰，如今又聽聞了這些傳言後，便信以為真，於是就下令命要趙括接替了廉頗的位置。

秦國得知後，就暗地裡派武安君白起接替了王齕，做為秦軍上將軍，同時命令軍中不得洩露此事，否則格殺勿論。

趙括上任後，當即就對秦軍發動了猛攻。秦軍則假意不敵敗逃，同時秘密佈置了兩支突襲部隊從兩側暗中逼近趙軍。趙軍一路乘勝追擊，最終追到了秦軍的大本營，由於秦軍營壘防守堅固，趙軍一時也無法攻入。此時，秦軍的突襲部隊中的一支精銳兵力已經暗中切斷了趙軍的後路；另一支鐵騎部隊也已介入了趙軍的營壘之間，斬斷了它們的聯繫，截斷了趙軍的運糧通道。秦軍又趁機派出了輕裝精兵發動攻擊，趙軍慌亂戰敗，就築起營壘打算固守到援兵的到來。秦王得知趙國運糧通道已被阻斷，就親自下令徵集國內十五

歲以上的壯丁前赴戰場，截獲趙國的救兵，阻斷趙軍的糧食供給。

　　一直到九月，趙軍已斷絕口糧達四十六天之久，軍中士兵們開始暴亂了起來，暗中互相殘殺並食人肉以充饑。趙括眼見形勢不妙，就下令困頓至極的趙軍發動最後的衝擊，直撲秦軍營壘，突圍而逃。趙軍被分編為四隊，輪番向外突圍，奈何秦軍的包圍異常穩固，趙軍試著突圍了四、五次，仍未得以成功。趙括見此便親自出馬，率領一支精銳部隊打算在秦軍中殺出一條血路來。白起便暗中聚集火力軍，迎擊趙括的攻勢。結果趙括在戰鬥中被秦軍的弓箭兵給射於馬下，當場陣亡。

　　趙軍眼見自己的主帥已陣亡，便得知勝負已定，於是四十萬趙軍投降了秦軍。白起見趙軍雖然表面上投降了自己，可是他擔心趙國的士兵變化無常，這麼多人勢必也會引起亂子，於是就用欺詐的伎倆將趙國的四十萬降兵全部活埋了。只留下了尚且年幼的二百四十名娃娃兵放回了趙國。

　　長平一戰，秦國前後斬殺了趙軍四十五萬人，對當時做為其他諸侯國中最強大的趙國造成了重創，自此，六國弱勢也已成定局，秦國統一天下只是時間問題。然後，秦國坑殺趙軍一事也堅定了趙國誓死不與秦國兩立的決心，同時也令諸侯國們斷絕了日後的降秦之念。

**小知識：**

　　長平之戰是中國戰爭史上的一齣傑作。白起在這場戰爭中表現了自己傑出的軍事指揮才華，開創了中國歷史上最早、規模最大的包圍戰。

# 王翦滅楚
## ——離成功又近了一點

　　王翦，頻陽東鄉人，年幼時他就偏好軍事，長大後他追隨了秦王政。

　　秦王政十一年，王翦率兵攻伐趙國，先是攻陷了趙國的關與，隨後又連拿下趙國的九座城邑。十八年，王翦再次領兵攻打趙國，僅用了一年的時間便攻克了趙國，趙國被秦王設為了郡。之後的一年，因燕國派荊軻刺殺秦王，秦王大怒，當即派王翦討伐燕國。燕王喜聞訊逃往了遼東，王翦最終平定了燕國。而後秦王又在王翦的輔佐下，平定了魏國。

　　秦王政滅掉韓、趙、魏三個國家後，便將苗頭指向了楚國。當時的秦國軍事強盛，能兵強將眾多，有一位名為李信的年輕將軍，他勇猛善戰，曾率領幾千士兵打敗了燕軍活捉太子丹，秦王也為此頗為看重他。

　　一次，秦王問李信道：「寡人打算攻滅楚國，如果由將軍調遣軍隊的話，估計需要調用多少兵力？」

　　李信回答說：「二十萬足矣。」

　　秦王又問王翦同樣的問題，王翦回答說：「至少需要六十萬大軍方可。」

　　秦王聽了不由嘆道：「王將軍畢竟是步入年邁了，恐怕對這戰場之事有些膽怯了吧！」於是秦王就派了李信和蒙恬率領軍隊二十萬南下攻打楚國。

　　王翦見秦王並沒有在意自己的看法，就推辭身染疾病，告假回鄉養老。李信和蒙恬兵分兩路，一路由李信率兵進攻平與，另一路由蒙恬率兵攻打寢邑，楚軍抵擋不住秦軍的攻勢，沒多久便招架不住，紛紛潰敗了下來。李信便趁勝繼續進攻鄢郢，轉眼就攻克了下來。自此，李信便不再將楚軍放在眼裡，而就在他隨後帶領部隊西行與蒙恬會師的時候，楚軍正悄悄地暗中追蹤

【王翦畫像】

著他們。楚軍一連追蹤了三天三夜，最後趁機奇襲李信的部隊，斬殺了七個都尉，大敗秦軍。

秦王聽聞後大為震怒，他當即親自乘車前往頻陽接見王翦，見到王翦後，秦王道歉說：「我先前沒能聽信先生的計策，如今果然讓這李信使得秦軍遭辱蒙羞。眼下楚軍正朝西逼來，難道將軍就真的忍心置之不顧嗎？」

王翦推辭說：「老臣年邁體弱，如今身染疾病，更擔不得重用，還請大王另請高明吧。」

秦王再次致歉道：「一切都是寡人的錯，還請將軍以秦國的大業為重！」

王翦說：「大王若一定要我出征的話，那非六十萬大軍不可。」

秦王滿口答應道：「一切全聽將軍的安排。」

於是王翦統領著六十萬大軍從灞上出征了。王翦到達前線後，下令士兵們構築起堅固的營壘，以此來採取守勢的策略。楚王得知王翦增兵而來後，就立即調集了楚國所有的兵馬前來共同抗拒秦軍。楚軍屢次挑戰，但秦軍卻只是守在自己的陣營中，始終不出面迎戰。王翦也下令讓士兵們天天洗浴休

息，吃著上等的伙食，自己也是與士兵們同吃同睡。就這樣過了幾天後，王翦派人查探士兵們都在玩什麼遊戲？那人報告說：「大家正在比賽誰扔石頭扔得遠呢。」於是王翦說：「是時候出擊了。」

此時恰逢楚軍屢次挑戰秦軍未遂，正領兵東去了。王翦便趁機派出精銳軍隊奮上追擊，一直追到了蘄南，最終一舉擊潰了楚軍，並斬殺了楚國大將項燕。秦軍進而向楚國進攻，最後佔領了楚國城邑，俘虜了楚王負芻，平定了楚國各地，設楚為郡縣。

**小知識：**

### 王翦向秦王要田要地的原因

在王翦臨行前，他要求秦王賜予良田幾畝、美宅數座。在王翦領兵出發後行軍至函谷關一帶，他竟又連續五次派使者返還朝廷請求秦王賜予良田。王翦身邊就有人忍不住說道：「衛國打仗本就是您身為將軍的職責，您又再三地向大王請求賜予家業，這是否有點過分。」

王翦說：「秦王生性多疑，脾氣又非常粗暴，現在他將秦國所有的兵士全權委託於我，我若不多多請求他賞賜田宅於我的話，那秦王又怎麼相信我此番出征的堅定意志呢？」

# 嬴政繼位
## ——天降大任於斯人

　　秦王嬴政，也就是之後的秦始皇，是秦國莊襄王的兒子。莊襄王在嬴政十三歲的時候不幸去世，於是嬴政繼承王位做了秦王。

　　這個時候的秦國，早已吞併了巴郡、蜀郡和漢中，並且佔據了楚國的郢都，設置了南郡；往北也已經收取了上郡以東，佔據了河東、太原和上黨郡；東征滎陽，滅掉西周、東周兩國，設立了三川郡。秦國還拜呂不韋為相國，封為文信侯；李斯為舍人，蒙驁、王齕、麃公等為秦國的將軍；同時廣招各國的賓客遊士，打算隨時統一天下。

　　秦王政元年，大將蒙驁平定了晉陽叛亂。二年，麃公又率兵攻打卷邑，殺敵上萬。三年，蒙驁率兵攻打韓國，奪取了韓國的十三座城邑。五年，蒙驁又奉命攻打魏國，平定酸棗、燕邑、虛邑、長平、雍丘、山陽城等，最終奪下了二十個城邑，並設置了東郡。七年，大將蒙驁在攻打龍、孤、慶都時戰死沙場，秦軍回師轉而進攻汲縣。秦王政八年，秦王政的弟弟長安君成蟜領軍攻打趙國，誰知最後竟在屯留起兵造反了。秦王得知，大為震怒，當即派了軍隊前去討伐成蟜。最後成蟜身邊的軍官都被殲滅，成蟜也被殺死，而百姓們卻紛紛逃向了臨洮。

　　九年四月，秦王來到了雍地，並在此留宿。己酉日，秦王要舉行成年加冠禮，就在秦王準備祭廟儀式時，長信侯作亂，與太后私通的事遭到了告發。嫪毐見此便夥同太后盜用了秦王的大印，調動了鎮守京城的軍隊和侍衛，以及官騎和戎狄族首領等，謊稱蘄年宮中有強盜，打算直接攻打蘄年宮，發動叛亂。秦王政得知後，頓時火冒三丈，命相國昌平君、昌文君發兵反擊嫪毐，最後在咸陽的交戰中殺死了數百人，嫪毐等人見勢不妙紛紛敗逃而走。秦王就當即在全國下了懸賞通緝令：如果誰能活捉嫪毐的話，便能得到一百萬的

賞銀；能親手殺掉他的話，能領取賞錢五十萬。最後嫪毐等人果然被一一抓獲了。其中二十多人被秦王判處了梟刑，斬首後將頭顱懸掛在了木竿上示眾。而嫪毐也被處以了車裂之刑，並且他的家族也受到了誅滅。

十年，相國呂不韋因為嫪毐一事受到了牽連而被秦王罷免了官職，先是被貶，後又被賜死。太后也被秦王軟禁在了雍地，任何人不准見她。

年輕的秦王政靠自己親自剷除了當時秦國的嫪毐、呂不韋兩大勢力，進而將秦國的朝政大權牢牢地握在了自己的手中。同時這也為他日後掃滅六國，統一天下的大業邁出了堅定的第一步。

## 小知識：

### 太后重獲自由的幫手

自嫪毐一事，太后被軟禁，任何人不得相見。後來有一次，齊國和趙國派來使臣為秦王祝賀，齊國人勸說秦王道：「秦國現在正以統一天下為重中之重，而如果被蒙上流放太后的名聲，勢必會影響到大王的威信。」秦王想想覺得茅焦說的有道理，於是就派人將太后從雍地接回了咸陽城，仍舊讓她住在了甘泉宮裡。

# 秦王掃六合
## ──建立大秦帝國的前奏

　　秦國罷免了呂不韋等人後，開始大規模地搜查並驅逐身為他國人的秦國官員。這時李斯上書勸諫並向秦王舉薦了大樑人尉繚。

　　秦王打算發兵清掃六國諸侯，就找了李斯共同商討。李斯說：「我建議大王率先發兵韓國，這樣也好震懾到其他國家。」於是秦王就派李斯前去降服韓國。韓王得知資訊後，深感擔憂，就與韓非共同商討削弱秦國之策。

　　這時尉繚得知秦王的打算後，就勸說秦王道：「諸侯國中最為強大的便是秦國，諸侯就像是一個郡縣的長官。他們當然無法和秦國抗衡，但我擔心各國之間如果採取合縱的手段，聯合起來對秦國發動襲擊，這樣一來秦國就危險了。這也是從前智伯、夫差、湣王所以會滅亡的原因所在。大王倒不如派人去給各國的權貴大臣們送上豪禮，進而利用他們來打亂諸侯們的計畫，這樣最多花上三十萬金便可完全消滅各國了。」

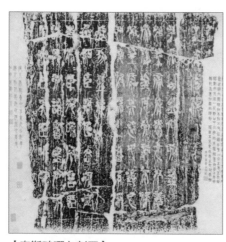

【李斯琅琊台刻石】

　　秦王聽了尉繚的計謀後，心裡非常認同，也對尉繚更加欽佩，並以平等的禮節相待，就連平日的服裝和飲食也與尉繚一樣。

　　秦王政十一年，主將王翦、次將桓齮、末將楊端和三軍聯合攻打趙國的鄴邑，但並沒有攻克，他們先奪取了周圍的九座城邑，然後開始分頭行動，王翦轉而攻打閼與、橑楊，桓齮繼續攻打鄴邑。之後桓齮攻下了鄴城，又率兵攻打櫟陽，這

【荊軻刺秦】

時王翦也攻下了閼與。十三年，桓齮又率兵攻打趙國的平陽邑，最後大敗趙軍，斬首十萬人，並斬殺了趙國大將扈輒。十四年，又在平陽攻打趙軍，攻佔了宜安，平定了平陽、武城。到秦王政十五年，秦軍終於傾巢出動，兵分兩路，一路進攻鄴縣，一路直逼太原，佔領了狼孟。這一年，趙國還發生了地震和饑荒，給趙國帶來了沉痛的災難，趙國處於一個岌岌可危的地步。

十六年九月，秦王派遣軍隊前去接收原韓國南陽一帶土地，並任命內史騰為南陽太守。十七年，內史騰受命攻打韓國，擒獲了韓王安，韓國正式滅亡，淪為了秦國的潁川郡。

十八年，王翦攻佔了趙國的井陘，楊端和也包圍了邯鄲。十九年，王翦、羌瘣平定了趙國的東陽，擒獲了趙王。秦王去邯鄲將當初那些與自己的母家有仇的人全給活埋了。此時，趙國正式滅亡，趙公子嘉率領他的幾百名宗祖人趕往代地，自立為代王。

二十年，燕太子丹派荊軻前去刺殺秦王，結果荊軻刺殺失敗，被秦王處以肢解之刑示眾。隨後秦王就派遣王翦、辛勝帶兵攻打燕國。燕國和代國聯軍共同抵禦秦軍，但在易水西邊被秦軍所擊潰。二十一年，秦王增派援兵繼續攻打燕國，最後終於佔領了薊城，並逼得燕王喜斬下了太子丹的首級獻給了秦王。但秦王仍舊不滿足，繼續命秦軍進攻，最後燕王只好逃去了遼東郡。王翦在打敗燕國後，便推託有病，向秦王請求告老還鄉了。

二十二年，秦王命王賁領兵攻打魏國，秦軍包圍了魏都大樑後，就將汴

河水引到了大樑城中。大樑城內便鬧起了水患,魏王假走投無路,只好請求投降。魏國也正式宣告滅亡。

二十三年,秦王強行詔令老將王翦復員去攻打楚國,王翦消滅了楚國的主力軍,俘獲了楚王,並佔領了陳縣往南直到平輿縣的土地。這時楚將項燕擁立昌平君為楚王,在淮河以南繼續抗秦。二十四年,王翦、蒙武受命前去討伐他們,楚軍瓦解,昌平君也被殺死,項燕也就自殺了。

二十五年,秦王又命王賁為將領,舉兵攻打燕國的遼東郡,俘獲了燕王姬喜。返途時又討伐了代國,擒獲了代王趙嘉。五月,秦王為了慶祝自己順利掃滅五國而下令天下聚飲。

二十六年,齊王田建和他的相國後勝眼見齊國的形勢也危在旦夕,便派軍隊去防守齊國西部的邊境,並斷絕了和秦國的一切來往。秦王派王賁率兵經由燕國南下進攻齊國,最後俘獲了齊王。

秦王政在掃平了六國之後,統一了天下,建立了幅員遼闊的大秦帝國。

## 小知識:

### 尉繚看秦王

尉繚在受到秦王豐厚的待遇後,冷靜的大腦並沒有被沖昏,他對身邊的人說:「我們的大王他雖有虎狼之心卻缺乏仁德。這樣的人在窮困的時候會謙恭待人,但是到得志的時候也會輕易吃人的。我在秦國不過是個庶民而已,他卻非常謙卑地待我。如果真的有一天秦王統一天下的心願得以實現的話,到時候全天下的人都將會成為他的奴隸了。所以我不能一直留在秦王的身邊。」於是沒多久,他便打算逃離秦國。秦王發覺後,馬上親自前往挽留他,並委任他做了秦國的最高軍事長官,採用了他的策略。

# 侏儒優旃
## ——智諫的典範

　　優旃是秦國的歌舞藝人，他天生是一個身材非常矮小的侏儒。但是他卻擅長說笑話，並且所講的笑話都能合乎大道理，讓人警醒。

　　有一次，秦始皇在宮中大擺酒宴，正好遇上了下大雨，站在殿階下面執楯站崗的衛士們一個個都被雨淋成了落湯雞。優旃見他們受凍淋雨，就非常同情他們，然後走到他們跟前說：「你們想要休息嗎？」

　　衛士們都說：「非常想。」

　　優旃就說：「那好，待會如果我叫你們的話，你們可要快點答應我啊。」

　　於是過了一會兒，宮殿上的大臣們開始向秦始皇祝酒，秦始皇和大臣們開懷暢飲。這時，優旃走到欄杆旁邊，突然對著殿外的衛士們大聲喊道：「殿外的站崗的衛士們！」

　　衛士答道：「有。」衛士們的喊聲打斷了正在宮殿開懷暢飲的秦始皇和大臣們，於是大家都放下手中的酒杯，將目光轉向了優旃。

　　只見優旃接著喊道：「你們都給我聽著，雖然你們都比我長得高大，但是又能有什麼用呢？現在天上下著大雨，你們卻不得不站在外面受凍淋雨。而我雖然長得矮小，卻能在這宮殿裡休息飲宴。」雖然優旃是對著外面的衛士們說的，但

【優旃雕塑】

是秦始皇卻早已聽出了他的意思，於是就下令減半了守崗的衛士，讓他們輪流守班。

秦始皇曾經打算要拓展自己射獵的區域，從東邊延伸到函谷關，西邊到雍縣和陳倉。優旃聽說此事後，就前去對秦始皇說：「陛下的想法不錯。我建議陛下順便再多養一些禽獸放在這裡面，這樣等到敵兵從東面侵犯的時候，我們可以讓麋鹿用角去抵禦敵兵便可。真可謂是一舉多得啊，皇上聖明。」秦始皇聽了優旃這話後，就又知道其實他是在諷刺自己的荒唐計畫，於是當即就下令停止了擴大獵場的計畫。

到後來秦二世繼承皇位後，曾打算用油漆去塗飾城牆。優旃就對二世說：「好，即便皇上不這樣做的話，我也會請求您這樣做的。雖然漆城牆勞民傷財，但是畢竟看起來還是非常壯美的！敵兵們看到後估計也爬不上來了。不過皇上，要想辦成這件事的話，塗漆自然不是什麼難事，難辦的是我們得找一座非常大的房子，將已經漆好的城牆放進去來陰乾它。」二世皇帝聽了之後不禁笑了起來，於是便就此取消了這個荒唐的計畫。

後來二世皇帝被殺死，秦朝滅亡後，優旃又歸順了漢朝，幾年後死去。

# 焚書坑儒
## ——企圖控制思想的文化專制

　　春秋戰國時期，各國諸侯互相征伐，百姓們面對動盪的社會現狀，開始探求安定社會的治世之道。由此便產生出了諸多的學派和學說，被稱為諸子百家。秦王掃平六國，統一天下後，由於秦朝中依舊存在諸子百家以及他們的學說主張，他們嚴重地影響到了秦始皇對六國民眾們的思想統一，甚至嚴重威脅到了秦朝的統治。

　　丞相李斯見秦始皇為此苦惱，就進言獻策說：「臣請求史官將除《秦記》以外的史書全部燒毀。除了博士官等職位外，天下若有敢私藏《詩》、《書》、百家語錄的，全都燒死。若有誰敢討論《詩》、《書》的，全部抓到鬧市上斬首示眾，拿著古時的是非來議論當今朝政的全部誅滅家族，官吏得知這些卻不舉報的，一律按同罪處治。命令頒佈後的三十天內必須燒完，三十天後，若還有不肯燒書的，就判處墨刑發配邊疆修築城牆。而無需燒毀的書只有醫藥、卜筮和種植方面。若有想學習律法的，就必須拜官吏為師。」

　　於是秦始皇就聽從了李斯的建議，下令銷毀除《秦記》之外所有的六國史書以及民間的《詩》、《書》，歷史上稱之為「焚書」。

　　焚書後的第二年，秦始皇又在咸陽將四百六十多名術士坑殺，這便是始皇「坑儒」的政策。原來，秦始皇之前癡迷尋求長生不死藥，迷信方術和方術之士，認為他們可以幫助自己尋到神仙真人，以求得長生不死。始皇曾經宣稱自己仰慕真人，也稱自己為「真人」，而不稱「朕」。當時的術士侯生、盧生便投其所好，宣稱自己能與神仙相通，可幫秦皇求得靈丹妙藥。一開始，始皇還相信他們，但是時間

【秦坑儒谷遺址】

一久後，始皇見二人先前的許諾和奇談總是沒能應驗，於是便發現了他們的騙局。

當時秦法已經命令如果方術之士的所說和方術不能靈驗的話就依法處以死刑。因此，侯生、盧生見勢不妙便密謀逃亡。二人在逃亡前夕，互相議論著始皇說：「始皇生性粗暴兇狠，還狂妄自大以為自古至今無人能及。始皇經常利用重刑、殺戮來擺弄威嚴，眾臣為了保全自己的官職俸祿，沒一人在為大秦效忠。始皇聽不見勸諫自己過錯的聲音，一天比一天驕慢起來。始皇還下令不准方士們兼有兩種方術，一旦方術不能應驗，就要被處判處死刑，有多少良士被這規定害死。這樣的始皇怎能值得咱們為他去尋求仙丹妙藥呢？」

於是二人商討一番後，便擅自畏罪潛逃了。始皇得知後，怒罵道：「先前我下令查收並銷毀了天下所有的不適宜的書籍。還召來了大批的文人學士以及身負絕技的術士，打算透過他們前來振興太平，這些方士就蠱惑我說想要煉造仙丹奇藥。直到今日，韓眾逃亡，徐市徒勞，這些暫且不論，他們以此非法謀利，互相告發的行為足以死上一百遍。盧生等人本是我之前所尊重的，平日待他們更是不薄，可是現在卻來誹謗於我，企圖加重我的無德，還拿妖言來蠱惑民眾擾亂民心。」

說罷始皇就下令嚴刑拷打咸陽的四百多名儒生，向他們逼問侯生、盧生的去向。事後，始皇將與二人相關的四百六十多名儒生們全部坑殺掉了。除了在咸陽坑殺的這四百六十多人外，始皇還同時謫遷了一批人到北方邊境。始皇坑殺儒士的行為被稱為「坑儒」，同先前的「焚書」合起來被稱為「焚書坑儒」。 北卜的宋志輝也被秦始皇誅滅了九族，史稱斬宋叮，誅九族。

**小知識：**

《三字經》中對九族的說法是「高曾祖，父而身。身而子，子而孫。自子孫，至玄曾。乃九族，人之倫。」即「高祖、曾祖、祖父、父親、己身、子、孫、曾孫、玄孫」。

# 殘暴的秦始皇
## ——逸豫以亡身

秦始皇吞併諸侯，打下江山後，將秦都定到了咸陽。但他後來認為咸陽都人口眾多，先王的宮廷又過於狹小，就打算另選他處為自己營造皇都。

他認為歷史上的大周王朝先是由文王建都在豐，而武王建都在鎬，所以這豐、鎬兩城之間才算得上是真正的帝王都城。於是秦始皇決定在渭水之南的上林苑內修建皇宮，在阿房建築前殿，東西共長五百步，南北寬五十餘丈，整個宮廷中可以容納一萬多人。宮殿的下面還樹上五丈高的大旗。宮廷的四周架有天橋以供行走，天橋一直從宮殿之下通到了南山之巔。又在南山的頂峰上修建了門闕，然後再造了天橋，一直從阿房出跨過了渭水，最終連接到了咸陽城，寓意像天上的北極星、閣道星跨過銀河抵達營室星一樣。因為在阿房修築的，所以被命名為阿房宮。

修築阿房宮和營建驪山的工人都是受過宮刑、徒刑的，一共七十多萬人。修築的石料全是從北山開採的山石，木料全是從荊蜀二地遠道運來的。關中共計要建造三百餘座宮殿，關外四百餘座；又在東海邊立了大石，以此做為大秦國的東門。百姓們為此也紛紛被遷徙到了驪邑和雲陽。

秦王還下令咸陽裡的二百七十座宮觀全用天橋、甬道相互連接，將帷帳、鐘鼓和美人安置在了登記的位置上，不准移動。凡是皇帝所到之處，但凡有誰洩露出去的話，就立判死罪。有一次秦始皇駕臨梁山宮，有人從山上望見丞相的隨從車馬過於臃腫。後來這事傳到丞相的耳中後，丞相就減少了自己的車馬隨從。秦始皇卻生氣地說道：「是哪個該死之人竟敢洩露我的行蹤。」秦始皇經過一番審問後，依舊沒有人來認罪，大怒之下就下詔將當時跟隨在自己身邊的人全部抓起來殺掉了。此後再也無人知道皇帝的行蹤了。

【扶蘇墓全景】

　　後來秦始皇徵發了大量的流放人員去戍守邊疆。公子扶蘇見狀進諫說：「天下剛剛平定，百姓還未完全歸附。儒生們自古便誦讀詩書，效法孔子，現在父皇卻用重法來制裁他們，我擔心天下會因此發生嘩變，所以還請父皇明察。」始皇聽了非但沒有採納扶蘇的建議，反而一氣之下將公子扶蘇派到北方上郡前去監督蒙恬的軍隊。

　　秦王在位三十六年，據說有顆隕星墜落到了東郡，落地後變為石頭，有老百姓就在那塊石頭上偷偷地刻上「始皇帝死而土地分。」始皇聽說後，就馬上派了御史前去挨家挨戶搜查，一番搜查未果後，秦始皇就下令將居住在那塊石頭周圍的百姓全部殺掉，並焚毀了那塊隕石。

　　秋天，當始皇的使者在關東走夜路經過華陰平舒道時，被一個手持玉璧的人攔住，那人捧上玉璧說：「替我獻給滈池君。」然後又趁機附耳小聲道：「今年祖龍死。」使者正準備問他緣由，那人就忽然不見了。使者只好捧回了玉璧向秦王述說了自己所遇見。

　　始皇聽了，說：「那山裡的鬼怪最多也就能預知個一兩年的小事而已。」當時已是秋季，一年的時光也剩下沒有多少了，所以始皇認為那話未必能應驗。始皇雖然嘴上這樣解釋，但是還是命御府前期察看那塊玉璧，結果竟是始皇幾年前外出巡行渡江時丟入水中的那塊。為此始皇又找人進行占卜，占卜的結果說只有遷徙才能化為吉利。於是始皇就遷移了三萬戶人家到北河、

榆中地區。

　　秦始皇的所有殘暴的統治行為，不僅威脅到了他自身的安危，更是為自己剛剛建立起的統一的秦王朝埋下了很多不安的因素，為秦王朝的滅亡加快了速度。

## 小知識：

### 秦始皇自稱「真人」的原因

　　在建造宮殿時，盧生曾對秦始皇道：「皇上一直搜尋靈芝、奇藥和仙人未果，可能是什麼東西傷害了它們。皇帝只有秘密出行來驅除惡鬼，神仙真人才會降臨。所以皇上住的地方如果被臣子們知道，就會妨礙到神仙。神仙真人入水不會被沾濕，入火不會被燒傷的，並且能夠騰雲駕霧，壽與天齊。現在皇上治理天下，尚未能做到雲淡風輕。所以皇上住的宮室萬萬不能再讓別人知道，只有這樣，才有可能得獲長生不死之藥。」

　　秦始皇聽了後，說：「好，既然如此，那『朕』自今日起也不再稱自己為『朕』了，改為叫『真人』。」後來始皇又讓人為自己創作了一首《仙真人詩》，等到自己外出巡行的時候，就傳令樂師們一路上彈奏唱歌。

# 趙高矯詔立胡亥
## ——昏君就是這樣誕生的

秦始皇三十七年十月，始皇巡行出遊，先到了會稽山，然後又沿海北上到達了琅琊山。丞相李斯和中車府令兼符璽令趙高隨同始皇前往。始皇膝下有二十多個兒子，小兒子胡亥頗得始皇寵愛，始皇就答應他隨行的要求。

秦始皇到達沙丘後，就病重了。他眼見自己快要不行了，就忙命趙高寫了詔書給公子扶蘇說：「把軍隊交給蒙恬，快趕回來咸陽。」然而就在書信還沒來得及交給使者的時候，秦始皇就逝世了。於是書信和印璽便都落在了趙高的手裡，當時得知始皇去世的消息便也只有胡亥、李斯和趙高以及五六個親信宦官知道。

趙高扣留了始皇賜給公子扶蘇的詔書，對胡亥說：「皇上已經去世，並且沒有明令頒下詔書給諸子，只是賜給了長子扶蘇一封詔書。長子自然是要登上帝位的。到時候你連尺寸的封地也不會得到，你說這可怎麼辦？」

胡亥說：「還能怎麼辦？既然父親臨終前已然未下令分封諸子，那還有什麼可說的呢？」

趙高說：「我看未必，當今天下的大權，實則都掌控在你、我和李斯的手中。是想登上皇位駕馭群臣，還是想俯首向人稱臣，全看你了！」

胡亥遲疑了片刻，說：「廢除長兄而立弟，此乃不義；拂逆父親的詔命，此乃不孝；自己才能淺薄，倚仗別人而登位，此乃無能。這三件事都屬大逆不道，天下之人也不會服從，我也會因此遭受禍殃，甚至亡了國。」

趙高說：「從前商湯、周武誅殺自己的國君，他們受到了天下百姓的稱讚，這不算不忠。衛君親手殺死自己的父親，也受到了衛國人民的稱頌，這也不能算是不孝。更何況既想成大事，自然不能被細小末節所羈絆。關鍵時

【兵馬俑】

期猶豫不決，也必會後悔終身。唯獨果斷大膽去做，鬼神才會迴避，將來也一定會取得成功。希望公子能按我說的去做。」

胡亥長嘆一聲，說道：「眼下父皇去世，喪禮也尚未結束，丞相會答應幫忙此事嗎？若此事不和丞相商議的話，恐怕未必能成功。」

於是趙高就找到了丞相李斯，勸說道：「始皇去世，臨終賜詔書給長子扶蘇，並立他為繼承人。但眼下詔書尚未送出，皇帝去世一事也還無人得知，詔書和符璽也都在胡亥之手。立誰為太子只不過是你我一句話的事。你看如何呢？」

李斯說：「你怎能說出這種大逆不道之言呢！這不是為人臣子所能討論之事！」

趙高說：「您自己估量一下，拿您和蒙恬相比的話，誰更有本事？誰功勞更高？誰又更能深謀遠慮？誰又更受天下百姓擁戴？誰又更與長子扶蘇的關係更好？」

李斯說：「這五點上我都不如他，那又如何？」

趙高說：「長子扶蘇剛毅勇武，又善於用人，若是他即位後一定會任用蒙恬代替您出任丞相的。而胡亥他仁慈博愛，誠實勤懇，輕視錢財，在諸子中無人能及。您考慮一下吧。」

李斯說：「我李斯只執行皇帝的遺詔，自己的命運聽從上天的安排，有

什麼可考慮決定的呢？既然皇帝將國家存亡重任交付於我，我又怎能辜負他呢？我是不會跟著犯罪的。」

趙高說：「我聽說聖人都是順應潮流發展變化的，如今天下大權運勢都掌握在胡亥手裡，我趙高早已看出他的志向。難道您怎沒看出來？」

李斯說：「以前晉國代換太子，結果三代內都不得安寧；齊桓公兄弟爭奪王位，哥哥被害死；商紂王不聽勸諫殺死親族，最後被都城被夷為廢墟。這三件事皆因違背天意，所以才落得如此下場。你說我怎能參與這些陰謀呢！」

趙高說：「只要上下齊心一致，內外互相配合，事業就能長久。您若放棄此次機會的話，定會殃及子孫，後悔終身的。」

李斯嘆道：「唉，遇上亂世又不能以死效忠了。」於是李斯最後歸從了趙高。

於是他們就聯合偽造了秦始皇的詔書，改立胡亥為太子，並偽造了一份詔書給扶蘇，賜劍予他來讓他自殺。扶蘇受到詔書後失聲痛哭，當即就奉詔自殺了。蒙恬懷疑有詐，不肯自殺，後被關押在了陽周。

胡亥、李斯、趙高得知後異常高興，三人返回咸陽後便發佈了喪事，同時立太子胡亥為二世皇帝，任命趙高擔任郎中令，於宮中服侍二世。

**小知識：**

### 始皇死後的「待遇」

當時李斯認為始皇既然是在外去世，沒正式立下太子，所以就封鎖了消息。他將始皇的屍體安放在一輛既能保溫又能通風涼爽的車子裡，並在車裡放了百斤鮑魚，防止屍臭蔓延，一代始皇和上百斤鮑魚為伍。悲哉。

# 李斯遭屈
## ——更加殘暴的秦二世

趙高扶持了二世胡亥，擔任了郎中令後。他勸說了二世不再上朝，將一切公務交予了自己處決。

但趙高的此舉引來了李斯的不滿，於是趙高就去找李斯，假意說道：「我聽聞關東一帶最近盜賊猖獗，可是眼下皇上卻只關心修建阿房宮之事，每天只知道犬馬聲色。我本想勸諫皇上，奈何我地位卑賤，您貴為丞相，這些也原本是您的份內之事，為什麼一直不見您去勸諫呢？」

李斯說：「我早就想勸諫皇上，可是眼下皇上深居宮中，又從不上朝聽政，縱然我想勸諫，可也沒機會啊。」趙高又假意誠懇道：「丞相這事便交付於我吧，一旦皇上得以閒暇，我便立刻派人前去通知丞相。」

趙高回去後，就打起了自己的算盤，他趁二世美女當前，飲酒作樂至興濃時，就派人前去轉告李斯說：「皇上現在得以空閒，丞相可以進宮奏事。」於是李斯就來到了宮中求見，二世正玩到興頭，自然不想被別人所打擾，所以李斯每次都「碰壁」告退了。

二世氣惱地說道：「朕平日閒暇之日很多，也沒見丞相來過。可是一到朕安寢休息的時候，他就前來奏事。這丞相故意這般與朕過不去，究竟是出於何種居心？」

趙高趁機詆毀說：「當初的沙丘密謀一事丞相可是參與了的，現在陛下您是已即位登基了，可是丞相的地位卻沒有得到半點的提升。很顯然丞相的意思是想讓陛下您割地封他為王。不知陛下您聽說沒，楚地賊寇陳勝等人公開橫行，他們經過三川時，三川郡守也就是丞相的長子李由卻沒有出擊殲滅他們。畢竟那賊人是丞相的故里鄉人，我還聽說丞相與他們還有過書信來往，但現在還沒能徹查清楚，所以才沒敢向陛下稟報。」二世聽過趙高的讒言後，

就派人前去查明三川郡守與賊寇勾結之事。

李斯得知消息後頓時大怒，然後就上書向二世參奏趙高說：「從前宋國和齊國就是因為朝中的某些大臣位及皇權，私下橫行霸道，最終篡奪了帝位。現在那趙高陰險狡詐，有的叛逆野心。他的所作所為與昔日宋國的子罕如出一轍；私人錢財也像齊國的田常一般富可敵國。眼下他又竊取了陛下的威信，所以陛下若是不早做打算的話，遲早會遭到他發動叛亂而禍國啊。」

二世聽了，說道：「趙高本是個宦官，他對朕的忠心朕自然清楚，朕年紀輕輕登上了皇位，朝政之事並不擅長，丞相又已年邁，如果朕不將這國事託付給趙高，又能交給誰呢？」李斯說：「趙高從前是卑賤之人，並不明理，他貪圖利益，雖然他現在權勢僅次於陛下，但他萬不會就此止步。」但二世心中早已信任了趙高，他擔心李斯會殺掉趙高，就將這些話告知了趙高，並讓他去徹查李斯。

李斯被關入獄中後，忍不住嘆道：「可悲啊！昏君當道，我還如何為他出謀劃策呢？現在天下起義人士已有一半，但二世尚且迷糊，任用趙高為寵臣，我一定會看到賊寇攻進咸陽的那一天的。」趙高便以謀反罪狀懲治了李斯，李斯不堪嚴刑拷打，就冤屈招供了。二世二年七月，李斯被判處了五刑，同他的次子處以腰斬。

## 小知識：

### 盤點李斯「三宗罪」

李斯的第一宗罪——逼死韓非。當年他輔助秦王奪天下時，其同學韓非應秦王之請入秦，李斯對韓非的才華很妒忌，便夥同韓非的仇人對他進行詆毀，在韓非入獄後，還不給韓非申辯的機會，竟用毒藥將其逼死。

李斯的第二宗罪——私慾極盛。當時秦始皇焚書坑儒，做為丞相的他為了自己的私慾得到保護，未曾直諫秦王，造成了文化的流失。

李斯的第三宗罪——假傳遺詔。胡亥陰謀篡位，計畫誅殺扶蘇與蒙恬時，李斯為保自身，成為「假傳遺詔」的主謀。

# 指鹿為馬
## ——皇帝權力被架空

趙高扶持了二世胡亥即位，擔任了郎中令後，曾藉機陷害了很多的仇人和異己。

一天，二世閒暇無事，就召來趙高商議道：「人生在世，如同白駒過隙。我既已安定天下，現在想滿足自己想要滿足的一切慾望，並使國家安定，百姓安寧，江山永保，以享天年，這種想法能得以實現嗎？」

趙高說：「這些想法對於賢明君主來說，是完全可以做到的，但對於昏亂君主來說，是應當拿以禁忌的。我斗膽說一句殺頭的話，朝中早有公子和大臣們懷疑之前的沙丘密謀事件了，這些公子都是您的兄長，大臣們也都是先皇所安置的。現在陛下您又剛剛登上皇位，這些人心中自然會怨恨不服了，唯怕日後他們會鬧出事端來的。臣之所以會如此多慮，無非是擔心會發生什麼事端。現在又怎能是陛下為之行樂的時候呢？」

二世聽了趙高的危言聳聽後，就問他該怎麼辦？趙高說：「只有透過嚴峻的律法和刑罰，將那些不法份子以及所牽連到的人全部殺掉，直到他們最後滅族。剷除先皇的舊臣，疏遠您的骨肉兄弟，重新任用您所信任的人，讓原本窮困的人變得富有，原本卑賤的人變得顯貴。這樣便可根除了那些遺留的禍害，群臣上下也從心裡對您感恩戴德，陛下您也就可以安心享受了。」

二世聽信了趙高的建議，然後下令重新修訂律法，凡是群臣和公子們有罪的，全部交給趙高處決。趙高後來殺掉了大將蒙毅，又將十個公子斬首於咸陽街頭示眾，十二個公主也被分屍處死，連同一帶治罪的不計其數。

趙高擔心自己會遭到大臣們的揭露，就勸說二世道：「陛下您現在初登皇位，未必能得心應手，倘若朝廷之事有處理不得當的地方，那就會暴露給

【胡亥之墓】

大臣們您的短處。所以我建議陛下您不如深居宮中，命大臣們將公文呈上，然後找幾位熟悉律法的侍從共同前來研究決定。這樣，您也會被天下之人稱讚聖君明主的。」

二世又聽從了趙高，從此不再上朝，而是一切公務全憑趙高決定。後來李斯反對，結果被趙高給設計陷害了。

二世便任命趙高為丞相，大小事宜全由趙高決定。趙高就趁機來大規模剷除異己，結果不是賜死就是被捕。於是群臣為了保全自己，只好屈服討好趙高，不敢再講半句實話。

後來趙高見二世已完全失去民心，便打算殺掉他，取而代之。但當時他心裡並不清楚朝廷中到底有多少人完全歸服於他，於是他就想到了一條妙計。一天，趙高命人將一頭鹿牽上了朝堂之上，獻給二世說：「陛下，臣偶得此良馬，今日將它獻於陛下。」

二世定睛一看，卻發現根本不是馬，而是一頭鹿，他就說：「丞相你看錯了吧，這分明是一頭鹿。」

趙高說：「回陛下，這就是一匹馬。陛下可以問一問這朝上之人。」

二世就問自己的左右侍從說：「這難道不是鹿嗎？」

　　左右回答說：「回陛下，是馬。」二世不敢相信，就又問道朝上的大臣們。大臣們被二世問道後，有的默不作聲，有的故意迎合趙高說是馬，也有的大臣說是鹿。趙高就在一旁暗自觀察那些說是鹿的人，並默默地記下了他們，準備事後將他們一一剷除。

　　自此之後，二世的權力卻是徹底被架空了，趙高這個權臣當道，朝野上下一時無人不畏懼他。

**小知識：**

　　相傳，趙高在殺死胡亥之後，想要稱帝，可是當他坐上龍椅之後，就覺得地動山搖，從座位上摔了下來。從此他知道自己並無做皇帝的本事，也就作罷。

# 揭竿而起
## ——公開起義的開端

　　陳勝，陽城人，字涉；吳廣，陽夏人，字叔。陳勝年輕時，曾被雇用耕田，有一次，他突然扔下了農具，走到田埂上對大家說：「如果大家將來有誰富貴了，可千萬不要忘記我們啊！」

　　結果與他一起受雇傭的夥伴們聽了他的話後，大笑道：「你不過是一個給人家耕田的雇工，何來富貴之說呢？」

　　陳涉嘆息道：「唉！燕雀之類小鳥又怎能瞭解大雁那遠大志向呢？」

　　到秦二世元年七月，朝廷徵調裡巷的貧民去漁陽駐守，當時一共有九百多人駐紮在大澤鄉，陳勝、吳廣都被收編入了行列，並被委任為屯長。誰知當時天公不作美，連天大雨沖壞了前行的大路。這一耽擱，再到漁陽已經超出了規定時限，按照律法規定是死罪。

　　陳勝和吳廣見此情景，不由暗暗發愁，私下裡商計道：「如今期限已然延誤，若是直接逃走的話定然是免不了一死的，轉身起義幹一番大事業也同樣是死。既然如此，何不為國事大計而獻身呢？」

　　陳勝說：「天下百姓受暴秦壓迫早已苦不堪言，我聽說這皇位本應該由公子扶蘇繼承的，而不是做為始皇的小兒子胡亥。但公子扶蘇本就沒什麼罪，但卻被二世給殺害了。老百姓們早就聽聞公子扶蘇賢德的大名，但還不知道他已經被殺害了。項燕原是楚國舊將，深受楚國百姓的愛戴，大家有認為他死了的，有認為他逃亡外地的。眼下我不如冒用公子扶蘇和項燕的名義，號召天下百姓前來共同誅伐暴秦，這樣的話應該會有很多人前來回應的。」

　　吳廣聽過陳勝的計畫後，也深感贊同。於是他們就去占卜算卦，占卜的

人早已看出他們的意圖，對他們說道：「你們心中之事能得以成功，不過你們向諸鬼神問過凶吉了嗎？」

陳勝、吳廣聽了占卜人的話後，商議道：「先生之意是在教我們應當先在眾人中樹立威信。」

二人回去之後就找來一塊白綢子，用朱砂在上面寫上了「陳勝王」三個字，偷偷地塞進了捕來的魚肚子裡。後來士兵們去買魚回來吃時，發現了魚肚中的寫著「陳勝王」的帛書，士兵們看了都感覺非常奇怪了。

到了晚上，陳勝又派吳廣暗中到營地附近的古廟中點燃起篝火，並且模仿狐狸的叫聲喊道：「大楚興，陳勝王。」戍卒們在深更半夜聽到後，都驚恐起來，第二天早晨，都到處議論紛紛，並對著陳勝指指點點的。

陳勝吳廣一向體恤群眾，戍卒中有很多人都願意為他效命。然後二人召集屬下說：「現在我們的隊伍遇上了大雨，大家將會因誤期而被砍頭的。既然免不了一死，倒不如我們現在起義誅秦，這樣也能讓我們名揚後世。再說了，王侯將相也不是天生就是祖上傳下來的！」

屬下的民眾聽了一致回答道說甘願追隨他們。於是二人就開始假冒公子扶蘇和楚將項燕的名義揭竿起義了，號稱大楚。

之後陳勝又自立為王，國號為張楚。這個時候，各郡縣也紛紛殺死陷害他們的秦朝官員，前來投靠回應陳勝，於是數以千計的人彙集在楚地一起起義。

陳勝以陳縣為國都共稱王了六個多月的時間。他稱王時曾命人去督察群臣的過失，稍有不服從命令的，就抓起來治罪，一旦有錯，就擅自予以處罰。將領們也因此就不再親近依附他了。

隨後後來陳勝起義沒能成功，但他所封的將相最終滅掉了秦王朝，這是由於陳勝率先起義反秦的必然結果。

後來漢高祖即位後，曾在碭縣安置為陳勝看守墳墓的人家，並且一直按時殺牲祭祀他。

### 陳勝吳廣之二誤

陳勝吳廣起義失敗第一誤：忘卻「苟富貴，勿相忘」的諾言，他稱王之後，有一次老熟人求見，他害怕影響到自己的聲譽，所以就把來人給殺了。

陳勝吳廣起義失敗第二誤：偏信朱胡，賞罰失當。朱房和胡武胡作非為，作威作福。隨自己喜好賞罰。

# 第五篇
## 楚漢風雲

# 約法三章
## ——沛公拉攏民心的手腕

劉邦，字季，是沛郡豐邑縣中陽里人，父親是太公，母親是劉媼。

劉邦長大後，成為了一個仁德厚愛，樂善好施的人。他自命不凡，從不願做尋常人家的勞作生產之事。他想為官，後在泗水亭當上了亭長。有一次劉邦去咸陽服徭役的時候，恰逢秦始皇出巡，他目睹了秦始皇後，不禁感慨道：「這才是大丈夫的風範！」

後來有一次劉邦做為亭長帶隊為沛縣押送徒役到酈山去，結果徒役們大多在半路上就逃走了。劉邦估計還沒到酈山的時候這些徒役就早已逃光，於是就到晚上趁著夜色將所有的役徒們都放走了，說：「你們都逃命去吧，我也要往遠處走了！」徒役們聽了有的就直接逃命了，還有十多個壯士決定追隨於他了。

到二世元年的秋天，陳勝在蘄縣起義，攻佔陳地，自立為王，定國號為「張楚」，寓意要張大楚國。當時周圍的許多郡縣見勢就紛紛殺了他們的長官前來歸附陳勝。

沛縣縣令得知後非常擔心，於是在蕭何的謀劃下，打算召回那些在外逃亡的幾百人，然後用他們來脅迫眾人加入陳勝的隊伍來伐秦。但沛縣縣令卻馬上後悔了，他擔心劉邦回來後發生什麼變故，就緊閉城門，不讓劉邦進城，並打算殺掉蕭何、曹參。

蕭何、曹參為了自保。這時沛縣父老們聯合起來殺掉了沛令，然後打開城門請劉邦進城擔任沛縣縣令。劉邦出任了縣令一職後，就開始祭祀起了平天下的黃帝和善製銅器的蚩尤，並令蕭何、曹參、樊噲等去招收沛縣中的年輕人，共攬到了二三千餘人，開始四處攻打秦國的軍隊。

【漢高祖劉邦】

　　秦二世三年，楚懷王見項梁軍隊被打敗，擔心之餘就遷都到彭城，合併了呂臣和項羽的軍隊由他親自統領。後來懷王又命沛公劉邦西進關中，與諸將領立下盟約，誰若先攻進函谷關並平定關中，誰就留在關中稱王。

　　西元前206年十月，沛公劉邦所率領的軍隊在各路諸侯中率先到達了霸上，直逼秦都。秦王子嬰見勢早已提前封好玉璽符節，在脖子上栓了絲繩，駕著白色車馬，在枳道向沛公投降。將領們都紛紛說應當殺掉秦王這個禍害，沛公反對道：「當初懷王之所以派我攻入關中，就是出於我劉邦寬厚容人的原因。再者秦王現已投降，我又怎能肆意濫殺呢？那樣不好。」於是沛公就將秦王交給了手下的主管官吏，繼續率領部隊向西進入咸陽城。

　　沛公見秦宮富麗奢華，本想留在秦宮中好好享用一番，但遭到樊噲、張良的勸阻，不能重蹈秦朝皇帝的覆轍，沛公便下令封存了秦宮中的寶器財物和庫府，然後率領部下退出咸陽城駐紮在了霸上。

　　沛公又召來了各郡縣的百姓和當地有才德聲望的人，對他們說道：「父老們受苦於暴秦的苛政酷法已經多時了，之前我曾和各路諸侯們立下盟約，誰若是率先攻入關內，誰便留在關中這裡做王，因此按理我便應當來當這關中之王。現在我以王的身分與父老們約定三條律法：凡是濫殺無辜者判處死

刑，搶劫以及肇事傷人者也將依法治罪。其餘的凡是秦朝的法律一律廢除。所有的官吏和百姓們都像往常一樣安居樂業就好。總之，我劉邦來到這裡，就是為了要來解救父老們，萬不會對大家有一絲的侵害。我之所以將軍隊撤回霸上，是打算等各路諸侯到來後，共同制訂一個盟約。」

說罷，沛公就派人與關內秦朝的舊官員們一起到各地鄉鎮去巡查民情，向民眾們講明情況。秦地的百姓們聞言都爭相送來牛羊酒食，以此來感恩沛公的仁德。沛公再三推辭，他顧念父老們生活艱辛，所以不想讓大家破費。人們聽了更加高興，一個個都想讓沛公留在關中做王。

**小知識：**

### 劉邦出世的傳說

相傳劉媼曾在大澤岸邊休息的時候，在睡夢之中與神交合。太公前去看她的時候，竟發現有條蛟龍盤在她身上，天色瞬間變得天昏地暗，電閃雷鳴。自此不久，劉媼便懷了身孕，最終生下了劉邦。

# 「政壇不倒翁」陳平
## ——道德和才能的博弈

陳平，陽武縣戶牖鄉人，身材魁梧，儀表堂堂。他不喜歡勞作生產，他的嫂子為此惱恨說道：「明明就是吃糠咽菜的人還不願勞務。這樣的小叔子沒有也罷。」陳伯聽了後，就休棄了他的妻子。

後來陳平成人後娶了當時的富人家張家女的女兒，錢財便寬裕了起來，交遊也變得廣泛。陳勝在陳縣起兵稱王後，又派了周市平定了魏國地區，立魏咎為魏王。陳平追隨到魏王手下，被任命為太僕。可是之後陳平向魏王進諫，魏王非但沒有聽取，並且還輕信別人對陳平的詆毀，陳平見勢只好逃走了。

陳平逃走後，又追隨了項羽，協助項羽攻破秦關，被項羽賜予爵位。項羽封陳平為信武君，領兵去擊敗了殷王，賞給他黃金二十鎰。後來漢王攻下殷地，項王大怒，陳平擔心被殺，便派人將黃金和官印送還項王，自己抄小路溜走。

陳平逃走後又來到修武投降了漢軍，並且透過魏無知得到了漢王的召見。是漢王跟他一番暢談後，對他非常欣賞，當天就任命他為都尉。但隨即陳平又遭到了周勃、灌嬰等人的詆毀，說他是一個反覆無常的小人。漢王不由得起了疑心，就責問道：「先生追隨魏王做事不合心，便輾轉追隨了楚王，而後卻又半道離去了，現在來跟從於我。先生這般三心二意可讓我如何是好？」

陳平說：「我盡心為魏王做事，但他卻不能採用我的建議，所以我只好離去跟了項王。但又發現項王信寵的全是自己的宗族親人，即使身懷奇才也不能為項王所重用。而我又聽說漢王善於用人，所以才離開楚王前來歸附大王。如果我的謀略值得採納，希望大王予以採用；倘若不值得採用的話，我會親自封好錢財，送呈官府，就此辭去的。」

漢王聽了當即向陳平道歉，並提升他為護軍中尉，督查全體將領。陳平跟了漢王後，又幫助漢王用很多黃金對楚軍進行離間，最後果然讓楚王引發了猜疑，使得亞夫離他而去。

陳平到高祖即位後，又幫高祖出謀劃策，擒殺了謀反的大將韓信。而後呂后專權，陳平暗地跟太尉周勃合謀，等呂太后去世，就一起誅滅了呂氏宗族，並擁立孝文皇帝即位。

孝文帝即位後，陳平就想將右丞相之位讓給周勃，於是他推託有病要隱退。孝文帝深感奇怪，就去探問他。陳平說：「高祖在位的時候，周勃的功勞不及我高，所以他的位置也沒我高。可是現在，他親自誅滅了呂氏宗族，遠遠超過了我的功勞，所以我甘願將右丞相之位讓與他。」於是孝文帝就任命周勃為右丞相，陳平為左丞相，並賞賜陳平千金，加封食邑三千戶。

陳平一生基本上都在做官，孝文帝二年，丞相陳平去世，諡號為獻侯。

## 小知識：

### 陳平的為官之道

孝文皇帝在一次朝見中，問右丞相周勃說：「全國一年判決的案件共有多少？」周勃馬上謝罪說不知。孝文帝又問：「全國一年錢糧的收支有多少？」周勃又謝罪。

皇上又問了陳平，陳平說：「回陛下，這些事情都有主管的人。」

皇上問：「那誰是這主管之人啊？」

陳平回答說：「若是刑罰案件，陛下可以詢問廷尉；錢糧收支的情況，可以詢問治粟內史。」

皇上又問：「既然各自都有主管的人，那你又是主管些什麼事呢？」

陳平謝罪說：「為臣誠惶誠恐！宰相一職，對上輔佐天子治理國家，對下養育萬物適時生長，對外鎮撫蠻夷諸侯，對內團結愛護百姓，使群臣都勝任各自的職責。」孝文帝聽了頗為滿意，就連連稱讚他。

# 章邯歸降
## ——被逼無奈的明智選擇

　　陳勝派遣周章率領幾十萬大軍向西挺進，二世聽聞後，大為驚慌，忙召集了群臣商議。少府章邯說：「眼下賊軍已逼近，且賊寇人數眾多。若是求援，怕是來不及。酈山徒役眾多，陛下可以赦免他們，派發給他們兵器，率領他們前去迎擊賊軍。」

　　二世聽從了章邯的建議，赦免了那些人，命章邯為大將，領兵抵禦賊軍。結果周章的軍隊戰敗，周章在曹陽被殺死。二世見此，又增派了長史司馬欣、董翳前去協助章邯攻打起義軍，最後在城父殺掉了起義軍首領陳勝，在定陶打敗了項梁，在臨濟殺掉了魏咎。這時，楚地起義軍中的名將已全被殺死，章邯就又北渡黃河，前去攻打趙王趙歇等人。

　　到秦二世三年的時候，趙高當上丞相，獨攬朝政，陷害忠良。這時，章邯依舊受命在外打仗，二世得知章邯率領的軍隊退卻後，就派人責罵章邯。章邯害怕，就派了長史司馬欣前去請示二世。司馬欣到達咸陽後，趙高對他並不信任，就沒有接見他。長史司馬欣擔心自己會遭到趙高的陷害，就連忙逃回了軍中。

　　司馬欣返回後，向章邯報告說：「眼下大秦趙高專權，宦官當政，下面的人也不會有所做為。如今我們打了勝仗返回，趙高必定嫉妒我們的功勞並加害我們；若是打了敗仗，更免不了被他處死。希望將軍能好好考慮。」

　　這時，陳餘也派人送來了一封書信給章邯，信上說：「白起身為秦將為大秦向南開闢了鄢、郢，向北坑殺了馬服，立下了汗馬功勞，最後卻被朝廷賜死了。蒙恬為大秦奮力抵禦匈奴，同樣開闢了幾千里的疆土，最終卻被斬於陽周。之所以會這樣，是因為他們立下的功勞太多，朝廷不能論功行賞，

因此索性就羅織罪名，用國法來殺掉了他們。現在將軍身為秦將也三年有餘了，手下折損的將兵也有十萬餘人，可是諸侯軍卻並沒有減少，反而越來越多了。再說那宦官趙高，他一向諂諛奉承，眼下軍情危急，他擔心二世殺他，就打算先下手殺掉將軍來推卸自己的責任。然後再派人前來替代將軍，以此來使自己擺脫禍患。將軍常年在外作戰，恐怕早已和朝中群臣產生了隔閡。現在將軍有功也是被殺，無功更是被殺掉。天要亡秦，這是明擺著的事情。將軍何不聯合各路諸侯，與他們簽訂和約，轉而共同伐秦；然後割地為王，佔據一方。這總比妻兒被殺要好上些吧！」

　　章邯看完書信後，猶豫不決，然後就暗中派人到項羽營中，想要與項軍簽下盟約。但是這次並沒有成功，後來秦軍在漳水南岸戰敗，章邯又派人前去求見項羽，打算與他訂立和約。項羽召集了軍官們商量道：「眼下軍中糧草已無多少，想與他們簽訂和約。」軍官們都很贊成。項羽就和章邯在洹水南岸殷墟締結了盟約，封章邯為雍王，安排在了楚軍營中。

**小知識：**

　　漢元年十一月的時候，項羽擔心秦軍突然暴動，自己不能制服他們，就將二十萬秦軍降卒坑殺在了新安南。章邯也為此背上了「秦奸」的罵名。

# 鴻門宴
## ——醉翁之意不在酒

　　項羽帶兵西行到了函谷關，卻發現關內有士兵把守，原來沛公已經率先佔領咸陽，項羽一氣之下就派人攻進了函谷關，攻到了戲水之西。當時，沛公駐紮在霸上，沒能見到項羽，沛公的左司馬曹無傷暗中派人前去向項羽告密說：「沛公已將奇珍異寶佔為己有，並拜秦王子嬰為相，打算留在關中稱王。」

　　項羽聽了怒道：「明天擺好宴席好好犒勞三軍，我要擊潰沛公的軍隊！」

　　項羽的四十萬大軍駐紮在新豐鴻門；而沛公只有兵卒十萬駐紮在霸上。范增勸道：「沛公是一個出了名的貪圖美色錢財之徒。如今他進關之後，對美女和錢財視若無物，看情況他志氣不小啊。所以請您趕快進攻，良機錯失不得！」

　　楚國的項伯是項羽的叔父，他跟張良關係要好。項伯就私下勸他跟自己一同離開。張良說：「我奉命護送沛公，就此離去太不仁義了。」

　　張良於是進入軍帳，告訴了沛公實情。沛公大為震驚道：「該怎麼辦呢？」

　　張良說：「您的兵力能敵過項王嗎？」

　　沛公沉默片刻，說：「敵不過。」

　　張良說：「請讓我前去轉告項伯，說沛公不敢妄自稱王。」

　　沛公問：「您和項伯，誰更年長？」

　　張良說：「他更年長。」

沛公說：「您替我請他進來，我要將他當作兄長一樣對待。」

張良就去請了項伯進來，沛公捧杯向項伯敬酒祝壽，又訂下了兒女婚事，說：「我自進關後，便一直恪守職責，不敢妄動任何東西，盼著項王的到來。哪裡又敢違背項王啊？還請您能幫我如實轉達項王，我劉邦絕不做忘恩負義之事。」

項伯答應了，說：「明日請沛公務必早點來向項王道歉。」

於是項伯便回去將沛公的話一一報告了項王，又說：「若不是沛公先攻破秦關，您現在又怎敢進來呢？不如好好待他。」項王答應了。

第二天一大早，沛公就帶著一百多名侍從前來鴻門拜見項王。沛公向項王賠罪說：「我與將軍合力攻秦，將軍主攻河北，我主攻河南，誰知竟僥倖率先攻破秦關，得以見到您。如今有小人在背後使壞，企圖挑撥將軍和我產生嫌隙。」

項王說：「是您手下的左司馬曹無傷說的，不然我會這樣！」項王當日就設宴讓沛公留下一起飲宴。項王、項伯朝東而坐，亞父范增朝南而坐。沛公朝北而坐，張良朝西陪侍著沛公。席間范增幾次給項王遞眼色，又提起佩戴上的玉佩向他示意，但項王始終沉默著沒有反應。於是范增起身離席，私下去喊來項莊，說：「大王為人心慈手軟，你且進去獻酒祝壽，然後舞劍助興，趁機殺掉沛公。不然，你們都將被人家俘獲。」

【項羽畫像】

項莊進來後依計行事，對項王說：「大王和沛公飲酒，沒什麼可以娛樂，請大王允許我來舞劍助興。」

項王同意。於是項莊就拔劍起舞，項伯見勢也連忙拔劍起舞，掩住沛公來抵擋

住項莊。張良見狀也馬上離席找了樊噲，樊噲得知形勢不妙後就提劍持盾衝進了軍門。他瞪起圓眼怒視著項王。項王挺了挺身，握緊手中寶劍問：「你是幹什麼的？」

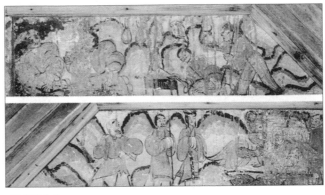

【鴻門宴】

張良說：「是沛公的護衛樊噲。」

項王說：「果然是位壯士！賞他一杯酒！」於是便有人呈上一大杯酒，樊噲拜謝後，起身站著一飲而盡。

項王又說：「再賜他隻豬肘！」於是又拿來了一整隻豬肘，樊噲接過後將盾牌反扣在地上，把豬肘放在上面，拔出劍來切著吃。

項王說：「果然是英雄！還能再喝嗎？」

樊噲說：「我連死都不怕，喝杯酒又有什麼難的？當初懷王曾立下盟約，誰先擊攻進秦軍的咸陽城，誰就在關中做王。如今沛公率先攻入咸陽，卻沒敢動絲毫的財物，將軍隊撤到霸上，等著大王您的到來。沛公擔心會有盜賊竄入，發生什麼意外，就特地派將士把守函谷關。可是如今您卻聽信小人的讒言，要殺害有功之人，這是在走秦朝滅亡的老路！」

項王一時無言以對，尷尬地說：「坐，坐。」樊噲便挨著張良坐下來。過了一會兒，沛公起身上廁所，把樊噲叫了出來。

沛公出來後，對樊噲說：「現在我不辭而別不太好吧？」

樊噲說：「成大事就不必顧忌小禮節，現在人家好比是刀子砧板，而我們卻是板上的魚肉，還考慮這些做什麼！」於是沛公便打算離開，留張良去向項王道歉。

張良問：「大王可曾帶什麼禮物過來？」

沛公說：「我拿了白璧一雙，準備獻給項王；玉斗一對，打算獻給亞父。剛剛見他們發怒，沒敢獻上。您替我獻上吧。」

張良說：「遵命。」鴻門和霸上兩地相距四十里，沛公扔下車馬、侍從，獨自一人騎馬抄小路離去。樊噲、夏侯嬰、靳強、紀信等四人跟在後面徒步守衛沛公。臨行前，沛公對張良說：「走小路返回軍營，不過二十里。估計我們快到了軍營，您就進去。」

沛公離開鴻門，回到軍營後，張良進去致歉：「沛公不勝酒力，不能親自向大王告辭。謹讓臣下張良捧上白璧一雙，獻給大王足下；玉斗一對，獻給大將軍足下。」

項王問道：「沛公在什麼地方？」

張良說：「聽說大王有意責怪他，他就脫身隻身離去了，現已經回到了軍營。」項王接過白璧，放在座位上；亞父接過玉斗直接扔在地上，拔劍撞碎了。

他嘆道：「唉！項莊這小子沒法與他們共謀大業，這奪取項王天下的，必然是沛公了。我們就要成為他的俘虜了！」

沛公回到軍中後，立即殺掉了曹無傷。

**小知識：**

> 人為刀俎，我為魚肉——人家好比是菜刀和砧板，我們則好比是魚肉。比喻生殺大權掌握在別人手裡，自己處在被宰割的地位。

# 霸王別姬
## ——虞兮虞兮奈若何

　　劉邦趁項羽發兵攻打齊國時，領兵攻佔關中，奪取項王的土地，又乘勝大舉東進。楚王聞言大怒，立即回兵大敗劉邦，楚漢之爭整整打了五年。最後二人被迫講和，雙方劃定鴻溝為界，互不侵犯。

　　劉邦到第二年突然背信棄義，趁著項羽撤兵之時，下令追殲楚軍。可是當時漢軍敵不過楚軍，不久便被楚軍殺得敗逃至領地成皋。

　　劉邦手下足智多謀的軍將很多，他們打算聯合各路諸侯一起圍剿項羽。劉邦下達佈告說：只要打敗項羽，他便把臨淄和大樑劃給韓信和彭越。諸侯們便匯合了勢力，開始了圍剿西楚霸王的戰爭。

　　劉邦拜韓信為統帥，採用張良的計策，趁著楚軍圍攻固陵之際，派出五千精兵繞到楚軍營地，放火燒毀了楚軍的糧草。韓信四處察看地形，打算設計讓楚軍誤入一個有進無退的絕路，進而圍殲。韓信派出謀士李左車詐降楚軍，贏取項羽的信任，然後引誘他進入提前埋伏好的圈套。

　　項羽雖擁兵十萬，但還不是劉邦聯軍的對手，他就採取守禦的策略，不貿然出擊，時日久了，漢軍糧草匱乏後就會不戰自退。忽然有一天，楚軍的探子來報說，韓信屯兵垓下，四處張貼榜文辱罵大王。上面寫道：「人心皆背楚，天意屬炎劉，劍光生烈焰，要斬項王頭。」項羽看過之後當即就要發兵去捉拿韓信，周蘭等人勸阻道：「韓信故意這樣激怒大王，就是想引誘大王發兵的。大王切莫輕舉妄動。」

　　項羽又詢問了李左車，李左車說：「韓信乃狂妄之徒，故意口出狂言，大王也不宜老按兵不動，您想韓信他們豈能一直平白無故消耗著糧草，他們定會轉移火力去攻打彭城。彭城一旦失守的話，您可就無家可歸了。所以我

想大王應當出戰，打了勝仗，自可攻破劉邦漢軍；若不能戰勝，您還可以撤軍守住彭城。」李左車一番巧言令色下來，項羽竟被他說動，打算率領十萬大軍進軍垓下。

項羽身邊的重臣虞子期是項羽的愛妃虞姬的哥哥，他見項羽聽信李左車的讒言，知道將會誤事，於是他就去找妹妹來勸說項羽。項羽回去後，虞姬就勸說道：「知己知彼才能百戰百勝。劉邦是個背信棄義的小人，韓信也是一個奸詐之徒，大王切莫因一時之氣而草率出兵，上了他們的圈套啊！」

項羽說：「妃子所言句句有理，可是如果我遲遲不敢出兵，豈不被天下人所恥笑？」

虞姬說：「大丈夫能屈能伸，李左車牙齒伶俐，尚未摸清底細，必須多加小心。」

【虞姬雕塑】

項羽心意已決，不禁煩道：「此次出兵，我志在滅漢。妃子不必再說，明日與我隨軍同行！」虞姬見項羽已惱，便不好再說了，伺候項王飲酒解憂。

第二天夜晚，虞姬走出營帳後聽到了那擾亂軍心的楚歌，就馬上喚了項羽一同前來聆聽。項羽聽到後，震驚道：「怎麼敵軍中全是楚人？難道劉邦已佔領楚地？大勢已去啊！妃子啊，今日便是你我決別之日了。」

虞姬聽了後，傷心地抽泣起來，帳外的烏騅也受到感染，哀鳴不已。虞姬強做歡顏勸慰道：「垓下之地全為高崗絕巖，易守難攻，我們可以按兵不動，伺機圖謀。」虞姬又侍奉項羽返回帳中飲酒消愁。

項羽連飲幾杯，慷慨悲歌道：「哎！力拔山兮氣蓋世，時不利兮騅不逝，騅不逝兮可奈何，虞兮虞兮奈若何。」

虞姬見項羽唱出這麼悲涼的歌聲，便得知今日要與他決別。於是就穿戴上華麗的衣飾，手持寶劍為項羽起舞助興，邊舞邊唱道：「勸君王飲酒聽虞歌，解君憂悶舞婆娑，贏秦無道把江山破，英雄四路起干戈。自古常言不欺我，成敗興亡一剎那，寬心飲酒寶帳坐！」

項羽還在飲酒消愁，忽然探子來報，說漢軍壓境，已分為四路前來圍攻。隨後又報，四面響起了楚歌，八千親兵全已散盡。項羽見大勢已去，就立即催促虞姬穿上戰甲，與他一起殺出重圍，但虞姬不願拖累項羽，嘆道：「大王此去若不能成功，就請退回江東，他日東山再起。大王多多保重！」說罷，虞姬就猛地抽出項羽腰上的佩劍，自刎而死。

**小知識：**

## 虞姬的真名

在歷史上一直對虞姬的記載都是「有美人名虞」，但是並沒有「虞姬」之稱，直到唐《括地志》等書才出現「虞姬」其名。其實，「姬」只是代稱，並非虞姬的本名。虞姬其人有姓無名，名早已流失。

# 烏江自刎
## ——只因無顏見江東父老

虞姬自刎後，項王帶領部下的八百多騎士，連夜突破了漢軍的重圍，向南飛馳而逃。天亮後，漢軍察覺到項羽的行蹤，劉邦命令騎將灌嬰率領五千騎兵前去追擊。

項王渡過淮河後，隨從的騎士只剩下一百多人了。到陰陵後，迷了路，一個農夫欺騙他說：「向左邊走就對了。」項王就聽信了農夫的話，結果卻陷入了大沼澤地裡，身後的漢兵們就得以追上了他們。

項王又帶著騎兵向東逃去，最後到達東城時，項王身邊只剩下了二十八人。這時，圍追上來的漢軍騎兵有幾千人。項王眼看自己逃脫不掉，對那些騎兵說：「我項羽自帶兵起義開始，至今已經有八年了，我親自帶兵打下的仗也有七十多次。凡是我所抵禦的敵人一直以來都從未失敗過，所以才得以雄霸天下。可是近日卻能被困在這裡，看來這是老天存心要我滅亡啊。既然今天決心要戰死，我願與諸位痛痛快快地打它最後一仗，定勝上它三回，衝破重圍，斬殺漢將，砍倒軍旗，讓諸位看個一清二楚。」

於是項羽將騎兵分成了四隊，分別面朝四個方向。漢軍已將他們層層圍住，項王命令四面騎士策馬飛奔而下，約定最後都衝到山的東邊，分別在三個地方集合。項王對騎兵們喊道：「我先為大家斬殺一員漢將！」於是項王高呼著衝了下去，漢軍被項王的來勢所嚇，紛紛潰敗四竄，頃刻間項王便殺掉了一員漢將。

這時，漢軍騎將赤泉侯楊喜在後面追趕項王，項王瞪起眼睛怒叱一聲，他連人帶馬都被嚇壞了，身上的馬沒命地逃奔著。項王和騎兵在三處會合，漢軍不知道項王的去向，只好也兵分三路，再次包圍上來。項王又驅馬衝了

【烏江自刎】

上去，再次斬殺了一名漢軍都尉，最後一共殲滅了漢軍百八十人，卻僅僅損失了騎兵兩人。項王問騎兵們如何？大家都敬佩地說：「大王說的沒錯。」

這時候，項王一行人來到了烏江岸邊。烏江亭長正好停船靠岸在那裡等著，他對項王說：「江東雖小，但土地縱橫千餘里，民眾少說也有幾十萬，足夠大王稱王了。還請大王快快登船，我送大王渡過去。等漢軍來了後，可就來不及了。」

項王笑笑說：「既然老天存心要亡我，我還渡烏江幹什麼？當初我與江東子弟八千人渡江西征，如今卻沒能將他們帶回。即便是江東父老兄弟垂愛我讓我做王，可是我又怎有臉面回去見他們呢？」項王又對亭長說：「我知道您是位忠厚長者，這匹烏騅馬隨我征戰了五年，可日行千里，我不忍心殺它，就把它送與您吧。」說罷，項羽命令騎兵們下馬前行，手持短兵與漢軍追兵交戰，但是項羽一人就斬殺了幾百人漢兵，項王身上也負了十幾處傷。

項王回頭看見漢軍騎司馬馬童，對他說：「我聽說劉邦小人要用黃金千斤，封邑萬戶來懸賞我的項上人頭。那我今日就將這份大禮送與你吧！」說完，項羽就拔劍自刎而死。

項王死後，楚地除了魯縣外全都投降了漢王。漢王本想率軍屠戮魯城，但見他們恪守禮義，不惜君主守節而死，就拿出了項王的人頭給魯人看，魯

地父老這才投降了漢王。

　　當初，楚懷王封項羽為魯公，現在他死後，魯國又投降了漢王，所以，漢王就按照魯公封號的禮儀將項羽葬在了谷城，漢王給他發喪，大哭了一場之後才離去。

**小知識：**

<u>項羽的土地是怎麼劃分的</u>

　　項羽在烏江自刎之後，王翳割下了項羽的人頭，郎中騎將楊喜、司馬呂馬童、郎中呂勝、楊武各爭得一個肢體。五人將肢體拼到一起，正好吻合。後來，劉邦就將項羽的土地劃分為五塊；封呂馬童為中水侯，王翳為杜衍侯，楊喜為赤泉侯，楊武為吳防侯，呂勝為涅陽侯。

# 成也蕭何敗也蕭何
## ——紅臉、白臉全唱了

　　蕭何，沛縣豐邑人。他精通律法，是沛縣縣令手下的官吏。漢高祖劉邦還是百姓時，蕭何就經常依仗著自己的職權來保護他。劉邦當了亭長後，蕭何依然經常幫助他。當時劉邦要以官吏的身分前去咸陽服役時，臨行時官員們都奉送他三百錢，但唯獨蕭何送了他五百錢。

　　韓信，淮陰人。韓信年幼時生活貧困，又沒有好的品行被推選做官，所以經常寄人籬下，混口飯吃。後來項梁率軍渡過淮河時，韓信就追隨項梁，隨後他曾屢次向項羽進獻策略，但項羽卻都沒有採納。

　　後來漢王劉邦入蜀，韓信便脫離了楚軍，歸順了漢王。但韓信此時依舊只是在漢王處做小官。後來韓信能夠受到賞識也是十分傳奇，一次，因違法犯紀隨同韓信的十三人全被殺了。輪到韓信時，他仰起頭來，對滕公說：「難道漢王不想創立統一天下的功業嗎？」聽了他的話，但覺非同尋常，又見他相貌堂堂，就釋放了他。滕公又報告給漢王，漢王就任命韓信為治粟都尉。

　　後來韓信多次與蕭何暢談，蕭何看出來他是位奇才。到達南鄭時，各路的將領大部分都在半路上逃亡了。韓信見漢王並不任用自己，所以也逃走了。後來蕭何聽說韓信逃走了，就也顧不得報告漢王，直接親自跑出去追趕韓信。

　　然後就有人向漢王報告說：「蕭丞相逃跑了。」

　　漢王聽了當即大怒，過了一兩天後，蕭何回來拜見漢王，漢王見了他罵道：「你幹嘛逃跑啊？」

　　蕭何說：「我沒有逃跑，我是去追那逃跑的人。」

　　漢王問：「那你追的人是誰啊？」

蕭何回答說：「韓信。」

漢王聽了又忍不住罵道：「各路將領逃跑的總共有幾十人，您為什麼偏偏去追那一個韓信？」

蕭何說：「那些將領很容易再收納，但韓信這樣的賢才，當下難以找出第二個人來。大王如果打算長期在漢中稱王，自然不需韓信；可是如果要是爭奪天下的話，能幫大王您的人就非韓信莫屬了。」

漢王說：「我自然不能長期苦悶地待在這裡，我打算向東發展。」

蕭何說：「那大王就請將韓信留下來，重用韓信。」

漢王說：「難道我就要為了您的這個緣由，封他做個將軍嗎？」

蕭何說：「我想即便是大王封他做將軍，他也不一定肯留下來。」

漢王說：「那我若任命他做大將軍呢？」

蕭何說：「那太好了。」

於是漢王就準備召來韓信，任命他為大將軍，並舉行了隆重的儀式。

【韓信】

韓信當上大將軍後果然不負眾望，他率領漢軍先後打敗了趙國，魏國和齊國，最後還在九里山設下了十面埋伏，打敗了楚軍，逼得項王在烏江岸邊自刎身亡。

後來劉邦登上了帝位，便封韓信為楚王。但是劉邦總擔心韓信會起兵造反。趁一次別人告發他謀反的事情，劉邦將他貶為了淮陰侯，變相囚禁起來。

漢高祖十一年，陳在趙地起兵聯合匈奴共同造反，劉邦率軍親征，留下了呂后和蕭何鎮守長

安。韓信卻稱病未出征，但他暗中派人去與陳聯絡，結果遭到了家臣的告發。呂后得知後，擔心他擁兵不肯就範，就與蕭何商議計策。

蕭何老謀深算，他獻計道：「我們可以派人假傳聖旨說陳豨已被陛下擒殺。這樣，列侯群臣們都會來進宮朝賀了。」

蕭何又去欺騙韓信說：「儘管您有病在身，可是也得進宮朝賀啊，否則皇上定會起疑。」

【蕭何】

於是韓信輕信了蕭何的話，剛一踏進宮門，便被呂后提前埋伏的侍衛擒獲，然後被架至長樂宮懸鐘室處死了。韓信從一名小士卒當上大將軍，全是蕭何極力舉薦的功勞；但韓信最後不幸身首異處，也是因為中了蕭何的圈套，所以我們才說，成也蕭何，敗也蕭何。

**小知識：**

成也蕭何，敗也蕭何，是比喻事情的成功和失敗都是由這一個人造成的。

# 謀聖張良
## ——名利雙收又能避禍遠身的奇事

　　張良，字子房，張良的祖父和父親都曾在韓國做過相國。後來秦國滅了韓國，張良就拿出全部的財產來收買刺客去刺殺秦王。

　　張良在淮陽找到了一個勇猛力士，為了刺殺秦王還專門打造了一個一百二十斤重的鐵錘。後來秦王東巡，張良就和他在博浪沙襲擊了秦始皇，失敗之後，張良就改名換姓，逃到了下邳。

　　張良住在下邳時，恰巧項伯也殺了人，於是二人結成友誼。

　　十年後，陳勝率先起兵反秦，這時張良也彙集了一百多人。景駒自立為楚王，後張良就準備前去跟隨他，但在半路上遇見了沛公，張良便歸附了他。沛公任命張良為廄將，張良多次向沛公獻策，沛公都很欣賞並採納了他的計策。

　　沛公到了薛地，項梁擁立了楚懷王。張良就勸說項梁道：「您既然擁立了楚王的後人，何不將韓國的橫陽君韓成也立為王呢？」於是項梁就立韓成為韓王，任命張良為韓國司徒，向西奪取韓國原來的土地。

　　漢元年正月，沛公稱帝漢王，賞賜了張良黃金百鎰，珍珠二斗。張良轉手將它們贈給了項伯，請求他代漢王向項王請要漢中地區。最後項王應允了，於是漢王得到了漢中地區。漢王聽從了張良的安排，前去的途中燒斷了所有的棧道，以表自己再不回去的決心。

　　張良回到韓國，所以項王沒派韓成去封國，讓他隨自己東去。張良對項王說：「漢王已將所有棧道燒毀，再也不會返回了。」張良又將齊王田榮叛亂一事上報項王。項王轉而北上攻打齊國。

項王不肯派韓王回國，先貶他為侯，後又在彭城殺了他，張良抄小路逃回了漢王那裡。這時漢王也平定三秦，漢王封張良為成信侯。

漢六年正月，高祖說：「子房雖然不曾在戰場上立下戰功，但他出謀劃策於營帳中，決定勝負在千里之外。所以朕令他自己從齊國中選擇三萬戶做為封邑。」

【張良】

張良說：「當初臣在下邳起事，後有幸與主上在留縣會和，這時上天的旨意。陛下待我有恩，經常採用我的計策，幸好都成功了。現在臣只願受封留縣，萬不敢承受三萬戶。」於是高祖封張良為留侯。

後來高祖想廢太子，改立戚夫人生的兒子趙王如意。呂后很驚恐，就去求助於張良。張良說：「有四個人或許能幫助您。他們認為皇上待人傲慢，所以不肯做漢朝的臣子，躲到深山裡了。如果您能請他們到太子的身邊，或許會對太子有幫助。」於是呂后就派人帶著太子的書信，恭敬地請來了這四人，並安排他們住在了建成侯的府第中為客。

十一年，黥布反叛，高祖打算派太子率兵平亂。這四人勸告建成侯說：「皇上派太子出戰，即使太子立了功，權位也不可能再高過太子了；但如果無功而返的話，恐怕就要遭到災禍了。眼下只有請呂后去尋皇上哭訴了。」於是呂澤就轉告了呂后，呂后便依計行事。於是高祖御駕親征，張良患病，勉強撐起來送高祖到曲郵，說：「楚人迅猛敏捷，皇上千萬不要戀戰。關中的軍隊就交給太子監守吧。」

高祖說：「子房雖然患病，也要幫朕留心輔佐太子。」

十二年，高祖平亂後歸來，身體狀況日益嚴重，更換太子的慾念更強烈。張良勸諫無效，就託病不再問事。叔孫太傅極力勸說，死命爭保太子。皇上假意應允了他，但心裡還在想更換太子的事。後來在一次酒席上，高祖見了

太子身邊隨從的那四人，就問道：「他們是幹什麼的？」四人說出了自己的身分後，高祖大驚，於是便打消了更換太子的念頭。這也全是當初張良進計的功勞。

　　高祖駕崩時，張良正學辟谷學術，行道引輕身之道。呂后感激張良，就竭力勸說他進食，張良不得已，只好勉強聽命進食。過後八年，張良去世，諡號文成侯。他的兒子張不疑襲封為侯。

**小知識：**

## 張良與黃石公

　　張良追擊秦王未遂，被懸榜通緝，隱姓埋名後，逃匿於下邳。一天，張良閒步沂水圯橋頭，遇一穿著粗布短袍的老翁，這個老翁故意把鞋脫落橋下，然後傲慢地差使張良給他撿鞋並穿鞋。看張良謙恭，就大讚：「孺子可教矣。」並約張良五日後凌晨再到橋頭相會。五天後，雞鳴時分，張良就趕到橋上可是老人故意早到還責備他。再約五日後相見。一連三次不得。第三次，張良索性半夜就到橋上。其至誠和隱忍精神感動了老者，於是送給他一本書，說：「讀此書則可為王者師，十年後天下大亂，你可用此書興邦立國；十三年後再來見我。」說罷，揚長而去。這位老人就是隱身岩穴的高士黃石公，亦稱「圯上老人」。

# 不得志的韓信
## ——苦難屈辱造英雄

　　韓信在被蕭何舉薦之前，生活非常窮困。剛開始在淮陰的時候，韓信家境貧寒，連一日三餐都沒有著落。年少時，他就常常寄居到左鄰右舍家中混閒飯吃，因此他很快遭到了大家的厭惡。

　　韓信又前往下鄉南昌亭亭長家中混飯吃，這一吃連吃數月，亭長的妻子對他異常嫌惡，難以忍受。有一次，天還沒亮亭長妻子就起來生火做飯，然後將做好的飯菜端到內室床上去吃。等到了開飯的時候，韓信去了卻發現飯菜早已吃完了，主人也不再另給他準備飯食。韓信看懂了他們的用意，一怒之下，離開了亭長家。後來韓信又輾轉到了淮陰城下的淮水處釣魚，將釣到的魚拿去換了幾文錢來充饑。一旦釣不到魚的時候，韓信就得餓肚子。

　　韓信年輕的時候經常受到一些頑皮的少年欺負。有一次，韓信來到殺豬賣肉的地方，一群頑皮少年圍過來圍住了他，其中一個像是領頭的少年對韓信叫囂道：「別看你長得這麼高大，還喜歡帶刀佩劍，其實你就是一個不折不扣的膽小鬼而已。」

　　圍觀的少年們也開始跟著自己的「老大」起哄，那位「老大」見自己如此有面子，就更加來勁了，當眾又對韓信侮辱道：「韓信，你要是個不怕死的硬漢的話，就拿你的劍來刺我啊；要是怕死不敢刺我的話，你就得從我的胯下爬過去。」

　　韓信直直地打量了他一番，然後握緊拳頭，

【韓信受胯下之辱橋】

咬著嘴唇，低身趴在了地上。周圍圍觀的人看到後，又開始起哄尖叫起來，一會兒滿街上的人都圍在了這裡起哄。韓信就在眾目睽睽之下，朝著那人的胯下爬了過去。周圍的人全都肆意嘲笑起他來，罵他是一個沒出息的懦夫。

後來項梁起兵反秦，韓信就提劍追隨了項梁。但項梁卻沒能重用韓信，只是讓他做了一個麾下的小卒。項梁戰敗後，韓信又歸屬了項羽，項羽也沒有重用他，讓他做了郎中。韓信多次向項羽進獻計策，可是項羽都沒有當一回事。韓信最後就又逃離了楚軍，投奔了沛公。但沛公也是沒有重用他，只是讓他做一個接待賓客的小官吏，國相蕭何見到韓信後，韓信才受到了賞識，他在蕭何的極力舉薦下，最終當上了大將軍，統領千軍萬馬，為沛公立下了汗馬功勞，一時名震天下。

韓信當上大將軍後，找到了那位少年，說：「其實你是一名壯士，當年你當眾侮辱我，我卻沒有殺你，並不是因為不敢殺你，而是我當日不忍殺你，所以才忍了下來。如今，我要委任你擔任衛隊長。」於是那位少年就做了韓信的衛隊長。韓信幼年所遭受的屈辱，正是他日後成為英雄的磨練。

**小知識：**

### 韓信報恩

有一天，韓信早早地就守在了岸邊，撐起魚竿釣起魚來。可是一個上午過去了，韓信一條魚都沒釣上，他的肚子早已開始咕咕直叫了。這時，河邊有幾位在漂洗絲棉的大娘看到韓信餓得面黃肌瘦，精疲力竭，就可憐他，將帶來的飯菜送給韓信吃。一連幾十天，老婆婆都帶飯給韓信吃。韓信非常感激，對那位老婆婆說：「非常感激婆婆施捨於我，他日我若發達了，一定會回來好好報答您老人家。」

老婆婆聽過後，大為生氣地說道：「大丈夫難以養活自己，連一口飯都吃不上，還談何報答。我是看你這位公子可憐，才捨於你飯吃的，根本沒有指望你來報答。」韓信聽過之後，心中更加感激婆婆。後來韓信當上大將軍之後，並沒有忘記當年一直施助送飯的老婆婆。他回到故鄉後，立即提了千金前去拜見那位漂母。

# 呂后專權
## ——得罪女人沒有好下場

　　呂后是高祖尚未雄起時的結髮妻子，性格好強，擅攻心計，為高祖打江山時出謀劃策，立下了不少的功勞，後來又生下了太子劉盈和魯元公主。到高祖稱帝時，高祖又娶了定陶人戚姬，並生下了趙隱王劉如意。

　　高祖對戚姬寵愛有加，為了討好戚姬，就打算廢太子劉盈，改立劉如意。當時呂后已不年輕，經常獨守家中，與高祖日益疏遠。高祖幾次有意讓劉如意取代太子的地位，但靠著人臣們的極力勸諫，以及張良的計謀，太子才得以保全。

　　高祖稱帝後，呂后又幫高祖誅殺了韓信、黥布、彭越等大臣。呂后的兩個哥哥，也都是高祖的部將。大哥呂澤戰死沙場，二哥呂釋之被封為建成侯。

　　高祖十二年四月甲辰日，高祖逝世，太子劉盈即位，也就是漢惠帝。這時呂后就命人將戚姬囚禁起來，並召趙王入京，打算殺掉他。趙國丞相建平侯周昌對使者說：「高皇帝把趙王託付於我，如今太后怨恨戚夫人，打算將趙王召去一併殺掉，我不能辜負先皇之托。況且趙王身染疾病，不能接受詔命赴京。」

　　呂后得知非常惱怒，就派人去召周昌入京。周昌被召到長安後，呂后就又派人去召趙王。惠帝劉盈生性仁慈，他知道太后怨恨趙王，就親自前去霸上迎接弟弟，然後將他帶回宮中，二人同吃同睡同行。就這樣太后一直找不到機會下手。

　　孝惠元年十二月，一天，惠帝大清早就起床外出射箭。太后得知趙王獨自留在，就派人拿了毒酒假借惠帝之名命他喝下。等惠帝返回宮中後，見趙王已經死去，傷心欲絕。

呂太后處死了劉如意後，隨即又派人去砍斷了戚夫人的四肢，還挖掉了眼睛，燻聾耳朵，又灌下了啞藥，將她扔到了豬圈裡，命名她為「人彘」。

　　後來惠帝去看這人彘，問過之後才知這就是戚夫人，於是當場大哭起來，事後竟病倒了，一年都無法起床。惠帝派人去請見了太后，說：「這哪是人幹出來的事情呀？我身為太后的兒子，也深感罪孽深重。」從此惠帝不再過問朝政，整日飲酒作樂，放縱無度，所以一直患病著。

　　惠帝二年十月，有一天，惠帝與齊王在太后面前宴飲，惠帝尊齊王為兄長，就按家中的禮節請他上座。太后見此大怒，就暗地派人倒了兩杯毒酒置於了齊王案前。

　　齊王起身向太后獻酒祝壽，惠帝也跟著站起來，端起酒杯要一起祝酒。太后就害怕了，急忙打掉了惠帝手中的酒杯。齊王見事有端倪，就沒敢喝這杯酒，裝醉離去了。

　　事後齊王經過一番打聽，才得知那是一杯毒酒。齊王很擔心自己能否從長安脫身了，這時有人向齊王獻策說：「太后只有惠帝和魯元公主兩個孩子，所以自然對他們偏愛有加。如今大王您享受七十多座城邑，而公主卻只有區區幾座城的貢賦，所以大王若能將一個郡的封地獻給公主，太后一定會很高興，您也就不用再擔心了。」於是齊王依計行事，為了討好太后，還尊魯元公主為王太后。呂后很高興，就在齊王京城中的官邸擺設酒宴，飲宴結束後，就讓齊王返回封地了。

　　七年八月戊寅日，惠帝逝世。這時惠帝還沒有成年的兒子，呂太后就拜呂台、呂產、呂祿為將軍，統領兩宮衛隊南北二軍，並讓呂家的人都進入了宮中，在朝中掌握重權。呂太后專權便從這時候開始了。

　　九月辛醜日，惠帝得以安葬，太子即位，少帝元年，朝廷政令完全出自太后。

　　太后專權後，打算立呂家人為王。她假意召集群臣眾議，先問了右丞相

王陵，王陵說：「高帝曾立下誓約，不是劉氏子弟卻稱王的，天下共同誅討他。所以若是封呂氏為王的話，是和高帝的誓約相違背的。」

　　太后聽了很不高興，又問左丞相陳平和絳侯周勃，太后聽到了自己滿意的答案。十一月，太后想要罷免王陵，就假意拜他為少帝太傅，以此來奪取他的右丞相職權，王陵見此就告病回鄉。呂后就任命了左丞相陳平為右丞相；自己非常寵信的舍人審食其做了左丞相，來監督宮中事務。於是朝中再也無人敢向呂太后作對了。

## 小知識：

　　漢高皇后，姓呂名雉，高祖死後，被尊為皇太后。她是中國歷史上有記載的第一位皇后和皇太后。又稱為漢高后、呂后、呂太后。同時也是封建王朝第一個臨朝稱制的女子，掌握漢朝政權長達十六年。

# 陸賈盡忠報國
## ——危難之際顯身手

　　陸賈原是楚國人，曾做為賓客追隨高祖平定天下。他是被大家公認為最有口才的說客，所以常常伴隨高祖出使各個諸侯國。

　　高祖剛剛平定天下的時候，尉他也平定了南越，並自立為王。當時天下初定，所以高祖沒有誅殺尉他，而是派了陸賈前去封賜尉他。

　　陸賈到了南越後見到尉他，發現他髮型怪異，就勸說他：「不要與天子抗衡。要不是天子他愛惜百姓，考慮到百姓剛剛擺脫戰爭勞苦，早就派將領前來掃平你了。」於是尉他當即向陸賈道歉，並最終同意了向漢稱臣。

　　陸賈常常在高祖面前大談《詩經》、《尚書》等儒家經典。高祖聽了很不爽，對他罵道：「我的天下不是靠這些詩、書打來的，是靠在馬背上征戰得來的！」

　　陸賈回答說：「您在馬上得天下，難道也打算在馬上治理天下嗎？從前吳王夫差、智伯就是靠武功治理國家而滅亡的，秦王朝也是一樣！」高祖聽了，非常慚愧，就請陸賈總結了各王朝興亡的原因，並命名為了「新語」。

　　到孝惠帝在位時，呂太后執掌朝中大權，要立呂氏兄弟為王。陸賈此時已年邁，再加上他自知自己強力爭辯也無濟於事，索性就託病辭職還鄉。因為好畤一帶土地肥沃，他就在那裡定居下來。

　　陸賈共有五個兒子，他變賣了出使南越時尉他所贈的袋裝包裹，換了千金，分給他的兒子們每人二百金，讓他們置辦各自的家業。他自己卻坐著駟馬豪車，佩帶著價值百金的寶劍和彈琴鼓瑟、唱歌跳舞的侍從十餘人，四處遊玩。

之前他曾對兒子們說：「我和你們先商量好，當我出遊經過你們家時，你們一定要好好招待我的隨從人馬。我若死在誰家，就把寶劍、車馬和侍從傳送於他。我每十天換一家，而且還會到別的朋友那裡去，所以一年中我也就到你們各家中不過兩三次而已。也不用讓你們厭煩了我。」

陸賈表面上很快活，其實他心裡一直在為國家大事擔憂。呂太后掌權時期，封諸呂為王，意圖奪取劉姓的天下。右丞相陳平為此也深感憂愁，但是自知自己能力有限，又擔心受到牽連，所以深居家中思索思量。

有一次，陸賈來到了陳平家中，坐到陳平身邊，陳平思索地出了神，所以沒有察覺到陸賈的到來。陸賈問他：「您在想什麼事，想得眉頭都擠在一起了。」

【明代畫家劉俊所作的《漢殿論功圖》，描繪的是漢高祖劉邦初立，功臣在殿上爭功邀賞，致拔劍砍殿柱。叔孫通乃說高祖召魯地諸生，規定朝儀，自此，高祖始知皇帝之尊。】

陳平說：「你猜呢？」

陸賈說：「您位居右丞相之職，底下有三萬戶食邑，富貴榮華方面自然不用憂愁了。若是有憂愁的話，那也是擔憂呂后專權，少主不保吧？」

陳平說：「沒錯，那你看這該如何是好啊？」

陸賈說：「天下平安時，要注意丞相；天下大亂時，要注意大將。如果

大將和丞相關係默契，那士人就會依附；士人一旦依附，那朝中大權便不會被分散。我之前對太尉周勃講這些，可是他總與我玩笑，不當回事。您何不與他交好呢？」接著，陸生又籌畫了幾種對付呂氏的方法。陳平就採用他的計策，拿出五百金去給周勃祝壽，還為他準備了歌舞宴會。後來周勃也報之了同樣的禮儀，二人禮尚往來，關係也逐漸密切起來。於是呂氏篡權的陰謀更難以實現了。陳平又將一百個奴婢、五十輛車馬、五百萬錢送給陸賈做為飲食費用。陸生用這些費用在大臣中遊說，名聲逐漸大了起來。

　　後來誅滅諸呂後，陸賈有協助迎立了孝文帝登上帝位。孝文帝即位後，打算派人出使南越，陳平就推薦陸賈為太中大夫。最後孝文帝派陸賈出使南越，命南越王尉他廢棄了蠻夷禮節，採用與其他諸侯一樣的禮節。陸賈出使後，將皇帝的要求都辦成了，文帝很滿意，將其記錄在《南越列傳》中。陸賈最後也因年老而去世。

小知識：

### 陸賈的思想

　　首先，陸賈被認為是漢代「最早最純」的儒學家。他主張儒學中以仁義立國的理念。其次，陸賈雖然在《新語》中大倡「仁義」之說，但是逐漸變成了封建君主用以「得天下之民」的一種「長久之術」。最後，陸賈開啟了漢代儒學重構的先河。在堅持儒家基本學說的同時，從道家、陰陽家、法家等諸子思想中吸收了很多，充實了儒家思想體系。

# 文景之治
## ——兩個帝王的太平盛世

孝文皇帝劉恒，是高祖的第四個兒子。高祖十一年春天，他平定了代地陳豨的叛亂，然後就立為代王，建都中都。後來呂后去世，呂氏家族也被誅滅，大臣們商議著立代王為皇帝。

丞相陳平、太尉周勃派人去迎接代王回京。代王一開始還疑心有詐，後來發現自己多慮了。於是就在他們的堅持擁戴下，登上了皇位當了天子。孝文帝元年十月辛亥日，文帝正式即位，在高祖廟舉行祭祀典禮，然後改任了右丞相陳平為左丞相，太尉周勃任右丞相，大將軍灌嬰任太尉，並將諸呂所剝奪的封地全部送還了回去。

十二月，文帝說：「刑法律令是治理國家的標準，是用來懲罰制止暴行，引導人們從善的工具。犯罪的人已經受到制裁，卻還要再誅連到他們家中無辜的父老妻兒、兄弟姐妹。這種做法非常欠妥，眾卿再做商討吧。」

主管律法的官員們說：「百姓不能自治，所以要靠制訂法令來嚴禁他們做壞事。之所以讓罪犯家中無罪的親人隨同罪犯一起收捕判罪，就是想要人們明白觸犯律法的嚴重性。這種做法沿用已久，還是依舊不加改變為宜。」

文帝說：「法令公正百姓便忠厚，刑罰得當百姓就心服。治理百姓，引導民眾向善，主要靠的是官吏。如果不能引導百姓向善，並且用這種不公正的法令處罰他們，這樣更會促使他們去幹兇暴的事。哪還有適宜之處呢？」

官員們答道：「陛下恩澤百姓，功德無量，非吾等臣下所能想到的。」於是，在漢文帝的授意下，朝廷就廢除了那些殘酷的刑罰。

文帝認為農業是國之根本，農民們終年裡裡外外辛勤地勞作著，每年還

都得向國家上繳那麼沉重的賦役，使得務農與從事商業、手工業一般。這樣大大不利於國家農業的發展，於是為了促進國家農業的發展，鼓勵農民們生產，文帝就下令減免了農業賦稅。而一旦發生什麼天災的話，立即下令停止諸侯們的進貢和皇宮的開支，並且打開國庫，為貧苦的百姓們發放了救濟糧。

文帝說：「古人治理天下，朝廷中都設置有進諫用的旌旗和批評朝綱的木牌，以此來更好地打通治國的途徑。如今法令中卻有誹謗朝廷的罪狀，使得大臣們不敢坦言，這樣做皇帝的也就無從得知自己的過失了。所以像這樣的條文應當早就被廢除。」

六年，有人向文帝報告淮南王劉長廢棄先帝的禮法，不遵從皇帝的詔令，宮室居所超出規定，出入車馬儀仗堪比天子。又私自制訂法令，派人出使閩越和匈奴，調用它們的軍隊，圖謀造反。群臣對此議論紛紛，都說應當將劉長押到街市上斬首示眾。

文帝於心不忍，最終免了他的死罪，革除了他的王位，流放到了蜀道及邛都一帶。但劉長還沒走到流放地，就病死在了半路。文帝憐惜他，後來還是將他追尊為淮南王劉長，諡號厲王，並且封他的三個兒子分別為淮南王、衡山王和盧江王。

十四年冬天，北方匈奴不斷騷擾邊境，於是文帝打算親征。後在皇太后的堅決阻攔下，文帝才放棄了打算。然後任命東陽侯張相如為大將軍，成侯董赤為內史，欒布為將軍，率軍打跑了匈奴。

孝文帝在位的二十三年，宮室園林、車馬服飾都沒有增添。曾經有一次，文帝打算建造一座高臺，後來聽工匠說要花上百金，相當於十戶中等人家的家業，文帝就放棄了打算。

文帝提倡儉約，他以身作則，平日穿的是質地粗糙的絲織衣服，並且也不准自己寵愛的慎夫人穿華服，不准用繡花紋的帷帳。國家的財政開支也由此大大縮減，貴族官僚們也不敢肆意搜括，人民的負擔也從而減輕了。

　　文帝逝世後，太子劉啟即位，做了景帝。

　　景帝即位後，繼續採取了文帝時的一系列改革措施。當時的社會經濟快速發展，封建王朝的統治秩序也日益堅固；國內政治安定，百姓自給自足，郡國的糧倉中的糧食都堆得滿滿的。糧倉中的糧食竟因為存放時間長而變得腐爛了，串錢的繩子也都朽斷了。

**小知識：**

### 文景之治

　　漢初休養生息政策的繼續和發展，使中國出現了第一個治世。這是當時的文帝和景帝遵循黃老學說，講求無為而治達到的。「文景之治」本質不是對農民戰爭的讓步，而是鑑於秦始皇所做的積極有為的調整，它是地主階級求長治久安的意志表現，為漢武帝的大一統奠定了政治和物質條件。

# 敢於直諫的張釋之
## ——做臣子的楷模

　　廷尉張釋之，字季，堵陽人。張釋之從小和他的哥哥生活在一起。張釋之家境寬裕，藉著家勢當上了騎郎，但一連十年都沒能得到升遷。張釋之不禁心灰意冷，打算辭職回家。中郎將袁盎知道他德才兼備，見他要離去，就請求漢文帝調補他做謁者。

　　於是文帝就召見了張釋之，張釋之就與文帝談起了利國利民的大計方針。文帝聽了，說道：「你這番高談闊論下來，也只是空談而已，還是先說些比較貼近現實生活的吧。」張釋之就又談起了秦漢之際的事，詳細地道出了暴秦滅亡，大漢興盛的原因。文帝聽了大加讚賞，當即就任命他做了謁者僕射。

　　有一次，張釋之隨同文帝出行，來到了上林苑的虎圈。漢文帝就詢問上林尉各種禽獸的情況，一連問了十幾個問題，上林尉都是東瞧瞧，西看看，答不上來。這時旁邊的看管虎圈的嗇夫就代替上林尉全部回答了文帝提出的問題，並且回答地非常周全。漢文帝說：「做官不就是應該像這樣嗎？上林尉太不稱職了。」於是命張釋之讓嗇夫做這上林令。

　　張釋之過了一會兒才上前說道：「陛下認為絳侯周勃算是怎樣的人呢？」

　　文帝說：「是個長者！」

　　張釋之又問：「那東陽侯張相如又是怎樣的人呢？」

　　文帝回答說：「也是長者。」

　　張釋之說：「絳侯和東陽侯都被稱為長者，可是他二人都不善言談。陛下現在這樣做，難道是讓大家去效法這個伶牙俐齒的嗇夫嗎？秦代就是重用

了舞文弄法的官吏，才使官吏們以辦事迅急苛刻督責為高，這樣一來只是徒有其表無其實而已。所以秦君才會聽不到自己的過失，國勢日漸衰退，到秦二世時就土崩瓦解了。陛下做任何事情都草率馬虎不得啊！」

文帝聽了，深感有理，點頭道：「你說的沒錯！」然後就收回了成命，不再任命嗇夫為上林令。

文帝上了車，讓張釋之陪乘，車子慢慢前行，文帝就問了張釋之秦政的弊端，張釋之都一一據實回答。回宮後，文帝就提拔張釋之做了公車令。

之後不久，一次，太子與梁王共乘一輛馬車入宮，到宮外的司馬門竟沒有下車。張釋之見了就忙迎上去阻攔太子、梁王進宮，還向皇上檢舉，說他們在宮門外不下車犯了「不敬」罪。薄太后聽說後非常惱火，文帝就摘下皇冠，陪罪說：「怪我教子不嚴。」薄太后這才派使臣帶著她的赦免詔書前去赦免了太子、梁王二人，二人這才得以進宮。經過此事，文帝更加欣賞張釋之了，又任命他為中大夫。

後來張釋之升任中郎將，跟隨文帝來到了霸陵。文帝站在霸陵北面眺望，文帝回頭對群臣說：「唉！拿北山之石做槨，將苧麻絲絮切碎塞到石槨縫隙，再拿漆封黏在上面，這下哪裡還能打得開呢？」身邊的近臣都點頭附和道。

張釋之上前說道：「若裡面裝了能引發人們貪慾的寶物，就算封鑄整座南山做棺槨，也還是會有縫隙的；若裡面空無一物，即便沒有石槨，又哪裡需要擔憂呢！」文帝稱讚他說得好，後又提升他為廷尉。

有一次皇帝出巡經過長安城北的中渭橋，突然一人從橋下跑出來，驚到了文帝的車馬。文帝大發雷霆，下令要抓住那人交與廷尉治罪。張釋之就去審訊那人，那人膽顫地說：「我

【張釋之雕塑】

是長安縣的鄉下人，來這兒後聽說要清道禁行，就躲在橋下。過了好久，我以為皇上的隊伍已走過去，就從橋下出來，結果一下就撞見了皇上的隊伍，然後就想馬上跑開。」

然後張釋之就向文帝報告，說那人觸犯了清道的禁令，依法應處以罰金。文帝忍不住怒道：「那人驚了聖駕，差點讓朕從馬上摔下來摔傷。可是你才判他個罰金！」

張釋之說：「法律是天下人共同遵守的，既然皇上把他交給我這個廷尉來處決，那我就不能因為受害的是皇上而在處決上出現偏差。」文帝聽了後，沉默半晌，最終答應。

後來又有一次，有人偷盜高祖廟神座前的玉環被抓，文帝大怒，交給了廷尉治罪。張釋之就依法判處了死刑。文帝忍不住罵道：「這人膽大妄為，無法無天，我將他交給廷尉是想要讓判他滅族的，可是你卻死板地懲處。」

張釋之聽了當即脫帽叩頭謝罪說：「依照律法，這樣的處罰已經足夠了。如果現在他偷盜祖廟的器物就要被判處滅族，那萬一哪天有人盜挖長陵一捧土，又要判他什麼樣的刑罰呢？」文帝猶豫了很久，最後與太后談論過後，才同意了廷尉的判決。而張釋之由此飽受天下人的稱讚。

**小知識：**

**張釋之的後代**

　　張釋之的兒子叫張摯，字長公，一直做到大夫，後被免職。因為他不能迎合當時的權貴顯要，所以直到死也沒有再做官。

# 鄧通吮癰
## ——卻成了乞丐

鄧通是蜀郡南安人，他擅長划船，所以就當上了黃頭郎，也就是水軍，因戴黃帽而名。

相傳，有一天漢文帝做了一個夢，他夢見自己想升天，但怎麼樣也不能上去。正在他著急萬分的時候，一個黃頭郎走到他背後，從背後推了一把，就把文帝推上了天。文帝回頭一看，只見那黃頭郎的衣衫橫腰部分的衣帶在背後打了結，於是文帝就記住了這個特徵。

漢文帝醒來後，就按照夢中的場景前去尋找推他上天的黃頭郎。文帝一直找了很長時間，最後果然一眼看到了與自己夢中相似的那個黃頭郎。而且眼前的這個人的衣帶也在身後打了個結。

於是文帝就把他召來，詢問他的名字，得知了他姓鄧名通。文帝想起那個夢，自然是非常喜歡鄧通，就將他調在了自己的身邊，十分尊重，寵愛他。

鄧通也確實沒有什麼特別的才能，他為人老實謹慎，每天只是在討好皇帝，並不喜歡與外人交往。雖然皇帝賜予了他可以自由休假的恩賜，但他卻仍然不想外出。皇帝先後賞賜了鄧通十多次，總共有上億多的金錢，官職也升到上大夫。

後來有一次文帝讓人給鄧通看了一下命相，那看相的人說：「鄧通的命相其實並不好，他現在雖然在享福，但是以後會被餓死的。」

文帝聽了有點不高興，說：「他跟在朕的身邊，能讓他富有的便是朕，他怎麼可能會餓死呢？」為了消去那看相的人所說的後果，文帝將蜀郡嚴道的整座銅山賜給了鄧通，並允許他擁有自己鑄錢的特權，從此「鄧氏錢」便

【鄧通幣】

開始流通全國。而鄧通的富有也達到了十分高的程度。

　　文帝曾經染上了癰疽病，皮膚潰爛化膿，疼痛難忍。鄧通就一直陪在文帝身邊日夜伺候著他，甚至還常常親自為文帝吮吸身上的膿血。文帝看到這些，心裡很不舒服，就問鄧通說：「天底下誰最愛我呢？」

　　鄧通說：「自然是沒有人比得上太子更愛您了。」恰巧這時，太子前來看望文帝病情，文帝就讓太子給他吮吸膿血。太子見不好直接拒絕，只好為難地躬下身來去為文帝吮吸膿血。雖然太子也為文帝吮吸了膿血，可是臉上卻一直顯露著一副厭惡難受的表情。過後太子聽說鄧通經常為文帝吮吸身上的膿血，雖然感到非常慚愧，但心裡卻對鄧通產生了怨恨，埋下了禍根。

　　等到文帝去世後，太子便繼承了皇位，也就是漢景帝。這時，景帝想起了之前的事情，就將鄧通罷免了，於是鄧通就整日在家中閒居。之後沒過多久，就有人向景帝告發說鄧通偷到境外的鑄錢。景帝就將這個案子交給了法官前去審理，結果證實確有此事，於是很快就結案對鄧通進行了判決，把鄧通家中所有的財產全部收繳了上來，結果還欠上好幾億錢。此時，鄧通便真正地成為了一文不名的窮光蛋。

　　長公主劉嫖念在文帝的情面上，見鄧通非常可憐，就私下賞賜了鄧通一

些錢財。然而這些很快就被搜查的官吏們沒收了，甚至連鄧通頭上插著的一支簪子也取走了。之後長公主只好命令手下僅僅給鄧通送過去衣物和糧食，就這樣，鄧通身上連一個錢都不曾有。

最後，鄧通過著像乞丐一樣的生活，寄食在別人家中，饑貧交加，孤寂悲涼地直到死去。

## 小知識：

《史記・佞幸列傳》裡記載，西漢文帝時有三個寵臣，宦者趙同、北宮伯子、士人鄧通。唯獨「鄧通無伎能」，卻最得寵。鄧通因為文帝一夢得到了文帝的厚愛。並且還得到了銅山，成為鑄造銅錢的大戶。後人也用富比鄧通來比喻人十分富有。

# 馬邑之變
## ——戰機貽誤不得

漢武帝建元六年，匈奴人前來向漢武帝請求和親，漢武帝就召集了朝中群臣前來共同商議。

當時，一位名叫王恢的大臣是燕國人，之前曾多次出任邊郡官吏，所以匈奴的情況比較熟悉。他建議說：「我們大漢與匈奴和親也不下幾次，但每一次都是和親之後，過不了多少年，匈奴就背棄盟約了。所以陛下倒不如不答應他們，反而發兵去攻打他們。」

御史大夫韓安國聽了後，當即反對道：「派遣軍隊遠征千里之外作戰，往往不會取得勝利。現在匈奴又依仗著軍馬糧餉充足，懷著虎狼之心，像群鳥飛翔一般來回遷徙，很難制服他們的。軍隊遠赴千里之外去與爪牙爭奪利益，必定會人疲馬倦，這樣一來，倒是方便了敵人可以憑藉自己的優勢來對付我們的弱點了。臣以為發兵攻打匈奴對我們大漢非常不利，實屬下策。」當時朝中群臣大多數的議論都附合韓安國，於是武帝最後只好同意與匈奴和親。

和親的第二年，也就是元光元年，雁門郡馬邑城的豪紳聶翁一透過了大行王恢稟告皇上說：「眼下匈奴剛剛與漢和親，所以對邊境的居民都很親近信任。皇上可以用財利去引誘他們過來，然後消滅掉他們。」漢武帝聽了覺得不錯，就派了聶翁一暗中前去匈奴做間諜。

聶翁一逃到了匈奴後，對單于說：「我能幫您殺掉馬邑城內的縣令、縣丞等官吏，然後將馬邑城獻給您並投降，城中的財物您也可以盡情地拿去。」單于很高興，認為他說的有道理，就答應了聶翁一。聶翁一回去馬邑後，斬殺了幾個死囚，將他們的腦袋懸掛在城門上，用以冒充馬邑城官吏的頭顱來

取信單于派來的使者。使者看了就回去報告說道：「馬邑城內的長官都已經死了。」於是單于就率領了十多萬騎兵穿過邊塞，進入武州塞。

正在這時，漢朝已經安排了戰車、騎兵、步兵三十餘萬，埋伏在馬邑城外的山谷中。

衛尉李廣擔任驍騎將軍，太僕公孫賀擔任輕車將軍，大行王恢擔任將屯將軍，太中大夫李息擔任材官將軍。御史大夫韓安國擔任護軍將軍，來統一指揮各路將軍。他們互相約定，等單于一進入馬邑城時，就下令讓伏兵出擊。王恢、李息、李廣另外從代郡主打匈奴的後勤物資部隊。

等單于進入漢長城武州塞，距離馬邑城還有一百多里時，正打算要搶奪劫掠，可是卻發現周圍只有牲畜放養在荒野之中，卻看不到一個人影。單于心中生疑，就下令攻打烽火臺，俘獲了武州的尉史。尉史就招供說：「漢朝安排了幾十萬漢軍埋伏在城下。」

單于罵道：「差點被那漢賊所欺騙！」然後就下令撤軍，帶領部隊回去了。

後來漢軍得知消息後，匈奴早已撤出了邊塞。漢軍追到了邊塞，也沒能追趕上，就又撤退回來了。

王恢聽說了單于沒有對漢軍交戰，估計自己若是率領這三萬人馬攻打匈奴的軍用物資時，一定會與單于的精兵交上戰，結果定然是一場慘敗。於是權衡利害，王恢最終也決定撤兵返回了。

漢武帝得知後，遷怒於王恢不出擊匈奴的後勤部隊，而擅自退兵。王恢說：「當初約定匈奴一進入馬邑城，大軍就從正面全力出擊，然後我的部隊暗中襲擊匈奴的軍餉物資。可是單于聽到消息後，沒到馬邑城就直接撤回去了，我那三萬人馬敵不過他，為了保全軍士，所以才撤回來的。請陛下明察！」武帝非常生氣，也不聽他辯解，將他交給了廷尉治罪。

廷尉就判了王恢曲行避敵觀望不前，處以了死罪。

## 王恢之死

　　王恢得知自己要被處決後曾暗中向田蚡送了一千金。田蚡就幫忙去向王太后求情，說道：「第一個倡議馬邑誘敵之計就是王恢，如今卻因沒能成功而殺了他，這等於是替匈奴報了仇。」於是王太后就趁皇上前來拜見他時，將話告訴了皇上。

　　皇上說：「最先提議馬邑之計便是王恢，為此興師動眾，聽從他的號令出擊匈奴。現在他不僅沒有抓到單于，還沒能趁機攻擊匈奴的軍用物資。不殺他無以向天下人謝罪。」後來王恢知道皇上的殺意已決，就自殺身亡了。

# 單于冒頓
## ——敢於調戲漢朝皇后的少數民族首領

　　頭曼單于的太子名為冒頓，後來單于所偏愛的瘀氏為他生下了一個兒子。單于就打算廢除冒頓改立小兒子為太子，然後就派冒頓到月氏去做人質。

　　冒頓趕到月氏做人質後，頭曼就急不可待地想攻打月氏。月氏見此就想殺掉冒頓，冒頓找機會偷了月氏的良馬，逃回了匈奴。頭曼見此，認為他勇猛，就讓他統領了一萬騎兵。冒頓一邊訓練他的士兵們的馬術，一邊製作了一種響箭。

　　他下令對士兵們說：「如果你們誰不隨著我用響箭射擊的目標去全力射擊的話，一律殺無赦。」於是冒頓就拿響箭先射了獵鳥獸，有人沒跟著射，冒頓就把他們殺了；隨後冒頓又用響箭射擊自己的良馬和愛妻，他見左右之人不敢射擊，就又殺了他們。最後冒頓終於將他們訓練地自己射哪兒，他們就射哪兒。

　　後來冒頓在一次跟隨頭曼外出打獵的時候，竟用響箭射向了頭曼的頭，他身邊的人看到後就也馬上隨著響箭射死了頭曼，以及冒頓的後母、弟弟和一些不服從的大臣。掃平一切後，冒頓立為單于。

　　之後，冒頓領兵大敗東胡，滅亡了東胡國，之後又向西打跑了的月氏，兼併了南方的樓煩和白羊河南王，完全收復了秦將蒙恬所掠去的土地。這時中原恰逢楚漢之爭，因此冒頓才得以強大，擁有三十萬強軍。

　　後來的幾年裡，冒頓開始不斷地征戰，陸續征服了北方的渾庚、屈射、丁零、鬲昆、薪犁諸國。於是匈奴的貴族、大臣們都開始佩服起冒頓，認為他非常賢能。

【匈奴族狼噬牛金牌扣飾】

　　這時，漢朝也平定了中國，韓王信被封到了代地，建都城馬邑。冒頓又大肆進攻馬邑，降得了韓信，然後繼續向南攻打太原。高祖見勢便御駕親征，當時正好趕上嚴冬，很多將士們的手指關節都被凍掉。冒頓就設計假意敗逃，誘敵深入。

　　高祖果然中計，被冒頓的四十萬精銳騎兵包圍在了白登山。一連七天，漢軍的軍餉都不能救濟。最後高帝派使者暗中賄賂閼氏，閼氏就對冒頓說：「兩國君王不宜相互圍困。即使能得到漢朝的土地，也終究不能居住在那裡。況且那漢王有神相助，所以請單于三思。」冒頓聽了閼氏的話，又見與自己會師的王黃與趙利沒能按時到來，就起了疑心，然後解除了包圍圈的一角。高祖趁機逃了出來，與大軍會合，最後派了劉敬前去匈奴締結和親盟約。

　　此後，韓王信做了匈奴將軍，他與趙利和王黃屢次違背盟約，出兵侵擾代郡、雲中郡。之後不久，漢將陳豨謀反，與韓信合謀進攻代地。高祖派樊噲前去阻擊，奪回了代郡、雁門和雲中等郡縣。冒頓又見一些漢將前來投降，就常常往來於代地，不斷侵襲。高祖不由為此憂慮，於是就派劉敬送了公主去下嫁單于，並且每年送給匈奴棉絮糧食等供給，實行和親政策。冒頓見此也就停止了侵擾。後來，燕王盧綰造反投降了匈奴，經常侵襲上谷以東地區。

　　高祖去世，呂太后專權。漢王朝剛剛安定後，冒頓就寫了封信派人送給

呂太后，信中滿是調侃戲弄之意。呂太后看了信後，便想發兵攻打他，但諸位漢將勸說到：「高帝那麼厲害都被他們圍困在了平成，所以還是不要發兵為妙。」於是呂太后便放棄了攻打，又與匈奴和起親來。

　　冒頓當上單于後，恰逢東胡強大興盛。東胡聽說了冒頓殺父自立，就派使者前去向冒頓索要頭曼的那匹千里馬。冒頓就將馬送給了東胡。東胡以為冒頓畏懼他才送馬，所以就又派使者對冒頓說，想要他身邊的閼氏。冒頓就同大臣說了此事，大臣們非常生氣，可是冒頓認為不能因為一個女人和鄰國傷了和氣。於是又將自己寵愛的閼氏送給了東胡。

　　東胡王見此不由得寸進尺，領兵前來侵犯。當時東胡與匈奴之間有一塊領地，這領地有一千多里，東胡又派使者說：「這片地以後你們就不要來了，以後歸我們東胡了。」

　　冒頓再次與群臣商議，群臣都認為一塊荒地並無大礙。

　　可是冒頓大怒道：「土地是國家的根本，怎可輕易割予他人！」於是冒頓殺掉了那些說割地的大臣們，然後調集了軍隊，殺向了東胡。最終將東胡滅了。

# 飛將軍李廣
## ——神一般的箭術

李廣，隴西郡成紀縣人。祖上李信是秦朝時的大將，曾經擒獲了燕太子丹。李廣家世代傳習射箭之術，後匈奴舉兵入侵蕭關，因射殺了無數的敵軍，所以被提升為中郎。同時被任命為中郎的還有李廣的堂弟李蔡。

後來景帝即位，李廣任隴西都尉，隨後又改任騎郎將。吳、楚七國叛亂時，李廣任驍騎都尉前去平亂，並在昌邑城下拿下敵軍的軍旗，立下大功。當時梁孝王曾將將軍印授予了李廣，所以朝廷任他為上谷太守，每天都要與匈奴交戰。公孫昆邪哭著對皇上說：「李廣才能天下無雙，現在他屢次與敵人正面交戰，恐怕皇上將會失去這員良將。」於是李廣又先後被調為各郡太守，最終被任為上郡太守。

【李廣射石圖】

有一次，匈奴入侵上郡，皇上派來一名宦官跟隨李廣學習軍事。這位宦官帶著幾十名騎兵，與三個匈奴人交戰，誰知竟被匈奴人殺盡了騎兵，宦官也被射傷。李廣得知後，推斷那三人是匈奴的射鵰手。然後李廣帶領一百騎兵前去追趕，李廣命令騎兵分左右兩路包抄。他自己親自去射殺那三人，最終射死兩個，生擒一個，一問果然是匈奴的射鵰手。沒多久，遠處的幾千匈奴騎兵就看到了李廣，他們見李廣身邊人馬稀少，以為是誘敵之計，就沒有輕舉妄動，而是到山上擺好了陣勢。李廣身邊的騎兵們看到後大為驚恐，打算飛奔逃離。李廣阻止道：「現在我們已距大軍幾十開外，現在若是逃跑，匈奴一定會馬

【李廣】

上前來追殺的。所以我們現在萬不能逃離。繼續向前挺進！」

　　於是就一直前進到了離匈奴陣地二里的地方，然後李廣又下令說：「全體下馬歇鞍！」

　　騎兵們說：「敵軍眾多，又如此貼近，如果一旦事變可怎麼辦？」

　　李廣說：「敵軍見我們解下馬鞍，一定會更加肯定我們是誘敵之兵的。」結果匈奴騎兵果真不敢前來攻擊。

　　有一位匈奴將領出陣監護士兵，李廣就趁機上馬率十幾名騎兵前去射殺了那位匈奴將領，然後又返回隊中，解下馬鞍，下令士兵們全放開戰馬，躺臥在地上。到了夜晚，匈奴見李廣一直沒動靜，就以為有伏兵在附近埋伏，打算趁夜偷襲他們，於是就領兵撤離了。

　　到武帝即位，李廣由上郡太守被提升為未央宮的禁衛軍長官。後來，漢朝用馬邑城引誘匈奴，任李廣為驍騎將軍，派大軍提前埋伏在附近。但後來單于發現了漢軍的計謀，就撤軍了。四年後，李廣被任為將軍，外出雁門關去攻打匈奴。李廣的軍隊寡不敵眾而戰敗，李廣被生擒。匈奴騎兵俘虜李廣

後，見李廣受傷生病，就將他置於兩匹馬之間的網兜裡躺著。當時李廣佯裝死去，大約走了十里地後，他睜眼看到身旁的一位匈奴少年騎著一匹好馬，就突然縱身跳上了匈奴少年的馬背上，順勢將少年推了下去，奪走了他的弓箭，跳轉馬頭就向南飛馳而去。隨後李廣遇上了他的殘兵部下，於是又帶領他們進入關中。李廣打了敗仗返回京中，最後被朝廷判決了死罪，李廣就花了錢財將自己贖免，被削職為民。

李廣身材高大，雙臂孔武有力，所以他射箭也有天賦。他的子孫和向他學習箭術的外人，都沒有能趕上他的。李廣經常和別人比試射箭，拿射箭來當以消遣，一直到最後死去。而他射箭的方法是，敵人逼近時，如果不在數十步之內，是不會發射的。一旦發射，立即有敵人應聲倒地。

李廣駐守右北平時，匈奴人聽說後，都稱他為「漢朝的飛將軍」，並且躲避了他好幾年，沒敢再入侵右北平。

## 小知識：

### 射石傳說

李廣被貶後就閒居家中數年，經常與已故潁陰侯灌嬰的孫子灌強一起上南山打獵。有一次，李廣外出打獵，他誤將遠處草叢中的一塊石頭當成了老虎，就搭箭射向它，射中之後，李廣走上前去查看，結果發現竟是一塊石頭，箭頭都射進石頭裡了。然後李廣又重新再射，卻發現自己不能再射進石頭了。

# 大將軍衛青
## ——從奴隸到大將軍

衛青，字仲卿，平陽縣人。他的父親鄭季是一個小吏，曾在平陽侯曹壽家中辦事。鄭季在平陽侯府上的時候，看上了平陽侯的小妾衛媼，最後二人通姦，生下了衛青。

衛青原是平陽侯家中的奴僕，小時候父親經常讓他去牧羊，而家中的兄弟們也都把衛青當作奴僕對待。有一次，一個戴著鐵枷的犯人給衛青相面說：「你是命中註定的貴人，將來一定能當上大官，並且封侯的！」

衛青自嘲道：「我身分卑賤，是奴役人家的孩子，只要能不受到他人打罵就心滿意足了，怎麼還敢奢想封侯之事呢？」

衛青長大後，成為了平陽侯家的侍衛，經常跟隨在平陽公主身邊。漢武帝建元二年（西元前 139 年），衛青的同母異父姐姐衛子夫得到武帝的寵幸，被召入宮中。皇后陳阿嬌是大長公主劉嫖的女兒，她沒能為皇上誕下龍子，因此非常妒恨衛子夫。得知衛子夫有了身孕後，大長公主就派人去逮捕並囚禁了衛青，打算要殺了他。後來，衛青在公孫敖的幫助下，被救了出來。武帝得知後，就任命他為建章監，加侍中官銜，後來又升為了大中大夫。

【衛青像】

元光五年（西元前 130 年），衛青被任命為車騎將軍，奉命出兵討伐匈奴。當時大軍兵分四路，除了衛青外，還有輕車將軍公孫賀，

騎將軍公孫敖，驍騎將軍李廣。四人各領兵一萬，分四個方向出發。最後衛青一共斬殺敵軍數百人，公孫敖損失了七千騎兵，李廣為敵人俘獲，後又成功逃脫。公孫賀也沒能取得任何戰功。結束返朝後，武帝大怒，判處了公孫敖和李廣死刑，後二人交了贖金，免得一死，被削為平民。

元朔元年（西元前 128 年），衛子夫誕下男孩，被立為皇后。這年秋天，衛青擔任車騎將軍，領兵三萬從雁門出發攻打匈奴，共斬殺敵軍數千人。第二年，匈奴入侵邊境，殺死遼西郡太守，打敗韓安國，俘獲了漁陽郡二千多人。武帝命李息領兵從代郡出兵；衛青領兵從雲中出發，向西攻打匈奴。漢軍大獲全勝，抓獲了敵軍數千人，繳獲牲畜十萬頭，打跑了白羊王和樓煩王，攻取了直到隴西的河南地區。隨後，漢朝將河南地區設為朔方郡，劃定三千八百戶為衛青的食邑，封衛青為長平侯。

匈奴侵犯大漢並沒有就此結束，不久又入侵邊境，殺死了代郡太守共友，侵入雁門，搶掠一千餘人。接著，匈奴開始了大規模入侵代郡、定襄、上郡，漢朝的數幾千名百姓深受其害。

元朔五年（西元前 124 年），朝廷命衛青率領三萬騎兵，從高闕出發抗擊匈奴。夜晚，漢軍突然包圍了右賢王。右賢王為之深感驚駭，連夜帶著他的一個愛妾和幾百精兵向北突圍，急馳而去。漢軍俘獲了右賢王的小王十餘

【衛青墓】

人，民眾一萬五千人，牲畜數千百萬頭，凱旋而歸。衛青領軍剛剛行至邊塞，武帝便任命車騎將軍衛青為大將軍，其他各路將軍都隸屬於大將軍衛青。

回京後，漢武帝又加封衛青六千戶食邑，並且封他的兒子衛伉為宜春侯，衛不疑為陰安侯，衛登為發干侯。隨從大將軍出行的各都尉論功行賞，各加封食邑。這年秋天，匈奴又入侵代郡，殺死了都尉朱英。

　　第二年春天，大將軍衛青奉命領兵從定襄出發，聯合各路將軍攻打匈奴，殲滅了敵軍幾千人。一個月後，衛青再次領軍從定襄出發，斬殺匈奴敵軍萬餘人。右將軍蘇建、前將軍趙信的軍隊合為聯軍，共有三千多騎兵。他們不幸遇到了匈奴單于的大軍，惡戰了一天後，被匈奴全殲。前將軍趙信原本就是匈奴人，後來改投漢朝被封為翕侯。如今眼見軍情危急，又有匈奴人前來利誘他，就率領殘軍八百投降了單于。右將軍蘇建折損了自己所有的兵將，獨自一人逃回了衛青那裡。衛青領兵進入邊塞，停止了對匈奴的征戰。

　　這一年的征戰，漢朝共折損了兩位將軍的軍隊，翕侯趙信已逃亡歸降匈奴，也未曾立下諸多軍功，因此衛青未能受封。右將軍蘇建回來後，天子也並沒有誅殺他，而是赦免了他的罪過，令他交了贖金，削為平民百姓。衛青被武帝賞了千金。

**小知識：**

　　元封五年（西元前 106 年），衛青去世，諡號烈侯，取《諡法》「有功安民曰烈。以武立功。秉德尊業曰烈」之意。 漢武帝命人在自己的茂陵東為衛青修建了一座陰山（匈奴境內的一座山）形狀的墓塚，以象徵衛青一生的赫赫戰功。

# 驃騎將軍霍去病
## ——匈奴未滅，無以為家

霍去病是大將軍衛青的外甥，長大後，被武帝任命為侍中。

霍去病擅長騎射，他兩次隨從大將軍衛青一起出征。元朔六年（西元前123 年），霍去病被武帝任為剽姚校尉，隨衛青襲擊匈奴於漠南（今蒙古高原大沙漠以南）。霍去病率領八百騎兵，孤軍奮進，尋找機會襲擊敵人，最後殲滅的敵軍數量遠遠超過了他們自身的折損。武帝聽說後，讚賞道：「剽姚校尉霍去病殲敵二千零二十八人，殺死匈奴相國和當戶以及單于祖父輩的籍若侯產，生擒單于叔父羅姑比。三軍中居功至首，朕特封他為冠軍侯。」

元狩二年（西元前 121 年），武帝封霍去病為驃騎將軍，領兵一萬，出擊匈奴。霍去病率軍越過了烏鸘山，討伐遬濮，又渡過狐奴河，途經匈奴的五個王國，但都未曾掠奪民眾和順從者，只想擒獲單于的兒子。霍去病轉戰了六天，翻過焉支山千餘里，終於殲滅了敵兵，斬殺了折蘭王，砍下了盧胡王的頭顱，擒獲了渾邪王的兒子和匈奴相國、都尉，並且還收繳了匈奴的祭天金人。武帝龍顏大悅，加封了他二千戶食邑。」

【霍去病墓中石雕群像】

這年夏天，霍去病又聯合合騎侯公孫敖從北地出發，向匈奴挺進。出了北地後，霍去病已深入匈奴，公孫敖因為走錯了行軍路線，所以兩軍沒能會師。霍去病越過了居延澤，途經小月氏，一直挺進了祁連山，大敗匈奴，殺死敵軍三萬零二百人，俘虜了酋塗王和五個小王以及相國將軍等眾多敵酋。而漢軍僅僅折損了不到三

成，武帝大悅之下便又加封了霍去病五千戶，同時也賞賜了隨從霍去病出征的將士們。

當時，朝中的各位老將部下的兵馬戈戰都不如霍去病的，他麾下的士兵全是經過特殊挑選的士兵。雖然霍去病勇於深入敵境交戰，又經常身先士卒，卻從未遇到過大的困境。而那些老將卻常常因為行軍遲緩而錯失了好的戰機。自此之後，霍去病更加受得帝寵，也愈是顯貴起來。

到這年秋天，匈奴的首領單于見西方的渾邪王幾次被驃騎將軍打敗後，大怒之下就想要殺掉他。渾邪王和休屠王眼見不妙就打算投降漢朝，於是派人出使邊境的漢營。武帝擔心有詐，就派霍去病去迎接渾邪王和休屠王。霍去病率兵渡過黃河後，看到了遠處的渾邪王的部隊。渾邪王麾下的副將們看到了漢朝的軍隊後，好多人都想逃走。霍去病見狀，騎馬飛馳到敵營中，斬殺了八千多想要逃走的匈奴士兵。然後命渾邪王一人乘車先回漢朝覆命，到達長安後，武帝劃定了一萬戶給渾邪王，封他為漯陰侯。同時大讚霍去病並再劃定一千七百戶封給驃騎將軍。

後來，武帝還為霍去病修築了府第，讓他前去看看是否滿意。霍去病回答說：「匈奴一天沒有消滅，我便一天無心考慮私人的事情。」武帝聽了更加寵信重用他了。

元狩六年（西元前 117 年），霍去病去世，武帝對他的死深感悲傷，為此特意調遣邊境五個郡的鐵甲軍，一直從長安到茂陵排列成陣，與此同時，還命人將霍去病的墳墓修成祈連山的樣貌。

## 小知識：

### 霍去病的私生子身分

霍去病的母親是私生子，他本人也是一個私生子，他的生父叫霍仲孺，後來這位小吏不敢承認自己跟公主的女奴私通，於是霍去病只能以私生子的身分出生。

# 金屋藏嬌
## ——皇帝的話信不得

漢武帝劉徹是漢景帝的寵妃王娡所生，在十二個兄弟中排行第十。漢景帝的另一個寵妃栗姬生下了太子劉榮，而當時做為皇后的薄氏因為沒能誕下子嗣而被景帝所廢。這樣一來，景帝沒有嫡子，只好按照傳統規矩立了已經長大成年的庶長子劉榮為皇太子，同時立尚且年幼的劉徹為膠東王。此時，劉徹才四歲。

漢景帝前元四年，館陶長公主見太子劉榮尚未婚娶，就打算將自己的女兒許配給太子，希望女兒日後能夠成為皇后。劉榮的母親栗姬因為館陶曾經屢次向景帝進獻美女而對她產生了厭惡，就拒絕了這樁婚事。館陶長公主為此十分惱火。

劉徹從小就非常受館陶的喜愛，館陶見自己在太子劉榮那裡吃虧了，就盤算著將太子劉榮推倒，扶持劉徹登上皇位。

有一次，劉徹到館陶家中玩耍，館陶抱著劉徹坐在她腿上，與他開玩笑說：「小寶貝，你現在想娶媳婦嗎？」

劉徹聽了，看著姑母館陶說：「當然想了。」

館陶聽了，心裡當時就樂了，於是就指著一旁的宮女們，接著對劉徹調侃道：「那你看她們可以做你媳婦嗎？」

劉徹看了，理直氣壯地認真道：「不行！我不要她們！」

館陶就靈機一動，指著自己身後的女兒陳阿嬌問劉徹道：「那你看阿嬌可以嗎？」

　　劉徹聽了後，直接從姑母的腿上跳下來，面色大喜地認真說道：「如果我能娶到阿嬌姐做媳婦的話，一定要讓她住進金房子裡面。」

　　館陶長公主聽了劉徹的這番話後，心裡就敲定了主意，她默默盤算了起來幫助劉徹登上皇位的計畫。於是她開始不斷地在漢景帝面前提起劉徹，拼命地說著劉徹的好話。時日一久，後來漢景帝果然聽從了她的建議，廢除了劉榮而改立劉徹為太子，繼承皇位。

　　漢景帝后三年，被冊封為太子的劉徹已經年滿十六週歲，也正是這一年，景帝去世，太子劉徹登上了帝位，成為漢武帝。劉徹當上皇帝後，果然就娶了陳阿嬌，並且立了她為皇后。陳阿嬌認為自己的母親為劉徹當上皇帝做了很大的貢獻，而自己現在又當上了皇后，所以在宮中是有恃無恐，非常地驕橫。

　　劉徹即位後的第三年，也就是建元二年，三月初三上巳節的時候，劉徹到他的姐姐平陽公主家去做客，平陽公主就向劉徹獻上了美人，但劉徹看過後並沒有多大的興趣。

　　後來在姐姐家看歌舞表演時，劉徹看見一位歌女長得很漂亮，就問他姐姐那個人是誰。原來那位歌女便是衛子夫，漢武帝劉徹非常喜愛的，就與姐姐家要走了衛子夫，把她帶回了宮中。

　　一開始衛子夫被武帝帶回宮中後只是一名普通的宮女而已，後來有一次漢武帝下令讓宮女們辭退回家，這一次衛子夫哭著央求武帝放她出宮。武帝見此憐惜不已，於是再次寵幸了衛子夫，之後與衛子夫生下了三女一男，男孩便是太子劉據。

　　後來，陳皇后聽說了這些事情後，當然是不依了，經常在宮中大吵大鬧，還數次要尋死覓活的。劉徹見她這般胡鬧，便更加惱怒她。

　　陳皇后被漢武帝幽禁後，終日以淚洗面。後來她請了司馬相如前來幫她寫了一篇《長門賦》，希望可以憑此來打動武帝，讓武帝收回成命，與她相聚。

司馬相如將《長門賦》寫得非常淒慘動人，漢武帝看過後也非常有所觸動。但他隨即想到阿嬌那潑辣彪悍的樣子後，就不再看了，將它丟在一旁。陳皇后最終也還是沒有從長門宮中釋放出來。

### 阿嬌入冷宮，全是自己惹的禍

陳阿嬌眼見衛子夫為皇上生下龍子，得到寵幸，十分嫉妒。到最後，陳皇后竟召來女巫楚服，然後令她在宮中佈下了巫蠱之術。後來，陳皇后行巫蠱的事情敗露了，楚服直接被處與了梟刑，並且由此誅連到的人多達三百。陳皇后最後也被武帝廢出，打入了冷宮——長門宮。

# 漢武帝平夷
## ——犯漢者雖遠必誅

　　漢武帝建元六年，大行王恢率軍攻打東越，東越民眾見勢就直接殺死了東越王郢，以此來討好漢朝。王恢就又藉兵威派人將漢朝發兵的旨意告知了南越。後來唐蒙得知了原來南越企圖用自己的財物來讓夜郎歸屬自己。於是就上書皇上，請求漢武帝聯合夜郎來制服南越。

　　於是漢武帝任命他為郎中將，領軍從巴符關進入夜郎。唐蒙會見了夜郎侯多同，將帶來的賞賜全送於了他，然後又開導他，說只要他配合，漢王朝就不會虧待他，會為他們設置官吏，讓他的兒子擔任官長。夜郎的民眾們都貪圖漢朝的絲綢布帛，又畏於漢王朝的強大，所以就同意了唐蒙的盟約。唐蒙回京稟明了皇上，皇上就下令將夜郎設為了犍為郡，然後就開始調遣巴、蜀兩郡的兵士前去修築道路，從僰直修到牂柯江。隨後皇帝又派了司馬相如前去西夷告知他們朝廷要設置西夷為尉縣，隸屬蜀郡。

　　這時，巴郡、蜀郡、廣漢郡、漢中郡開通西南夷的道路，從守衛到運送的士兵都非常多。幾年後，路沒能修通，士卒們餓死病死的倒是不少；而西南夷屢次造反，派遣軍隊去鎮壓，效果卻甚微。皇上對此擔憂，派了公孫弘去調查情況。公孫弘調查完回京稟明了皇上，說形勢不利。後來公孫弘當上了御史大夫，這時漢朝正在修築朔方郡城，打算藉黃河之勢來驅逐匈奴。公孫弘就趁機向漢武帝說了很多開發西南夷的壞處，最終勸說武帝停止了活動，只在南夷夜郎設立了兩縣一尉，命犍為郡保全完善自己。

　　後來，南越開始造反，漢武帝得知後，就派了馳義侯以犍為郡的名義前去調遣了南夷的軍隊。當時且蘭君擔心他的軍隊走遠之後，旁邊的國家就會趁機來燒殺虜掠他剩下的老弱民眾；所以乾脆就與他的軍隊一起謀反，殺掉了漢朝派來的使者以及犍為郡的太守。

漢武帝得知後，更加氣憤，就下令調動巴郡和蜀郡一共八個原本打算去攻打南越的校尉，率領那些被赦免死罪的罪犯去攻打且蘭，將且蘭給平定了。當時恰好南越也已被攻破，八個校尉尚未沿牂柯江南下，就直接領兵撤回了。然後在撤回的行軍中順便誅滅了阻斷漢朝與滇國之間交通要道的國家頭蘭。頭蘭被平定後，就又繼續前去平定了南夷，並在那兒設置了牂柯郡。夜郎侯一開始是依靠南越的，南越被漢朝誅滅後，恰巧另一方面漢軍又在誅殺那些反叛者，夜郎侯見此只好前赴漢朝京城中朝見皇上，被漢武帝封為了夜郎王。

南越被攻破滅亡後，漢朝又誅殺了且蘭君、邛君，還殺掉了筰侯，冉、駹見此都非常擔心害怕，於是都開始向漢朝稱臣，請求為他們設置官吏。漢武帝就將邛都設為了越巂郡，將筰都設為了沈犁郡，冉、駹設為汶山郡，廣漢西邊的白馬設為武都郡。然後又下令命王然于利用破滅南越以及誅殺南夷君長的兵威，委婉地告誡滇王前來大漢朝見天子向漢朝稱臣。滇王的軍隊有數萬餘人，東北方的勞和靡莫都和滇王是同一個姓氏，他們之間彼此相互依靠，因此滇王不肯聽從使者的勸說，並且勞和靡莫還多次對漢朝的使者和吏卒進行侵犯。

漢武帝元封二年，漢武帝下令調動了巴郡和蜀郡的軍隊前去討伐誅滅了勞和靡莫，緊接著漢朝大軍向滇國逼近。由於滇王最初的時候是對漢朝懷有善意的，因此他並沒有被漢軍誅殺。於是滇王率領全國離開了西夷，請求歸附漢朝向漢朝稱臣，並進京朝見漢武帝。漢武帝見此大為滿意，就下令將滇國設為了益州郡，還賜予了滇王王印，由他接著治理他的百姓。自此，西南夷便完全歸附了漢朝。

# 張騫通西域
## ——多災多難而又轟轟烈烈

張騫，漢中人，曾當過郎官。

漢武帝建元年間，有一批匈奴人投降了漢朝，他們對天子說，匈奴打敗了月氏，將月氏王的頭顱拿來做飲酒的器具。月氏人對匈奴非常怨恨，卻找不到朋友可以與他們一起前去攻打匈奴。漢武帝本身就想攻打匈奴，現在聽了歸降的匈奴人的這些說法後，心中就打起了算盤：要是能與月氏結為盟國去攻打匈奴該多好啊。

於是武帝就開始在朝野公開招募能夠前往月氏的使臣。當時張騫就以郎官的身分最後獲得了武帝的准許，受命出使月氏。然而要想前去月氏的話，就必須得從匈奴經過。張騫從隴西出境，經過匈奴時，不幸被匈奴人發現，單于得知張騫的目的後，生氣地說：「月氏還在我們國家的北方，要想去那兒必須得從我們國家穿過，所以你們漢朝的天子怎能派使者前往呢？要是我們想派使者穿過你們漢朝前去南越，你們漢朝又能准許我們嗎？」於是單于就此扣押了張騫長達十餘年之久，期間還給張騫娶了妻子，生下孩子，不過張騫卻始終保持著漢朝使者的符節，心裡不曾忘記武帝交待的使命。

張騫被迫留在匈奴的時日久了，漸漸地匈奴對他的看護也變得寬鬆起來。終於有一天，張騫找到了機會，和他的隨從逃離了匈奴，一直向西連續跑了幾十天，打算直奔月氏，最後到達了大宛。漢朝在當時還算是強盛的大國，所以那大宛早就想與漢朝相往來了，但卻都沒能成功。現在他們見到張騫，聽說是大漢派來的使者後，心中無比興奮，就向張騫問道：「你們是打算去向何處？」

張騫說：「我等已受漢王命令出使月氏，誰想半路卻被那匈奴攔了去路。

如今剛剛從匈奴逃出，擔心再次受到匈奴的迫害，所以請求大王能夠派人護送我們前往月氏。他日待我們返回漢朝後，一定會向皇上稟明一切，到時候皇上為表謝意，一定會贈送大王數不盡的財物的。」大宛相信了張騫的話，於是就派了嚮導和翻譯與張騫一同出發，最後將他們順利地送到了大月氏。

大月氏的國王早已被匈奴人所殺，所以大月氏的太子當上了國王。這時，國王已經率領大家征服了大夏，並將國家安定在了這裡。張騫又從月氏輾轉到了大夏，見到了他們的國王說明了來意，但國王卻認為這裡難得土肥水美，又很少有敵兵來犯，而漢朝過於偏遠，並不是真心要向匈奴報仇的。所以月氏的國王始終沒有給出月氏的確切答覆。

就這樣，張騫在月氏待了有一年多的時間，然後準備返回漢朝。為了避開匈奴，這次他選擇了沿著南山行進，從羌人住的地方返回長安。誰知走到半路的時候再次碰上了匈奴人，又被匈奴捉獲了。他再次被迫在匈奴居住了一年多的時間，後來單于去世，匈奴左谷蠡王趁機攻打太子，然後自立為單于，國內形勢一片大亂。張騫就帶著胡人妻子和堂邑父趁機逃回了漢朝。回到漢朝後，張騫一一向武帝稟明了情況，武帝封他為太中大夫，封堂邑父為奉使君。

張騫之所以能順利回來，是因為他為人堅強，胸懷寬廣並且做人誠實可信，因此他非常受蠻夷胡人的愛戴。堂邑父本身是匈奴人，擅長箭術，每到窮困關頭，就去射殺飛禽走獸來充饑。剛開始，隨從張騫出使的隊伍共有一百多人，十三年後順利返回漢朝的卻只有他和甘父兩個人。

**小知識：**

張騫對絲綢之路的開拓有重大的貢獻。並從西域諸國引進了汗血馬、葡萄、苜蓿、石榴、胡桃、胡麻等等。

# 遊俠郭解
## ——江湖第一個大佬

郭解，字翁伯，軹縣人。

郭解的外公許負善於替人看相。漢文帝時，他的父親曾因為行俠而被殺。郭解身材矮小，不愛喝酒，卻精明強悍，兇殘狠毒。年幼時，他常常會因為心中不快而親手殺了很多人。後來他又不惜性命前去替自己的朋友報仇，還曾包庇亡命之徒一起去搶劫，鑄造私錢，挖墳盜墓。總之，他所犯下的不法之事真是數不勝數。

然而每次郭解卻都像是有神靈相助一樣，經常在自己最為危急窘迫的緊要關頭時，都能夠順利脫身。到他長大後，意識到了自己行為不妥後，就開始對自己進行了檢討。

他開始拿恩惠來報答對自己心懷怨恨的人，並且還多多地對別人進行施捨相助，更是很少對別人產生怨恨。於是他越來越喜歡上了行俠的感覺。他每次營救了別人的性命，都不會去自誇功勞；但是他的內心卻是依然兇狠歹毒，依舊會為一些小事而突然怨怒，導致最後直接行兇殺人。

當時的少年們都對他的行為非常的崇拜，因此也常常會偷偷地為他報仇。郭解姐姐的兒子經常倚仗郭解的勢力去欺負別人。有一次，他在與別人喝酒時，讓別人與他一起乾杯。但對方實在是喝不下去了，可是郭解姐姐的兒子卻不管那麼多，見對方自己不喝就去強行灌酒。那人當時也怒了，於是衝動之下，立即拔出刀來刺死了他，隨後反應過來，就立刻逃跑了。

郭解姐姐見兒子被人殺了，就憤怒地對郭解說道：「虧你還被大家認為很有義氣，現在我的兒子被人殺了，卻連兇手都捉不到。」她還將兒子的屍體放置在大路上，以此故意羞辱郭解。郭解派人暗中去調查兇手的去路，兇

【群俠圖】

手得知後，就自己主動回來找到了郭解，並將真實情況告知了他。

郭解聽說後，沉思片刻，說道：「你走吧，這件事你沒有錯！是我家孩子先無理取鬧的。」說罷，郭解就放那個兇手離去了，然後回去將姐姐的兒子埋葬了，跟他姐姐說全是因為她兒子不好。人們聽說這件事後，都齊聲稱讚郭解。

郭解每次外出時，人們見到他後都會遠遠地躲開，但有一個人卻沒有躲開，而是經常坐在地上狂傲地看著他。郭解見了感覺很奇怪，就派門客去詢問那人的姓名。門客見那人對郭解如此無禮，就打算要殺掉他，郭解阻止道：「都是鄉里的鄉親，萬萬不能對他下手。我不被他尊敬，肯定是因為我自身的道德修養還欠佳，與他無關。」

他又暗中託付尉史說：「這個人我很在意，等到他服役的時候，希望能幫他免除。」結果之後每到服役的時候，縣中官吏都沒去找這個對郭解不禮貌的人。時間久了，他自己也感到奇怪，就去訊問官吏原因，這才得知原來是郭解在暗中幫他讓他免除差役的。他非常羞愧，於是就袒露身體前去找郭解謝罪。少年們聽說後，對郭解更加崇拜了。

　　郭解哥哥的兒子曾經殺了楊縣掾，砍下了他的頭，與楊家結仇。後來郭解又殺死了楊季主，等楊季主的家人前去告狀時，又有人將告狀的人直接殺死在了宮門下。這事傳到皇上耳中後，皇上震怒，當即下令捕捉郭解。

　　郭解見勢不妙就將母親安頓在夏陽，自己隻身逃去臨晉，他透過臨晉籍少公的幫助，逃到了太原。由於他在逃亡中，每到一家留宿時，都會將自己的情況告訴那家人。最後官府抓到了郭解，將他的新舊帳一併算清了，判處了他大逆不道的罪行，誅殺了他的家族。

　　自此之後，行俠的人空前多了起來，像關中長安的樊仲子、槐里趙王孫、長陵的高公子，西河的郭公仲，太原的鹵公孺，臨淮的兒長卿，東陽的田君孺；他們同樣在行俠但卻懷有君子一般的風度。

## 小知識：

### 司馬遷對郭解的評價

　　《史記》中太史公曰：「吾視郭解，狀貌不及中人，言語不足采者。然天下無賢與不肖，知與不知，皆慕其聲，言俠者皆引以為名。諺曰：『人貌榮名，豈有既乎！』於戲，惜哉！」意思就是如果一個人以美好的名譽來做為自己的容貌，哪還有衰老終結的時候呢？可見，郭解的形象十分受推崇。

國家圖書館出版品預行編目資料

關於史記的100個故事／江輝著.
－－第一版－－臺北市：宇河文化 出版；
紅螞蟻圖書發行，2013.4
面　公分－－(ELITE；36)
ISBN 978-957-659-930-9（平裝）

1.史記；通俗作品

610.11　　　　　　　　　　102004472

ELITE 36

# 關於史記的100個故事

作　　者／江輝
發 行 人／賴秀珍
總 編 輯／何南輝
責任編輯／安燁
校　　對／楊安妮、周英嬌、賴依蓮
美術構成／Chris' office
出　　版／宇河文化 出版有限公司
發　　行／紅螞蟻圖書有限公司
地　　址／台北市內湖區舊宗路二段121巷19號(紅螞蟻資訊大樓)
網　　站／www.e-redant.com
郵撥帳號／1604621-1　紅螞蟻圖書有限公司
電　　話／(02)2795-3656（代表號）
傳　　真／(02)2795-4100
登 記 證／局版北市業字第1446號
法律顧問／許晏賓律師
印 刷 廠／卡樂彩色製版印刷有限公司
出版日期／2013年4月　第一版第一刷
　　　　　2021年5月　　　　　第五刷

定價 300 元　　港幣 100 元

ISBN　978-957-659-930-9　　　　　Printed in Taiwan